爱上乐高

LEGO:
creation on your time

WINNING DESIGN!
LEGO® MINDSTORMS EV3 DESIGN
PATTERNS FOR FUN AND COMPETITION

乐高机器人
EV3 设计与竞赛指南（第2版）

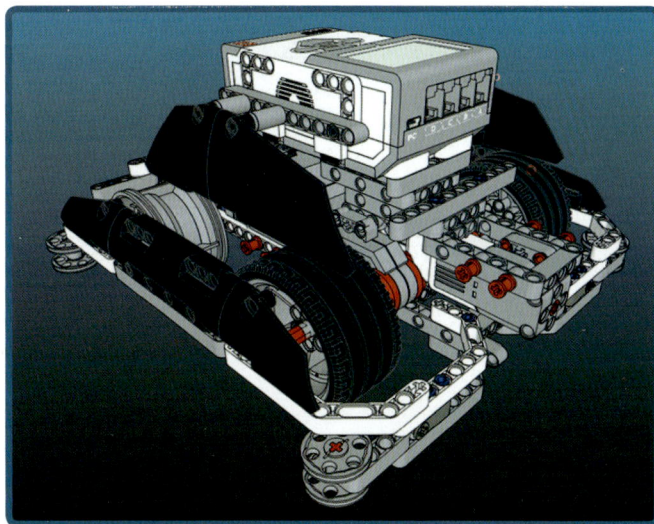

[美]James Jeffrey Trobaugh 著

孟辉 韦皓文 译

apress®

人民邮电出版社

北京

图书在版编目（CIP）数据

乐高机器人 EV3 设计与竞赛指南 ：第2版 /（美）
詹姆斯·杰弗里·特罗巴著 ；孟辉，韦皓文译. -- 北京：
人民邮电出版社，2018.6（2022.2重印）
（爱上乐高）
ISBN 978-7-115-47982-2

Ⅰ．①乐… Ⅱ．①詹… ②孟… ③韦… Ⅲ．①智力游
戏 Ⅳ．①G898.2

中国版本图书馆CIP数据核字(2018)第047082号

内 容 提 要

　　本书是一本乐高机器人竞赛的指导手册，针对乐高机器人赛事的各个方面，包括四个主要板块：设计、导航、操作和组织。通过对这些板块的详细阐述，本书能够指导读者设计出高水准的乐高机器人作品，同时也能提高读者的科技素养，并使读者体会到乐高机器人带来的乐趣。

◆ 著　　　　[美] James Jeffrey Trobaugh
　　译　　　　孟　辉　韦皓文
　　责任编辑　魏勇俊
　　责任印制　周昇亮

◆ 人民邮电出版社出版发行　　北京市丰台区成寿寺路 11 号
　　邮编　100164　电子邮件　315@ptpress.com.cn
　　网址　http://www.ptpress.com.cn
　　天津图文方嘉印刷有限公司印刷

◆ 开本：889×1194　1/20
　　印张：9.2　　　　　　　　　　2018 年 6 月第 1 版
　　字数：306 千字　　　　　　　 2022 年 2 月天津第 9 次印刷
　　著作权合同登记号　图字：01-2017-7474 号

定价：80.00 元
读者服务热线：(010)81055493　印装质量热线：(010)81055316
反盗版热线：(010)81055315
广告经营许可证：京东市监广登字 20170147 号

译者序

FLL一直是非常受欢迎的乐高机器人赛事之一，从第一届比赛仅十几支队伍到现在每年有十几万支队伍参与比赛，越来越多的教练和队员感受到了FLL的魅力和神奇。

第一次参与比赛的教练和队员往往会遇到很多问题：怎么组建队伍？一个团队中的众多队员要如何分配工作？需要掌握哪些编程和结构基础知识？基础车做成什么样？手臂要安装在哪儿？场地上这么多任务，我们应该先完成哪一个……真是千头万绪，不知从何入手。

一阵忙乱之后，总算是有些眉目了，基础车做好了，也能开始完成一些任务了。问题又来了：转弯不准确、机器人不走直线、程序每次运行的结果都不一样，等等。好不容易坚持到了比赛之前，突然又听说还有技术答辩和课题答辩，谁能告诉我应该怎么准备？

很多教练都反映FLL难，每年从比赛任务公布开始，到第二年赛季结束之前，总会有很多人在中文乐高论坛提出各种各样的问题，上面提到的只是被比较集中问到的问题。从某种角度说，做好FLL比赛的准备确实包含了很多内容，涉及编程技术、结构技术、团队组建等多个方面，一支队伍往往需要几年时间才能逐步成熟起来，一名教练也需要多年的积累才能成为个中高手。

而今天，这一切变得简单起来，原因就在于詹姆斯·杰弗里·特罗博的这本《乐高机器人EV3设计与竞赛指南》。本书的作者是一位资深FLL教练，有着丰富的经验，他将在FLL竞赛中经常会遇到的问题和解决方法都浓缩在本书中，每一章节的内容都直指FLL竞赛的核心，从软件和结构基础入手给大家讲解了如何完成FLL竞赛准备，各种常见的问题在本书都可以找到答案。新手教练和队员可以从本书中学习到入门知识，资深教练也可以从中找到很多可以借鉴的小技巧。

本书的第1版（NXT版）就曾深受国内教练员和队员的喜爱，很多人询问是否有中文版本，很高兴人民邮电出版社将本书的第2版（EV3版）引入国内，让国内首次有了完整论述FLL比赛技术和经验的参考书。

最后，我衷心祝愿各位FLL教练和队员从本书开始，一起走上FLL的冠军之旅，在比赛中得到锻炼和成长！

韦皓文

2018年4月 柳州

关 于 作 者

　　詹姆斯·杰弗里·特罗博（James Jeffrey Trobaugh）拥有计算机科学学位，做了26年的软件设计师。他和他的两个孩子伊恩和艾米住在佐治亚州亚特兰大市。

　　自2004年起，他就参与了FLL赛事，是Super Awesome队的教练，也是FLL世锦赛的技术答辩裁判，他还是佐治亚州福赛斯县的FLL联盟主任。

　　詹姆斯是一位乐高爱好者，1998年他创建了北佐治亚乐高火车俱乐部。作为乐高爱好者和软件架构师，他很快就发现乐高机器人很适合自己，而且能与孩子们分享他的科技成果，不仅是他自己的孩子，而是所有孩子。

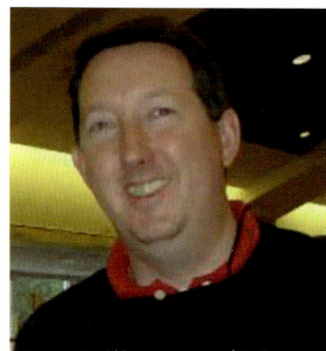

关于技术审稿人

桑贾伊·塞申（Sanjay Seshan）和阿温德·塞申（Arvind Seshan）是EV3Lessons网站的创建者，这是一个非常受欢迎的网站，网站上有大量的编程课程和FLL竞赛资源。此外，他们是FLL世界冠军级团队的成员，在过去的六年时间里，赢得了很多国家级和国际级奖项。他们的头脑风暴机器人出现在各种国际知名网站和杂志上，如The Verge网站、《福布斯》和《大众机械》。

介　　绍

　　1998年乐高公司推出了头脑风暴机器人套装，从此人们就一直在探索它到底有多大的能耐。于是，许多不同的乐高机器人竞赛出现了，其中最受欢迎的是FLL赛事。乐高头脑风暴套装在过去几年发生了很大的变化，经过改进的传感器、电机和编程能力让现在的头脑风暴系统拥有了一系列的新功能。对于那些已经有多年机器人系统使用经验的人来说，这些变化很受欢迎。但对于刚刚进入乐高机器人世界的人们来说，很快就觉得无法应对了。

　　本书的目的是帮助教练和团队成员更好地理解如何为竞争激烈的乐高机器人比赛设计可以获胜的机器人。使用本书之前，最好先学习一些乐高头脑风暴的系统知识。本书中的设计原则并不是严格的指导方针，但这些设计基础能帮助团队提升竞争力。

　　经过多年的观察，我发现一支团队通常需要几年的比赛磨练才能掌握获胜的技巧和技能。有了本书的帮助，你可以更早地学习到其中的部分内容，并以此作为基础，实现自己赢得比赛的想法和设计。

　　在FLL赛事和其他乐高机器人赛事中，获胜并非最终目的，学习如何解决问题、共同克服挑战往往是团队在比赛中最大的收获。因此，即便本书的目的是帮你设计出能获奖的机器人作品，但请千万不要忘记比赛中最重要的东西——学习和快乐。

获奖机器人的四个原则

　　本书讨论了获奖机器人的四个主要原则——设计、导航、操作和组织，这些内容在本书的各个章节中分别做出了阐述。

　　设计是每一个团队在搭建机器人之前必需的思维过程。要想在比赛中获胜，团队不仅要了解规则，而且要理解他们必须应对的挑战任务。"介绍"和第1~2章涵盖了设计阶段的内容。

　　导航是机器人在比赛场地上成功移动的艺术，这部分内容在第3~7章。你已经知道了让机器人动起来并不困难，但是在比赛中始终如一地移动是机器人获得成功的原因。

　　操作可以把一个简单的机器人扩展成一个强大的机器人，使其能控制和改变环境。学习如何为机器人设计合适的手臂以完成特定的任务，让机器人获得更高的分数，这部分内容在第8~10章。

　　任何获胜团队都必须有组织。一个以有效的方式组织资源的团队会发现，消除比赛中的混乱才能使团队专注于获胜。成功的组织策略在第11~13章。

从本书中可以学到更多

我希望你和你的团队能在本书中找到对自己有用的内容和技术，乐高机器人比赛的一部分乐趣在于发现，但同时，没有什么比把自己困在一个无法前进的角落里更让人沮丧的了。

我希望本书包含的内容能帮助你度过这样的困难时刻，让你回到快乐的轨道上，本书中的一些内容对你的机器人设计很有帮助。你在本书中读到的一些内容可能并不适用于你的情况，但我相信我在本书中写下的内容都是乐高机器人设计师的必备知识。

享受过程，富有创造力，尝试新事物。不要害怕失败。最重要的是，我们很快乐！

目　　录

第 1 章

■■■

设计机器人需要考虑的问题

你会从哪里开始搭建乐高机器人呢？我知道大家想到的第一件事是准备好乐高零件，然后把零件组装在一起。用乐高零件进行搭建是一件很有意思的事，你完全可以自由发挥，坐在一堆零件前，然后把它们连接在一起。

虽然我们都像这样搭建过乐高，但搭建乐高机器人的过程却是各不相同的，或者至少说，要搭建一个能够在比赛中获胜的机器人时，这个过程是不同的，在开始搭建之前，需要有一个完整的设计过程，对于教练和他的团队来说，这是最难的部分。

阅读规则

设计机器人时最重要的一点就是考虑竞赛规则的影响。这可能看起来很明显，但令人惊奇的是，我参与过很多赛事，其中有些团队并没有完全了解该赛事的规则。并为此花时间仔细阅读所有的规则，而且让团队中的每个成员阅读规则是非常重要的，因为不同的人可能对规则有不同的解释，而且可以相互补充其他人可能错过的规则内容。

在诸如FLL之类的赛事中，规则的内容漫长而无聊，但阅读和理解它们是非常重要的。FLL的基本规则告诉你在进行机器人设计时，什么可以做、什么不能做，此外还有对挑战任务的说明。这些内容非常重要，需要充分阅读和理解，了解这些规则将在机器人设计过程中起到至关重要的作用。如果你不能理解机器人需要做什么，那么你的

机器人就不可能赢得比赛，除非你是超级幸运的。

在整个赛季中，请随时留意规则的更新，比赛规则会不断被澄清或微调，所以最好定期查看官方网站的规则更新内容。这些规则上的改进可能会对你的比赛策略产生影响。

另外，不要害怕提出有关规则的问题。如果你已经阅读了规则，但无法理解其中的某些内容，你可以把自己的疑问提交到官方网站要求澄清。请务必首先检查规则的更新，看看其他人是否已经提出过同样的问题。与竞赛相关的论坛也是澄清比赛规则的好地方，但请记住，只有官方网站的信息才是最准确的答案，不要相信你在论坛上看到的一切，大多数在论坛上给出答案的人都很热心，但这些答案并不总是准确的。

清楚FLL机器人的零件使用规则

由于本书中的示例是用于FLL比赛的，所以我想简要回顾一下与FLL相关的机器人设计规则。请记住，这并不是规则的完整内容，而且每个赛季规则都可能发生变化。再次强调，在你开始设计机器人之前，请务必阅读FIRST官方网站的FLL规则。以下是部分官方规则。

1. 你用于比赛的所有东西必须是由原始出厂状态的乐高零件制成，但是乐高绳索和气管可以被切割成适当的长度，唯一的例外是你可以带一份写在纸上的程序提示。

2. 非电气乐高零件的数量或来源没有限制，但不

允许使用"发条电机"或"回力电机"，允许使用气动元件。

3. 电气元件必须是乐高头脑风暴系列的，可以使用以前或现在的任何乐高头脑风暴套装中的电气元件。

阅读这些规则后，你可以看到除了必须使用头脑风暴套装中的电气元件和一些例外情况之外，你可以在机器人上使用任何乐高零件，这是需要注意的最重要的一点。许多团队只使用头脑风暴套装中的零件，后来才意识到他们也可以使用其他零件，星球大战系列的乐高套装中可能有对机器人设计有帮助的零件。看到各种乐高零件超越了其原本的用途真是一种很好的体验。例如，哈利·波特人仔身上的披风不仅看起来很酷，而且对于乐高颜色传感器来说，它也可以是一个很好的遮光罩。我们应该学会不要将乐高零件限制在一个用途或目的上。

乐高公司和其他供应商生产了大量可以用于乐高头脑风暴系列的传感器，但只有FLL规则中列出的传感器才能在FLL比赛中使用。另外请注意，乐高头脑风暴 EV3家庭版套装中不包含乐高头脑风暴超声波传感器，而是包括红外传感器，但红外传感器目前还不被允许在FLL比赛中使用。

注意： 油漆、胶带、胶水、油等都不允许使用，也不允许使用贴纸。

研究任务说明

每个机器人比赛都有一个或一系列需要机器人来完成的任务。在FLL赛事中，通常每年比赛的任务都不相同，每个任务都有一定的分数，有些任务比其他任务更难。

每一个任务都有不同的完成方式，有的是触发某个东西，有的是要传递一个物品或者将一个物品带回基地。无论任务是什么，你都需要理解并密切关注规则，以确保你的团队能获得最高的分数。如果你的团队练习了一个赛季，比赛时却发现没弄清任务规则，你们的机器人不能正确完成任务，这将是多么糟糕的事啊。

FLL和许多其他机器人比赛在给出书面规则的同时，还会对每个任务给出视频说明，这有助于对任务做出解释。观看视频时，请不要认为在视频中看到的动作就是完成任务的指定方式。另外，这些视频只是为了帮助你了解书面规则，所以不要仅仅通过视频来研究任务说明，你知道有时视频中也会有错误。通常情况下，一支队伍看到任务说明视频时，会认为这是完成任务的唯一方法。请记住，始终要阅读规则并以开放的心态观看视频。

例如，在2009年FLL "气候影响"比赛中，其中一个任务是在北极冰层上运送一些物品。大多数团队都在努力寻找方法，想用抬升的方式让物品越过障碍物，而一些团队意识到北极冰面上有一个缺口，他们可以通过这个缺口把物品送到障碍物的后面，这样就不需要把物品抬升起来了。

所以虽然有些任务很简单，但大多数任务都不止有一个解决方案。有创意，但不要疯狂，简单的设计和能解决问题是赢得比赛的关键。

将任务按区域分组

了解比赛任务和规则之后，我发现最好把任务按照区域分成几组，这个区域是指比赛场地上的不同位置，看看哪些任务在同一个相邻区域内。但这并不意味着你要同时完成这些紧密相邻的任务，分区更有助于帮你区分比赛场地，并且不会让你的团队感到比赛太难。

你不必在此时考虑如何完成任务，现在只需要将比赛场地分成2~4个区域，并且好好想一下，每个区域中有哪些东西与你的机器人有关。通过划分这些区域并了解规则，你开始了解机器人需要完成什么样的任务，实际的机器人应该如何设计。在图1-1中，你可以看到2010年FLL

"智能交通"的比赛场地被分成了3个区域。

图1-1：FLL"智能交通"的比赛场地被分成了3个区域

任务名称	描述	动作列表
从东北角收集环（3分）	必须从东北角收集全部3个绿色的环，并带回基地	- 向前移动15.24cm - 向北转90° - 向前走到红色的墙 - 在红色的墙处右转 - 向前移动20.32cm - 用爪子抓住环 - 关闭爪子 - 后退12.7cm - 向南转45° - 向前移动回基地

图1-2：场地任务的动作列表示例

分析任务

你已经研究了机器人的零件使用规则和比赛规则，并且将比赛场地分成了几个区域，但你还没有准备好搭建机器人。现在你必须列出完成每个任务时机器人的动作，在清楚了解如何完成这些任务之前，你依然无法进行机器人设计。

分析任务时，不用担心每个动作是否完全正确，当然，在进行尝试时你还可以更改机器人的动作，我们现在的目标是了解机器人需要做些什么动作来完成任务。这是让整个团队参与的好时机，要么让不同的团队成员分别承担不同的任务，要么召开一个大型的头脑风暴会议。

你应该写出每个任务的详细步骤，如向前移动10cm、右转90°并停止。使用任务工作表是一个好主意，任务工作表中还应包括对任务的描述、完成任务需要遵守的任何规则、任务的分值以及可能的优先级和难度级别。图1-2显示了一个任务工作表的示例，这个任务的内容是收集一些绿色的环。

花一点时间仔细检查每个任务和完成任务所需的动作。列出所有任务后，团队全体成员要一起坐下来讨论一下如何给任务排序。任务的排序方式完全取决于你和你的团队，可以按照任务得分从最高到最低排列，也可以按照从最难到简单的顺序排列。

如果你不想自己制作工作表，还可以从各种团体的网站上找到很多可用的版本。FLL官方网站公布任务之后，你很快就会发现这些网站已经准备好了非常有用的工作表，可以立即下载使用。

当你开始为场地任务搭建机器人和编程时，我建议你先解决一些比较简单的任务，通过完成这些任务，你和你的团队将会建立起信心，并能快速找到机器人的设计缺陷。

画出场地图

现在你已经把场地分成了几个区域，还列出了全部任务，就可以开始制作场地图了，在这个所谓的场地图上，你要画出机器人在比赛场地上完成每个任务的行走路径。

和任务工作表一样，你会发现很多团队都会创建出页面大小合适的FLL比赛场地图。我建议你充分利用这些资源，无需自己去做重复性的工作。将场地图和你的工作表一起保存起来，以后修改或更改任务时要对它们进行更新。

完成场地图后，你会发现两件事：首先，你会看到某些任务有类似的路径；其次，你会发现初步考虑机器人路径时没有注意到的某些障碍。图 1-3 显示了 2009 年 FLL "气候影响"的场地图示例。

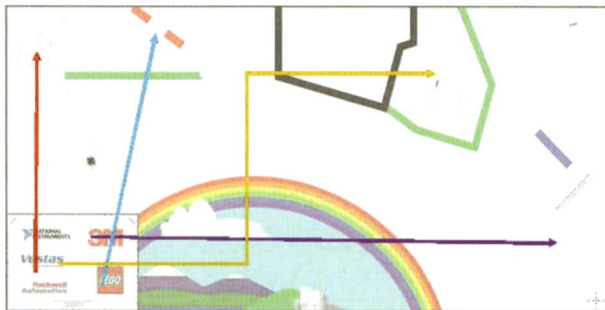

图 1-3：FLL "气候影响"的场地图示例

在设计过程中，找到相似路径很有帮助，你可以把任务和各任务的动作组合起来。在刚开始时，你并不需要把任务组合起来，但是当你开始调整时，会发现组合任务和共享任务动作可以帮你节省完成任务的时间。我们将在本书后面的部分讨论这个问题，也就是在你开始更好地组织程序和任务的时候。

在你开始思考机器人完成任务的实际路径之前，障碍是另一个你可能不会意识到的问题。此外，在其他任务完成之前，有些障碍可能还没有显现出来。例如，某些物体可能会被移动或推入到机器人的移动路径中。这种发现也可以帮助你决定完成任务的顺序，在实际进行机器人设计时，要记住这些障碍。

考虑约束和障碍

现在你可能会有一种很不错的感觉，觉得自己的机器人能够完成大部分任务。但实际上你还没有做好搭建机器人的准备，还有其他的事情需要考虑，例如机器人在场地上完成任务的方式。

场地的约束

2009 年 FLL "气候影响"的比赛场地十分开阔，只有很少的物体挡住了机器人到达任务物品的路径，场地上有很大的空间，可以让大型机器人四处走动，不必害怕撞到任何东西。接下来的一年，"智能交通"的比赛场地上充满了各种障碍，各个团队迅速意识到，庞大而笨重的机器人不是这个挑战的良好选择。在图 1-4 中，你可以看到2010 年 FLL "智能交通"比赛场地的拥挤程度。

图 1-4：2010 年 FLL "智能交通"的比赛场地

考虑比赛场地上的障碍时，请仔细阅读规则。在某些时候，将障碍物移出机器人前进路径的方式可能是一个有效的策略，而某些障碍物可能被要求固定在原位，并且不允许机器人故意移动它。当然，你的机器人可能会失控撞到比赛场地上的物品，裁判员会对机器人是否故意撞到固定障碍物做出判断，因此最好避免让机器人撞到这些物体。

在 FLL 比赛中，机器人的最大尺寸就是比赛场地中基地的大小。要求机器人的高度每年都发生变化，一旦机器人离开基地，就可以扩展到任何尺寸。这些尺寸限制只适用于机器人在基地中开始移动之前，一旦机器人以自己的动力开始移动，就可以开始伸展，但机器人每次从基地出发前都要符合这个尺寸限制。在每个赛季的规则中都会有对机器人尺寸的限制，所以一定要检查自己的机器人设计是否符合本赛季的规则要求。

环境条件

除了比赛场地上的障碍之外，还会有各种环境条件的影响。这些影响并不一定是故意的，但它们总是会在那里，而且其中许多环境影响很难处理。

FLL的场地垫是塑料材质的，大部分时间内都被卷成一卷或被折叠着，因此有时会有折痕或波浪，场地垫可能不会那么平整。你的练习场地垫在平铺几天后会变得很平整，但在实际比赛中可能不会有充足的时间提前铺好场地垫。请注意图1-5所示的场地垫的中间有一些凸起，这些障碍会让许多团队感到头痛，在比赛的当天让你看到意想不到的"惊喜"。我将在第3～7章讨论如何处理这个问题。

图1-5：不平整的场地垫

在不同的比赛中，赛台也可能有很大差异。大多数赛事都会发布一组如何搭建赛台的说明，尽量让各个赛台在比赛中保持一致，但结果并非如此。最好的诀窍是确保你的机器人不会过分依赖于赛台的表面和侧墙。在后面的章节中，我将讨论如何利用赛台的侧墙，同时避免不平整的赛台表面引起的不良影响。

对于一个新的团队，照明是最容易产生影响的。在教室或地下室进行练习时，你可以让机器人在房间照明条件下完美无缺地运行，但你可能会发现比赛场地的照明条件完全不一样，比赛场地上有各种阴影和过于明亮的地方，会让机器人失控。此外，如果比赛场地有窗户，自然光会照射进来，在一天之中照明条件会发生变化。在进行机器人设计时，考虑遮蔽光线传感器并进行正确校准可以帮助你降低光线对机器人的影响。第5章将讨论校准光线传感器的各种方法。

EV3软件

在FLL赛事中，有几种编程软件可以用于较早的NXT系统，但使用EV3系统时，只可使用EV3-g软件。在本书的例子中，只使用EV3-g教育版软件。

EV3软件和固件的更新升级很频繁，因为其中一些更新实际上是修复当前版本的错误，因此对机器人程序块的固件和计算机中的软件保持更新是非常重要的。本书第12章将介绍如何执行这些更新。

当前版本的EV3-g软件可从乐高教育网站下载。软件包含的功能对新组建的团队非常简单易用，这一优点同样适用于高手和初学者。即便使用简单，它也同样有能力处理所有机器人需要完成的任务。图1-6显示了EV3-g软件的编程界面。

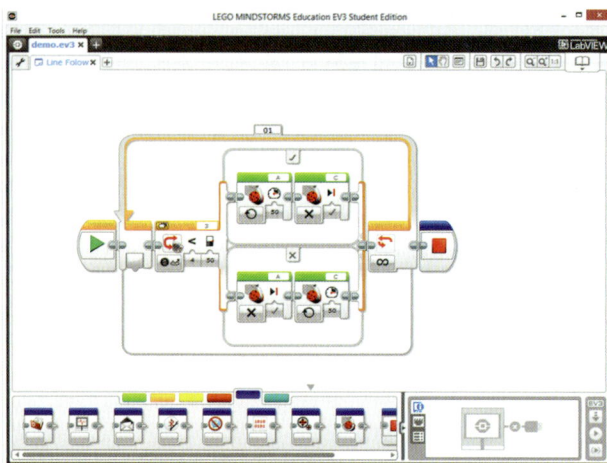

图1-6：EV3-g软件的编程界面

EV3-g软件提供了各种各样的编程模块，你还可以从互联网上下载各种来源的第三方编程模块。不过，FLL的规则警告说，不允许使用第三方的编程模块，只能使用EV3-g软件自带的模块。如果你在为FLL之外的比赛准备机器人，请务必在使用EV3-g软件的第三方功能之前仔细检查规则。

了解乐高头脑风暴硬件

乐高机器人最大的优点就是在设计机器人时可以使用很多种乐高零件，在诸如FLL之类的赛事中，除了本章前面讨论过的例外情况外，乐高公司生产的任何零件都可以在你的机器人上使用。所以要想做出有创意的机器人，花点儿时间看看自己拥有的头脑风暴套装和其他套装中的零件吧。

注意： NXT套装中大部分的电气部件都可以在EV3软件和硬件中使用，但不能反过来，EV3的传感器无法和NXT程序块一起工作。

我想在这里讨论一下乐高头脑风暴EV3套装中的电气部

件和传感器，以便你更好地了解如何在机器人设计中使用它们。了解每个电气部件和传感器的工作原理很重要，只有了解了它们的工作原理，你才能在机器人上充分利用它们。另外，你还需要知道，只为使用传感器而使用传感器并不是好主意，保持机器人简单才是在比赛中获胜的关键。

EV3 程序块

EV3程序块是机器人的大脑，其内部有微计算机。图1-7显示了标准的EV3程序块，它是一款由计算机控制的智能乐高零件，可以赋予机器人生命，所有传感器和电机都将被连接在程序块上，你的程序在程序块里被执行，你所有的想法都将在这里被完成。

图1-7：EV3智能程序块

同大多数计算机一样，EV3程序块只能执行你下达的命令，它不会假设或猜测你想要做什么。很多时候，我听到学生会抱怨机器人做出的动作不对或做错了事情，但经过一番研究后，他们总是发现问题出在自己的程序上，EV3程序块是按照他们的程序在执行命令。

虽然EV3程序块基本上是一个玩具，但它的处理能力比阿波罗11号登月计划中使用的计算机更为强大。这里简单介绍了EV3程序块的处理器，你其实不需要学习这些细节内容，但了解一下还是很有趣的。

- ARM9微控制器，16MB闪存和64MB RAM
- 基于Linux的操作系统
- 蓝牙无线通信
- 高速USB端口（480 Mbit / s）
- 4个带编码器的电机端口
- USB主机菊花链（3个级别）、Wi-Fi加密狗、USB存储
- Micro SD卡读卡器（可处理高达32GB）
- 6个带背光的按钮
- 一个178×128像素的液晶显示器
- 电源（6节AA电池或乐高可充电电池板）

EV3程序块有4个输入端口，用于连接传感器（端口1、2、3和4）；还有4个输出端口，用于连接电机（端口A、B、C和D）。

设计机器人时，有一件重要的事情一定要记住，要能够按下EV3程序块上的按钮，所以请确保不要挡住它们或者盖住它们，传感器和电机端口也是如此。同样，在EV3程序块上还有一个USB端口，用于将机器人连接到计算机。由于FLL比赛现场不允许使用蓝牙通信，你需要使用USB端口下载程序，因此还要记住不能让这个端口被挡住。

影响机器人设计的另一个因素是EV3程序块将使用哪种类型的电源。如果你选择使用普通电池，需要确保可以快速轻松地拆下EV3程序块，不能在更换电池时造成麻烦；如果使用可充电电池板，请确保没有挡住电池板的充电端口，确保能看到可充电电池板的LED灯，这些LED指示灯可以告诉你电池板是否充电完毕。

触动传感器

触动传感器，如图1-8所示，可以让你的机器人有触觉。触动传感器被按下或释放时，它会把状态信息告诉EV3程序块，这些信息在机器人导航和操作中非常有用。触动传感器可以安装在机器人的各个位置上，具体取决于你想要检测什么类型的触碰。稍后在第3~10章有关"导航"和"操作"的内容中，我会详细讨论如何使用触动传感器。

图1-8：EV3触动传感器

陀螺仪传感器

陀螺仪传感器，如图1-9所示，是EV3的新传感器。它可以告诉你机器人的旋转角度和旋转速度（度/秒）是多少。当比赛场地某个区域的导航标记很少时，这个传感器是非常有用的。但是这个传感器的编程和校准却并不简单，所以我会在后面的章节讨论如何使用陀螺仪传感器。

图1-9：EV3陀螺仪传感器

颜色传感器

颜色传感器，如图1-10所示，是和机器人视觉有关

的两个传感器之一。颜色传感器可以读取环境光或某个表面反射光线的光值，还可以检测颜色。同触动传感器一样，颜色传感器是帮助机器人在比赛场地上导航的主要工具。将颜色传感器用于机器人设计中时，请记住，如果你用它检测反射光（例如巡线），则需要考虑屏蔽外部光源。在后面的章节中，我将讨论如何更好地使用颜色传感器以及如何在各种光源条件下校准颜色传感器。

图1-10：EV3颜色传感器

超声波传感器

和颜色传感器一样，超声波传感器也是为你的机器人提供视觉的工具，如图1–11所示。超声波传感器检测的不是光线，它会发射超声波，超声波撞击物体表面并被反射回来，传感器根据超声波发出和返回的时间差计算出与物体之间的距离。用超声波传感器检测较大平面最为容易，检测圆形或较窄的物体则比较困难。

图1-11：EV3超声波传感器

大型伺服电机

大型伺服电机如图1–12所示，它可以让你的机器人

四处移动，而且还具有内置的旋转传感器。EV3程序块有4个电机端口，你可以用两个电机为机器人导航，另外两个电机用于操作。 如何在机器人上安装电机取决于你决定使用哪种类型的驱动系统， 第2章将介绍各种常用的驱动系统。

图1-12：EV3大型伺服电机

中型伺服电机

中型伺服电机如图1–13所示，与大型伺服电机具有相同的功能，有内置的旋转传感器。 在进行机器人设计时，可以把中型伺服电机放在机器人内部，它不需要占用较大的空间，通常作为机器人手臂或附件的驱动电机，也可以作为机器人的驱动电机来使用。

图1-13：EV3中型伺服电机

开始机器人设计

现在你知道了规则、了解了比赛任务，并且熟悉了乐

高头脑风暴机器人的主要组件。那么，如何把这些放在一起开始机器人设计呢？这将是你的团队遇到的第一个重大挑战。让一个团队所有的成员一起来决定一项设计，这个过程本身就是一个很大的挑战，所以这是一个团队合作解决问题的好机会。

让整个团队一起头脑风暴

找到设计思路的方法之一是让所有团队成员坐在一起，面前放一张大大的纸或大大的白板，然后大家开始抛出各自的想法。要么大家轮流画出自己的想法；要么选出一个人画出想法，而其他人则描述出自己的想法。这看起来似乎很混乱，却一个真正的好方法，让每个人分享自己的想法，然后试着找出一个或两个想法开始进行设计。

记住，这些设计与最终的机器人相去甚远，它们只是起点。机器人的设计将随着任务的完成而不断被改进，并会通过不断测试解决各种设计问题。每个机器人都需要一个开始，头脑风暴会议就是一个好的开始。图1-14显示的白板内容就记下了多个设计想法，它看起来像一团乱麻，但对于一个团队来说，讲出你的想法有助于他人建立新的想法，提出自己不可能想到的概念。

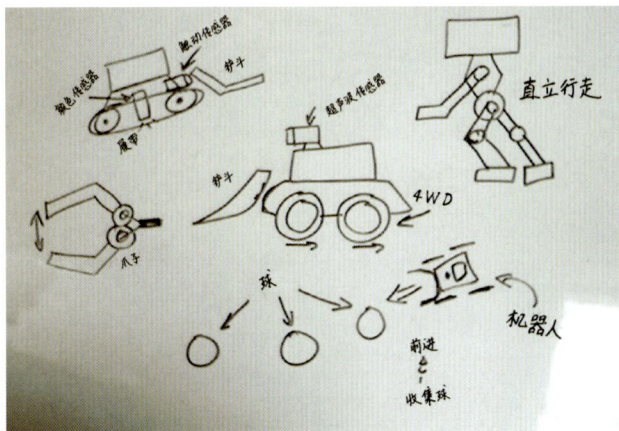

图1-14：白板上头脑风暴会议的结果

在这个过程中，对每个人的想法都要鼓励，此时任何答案都没有错误，任何想法都不疯狂。大家应该玩得开心，最好的设计总是出自疯狂的想法；同时团队成员之间彼此了解各自的想法也是很好的。

展示你的设计

如果你的团队不希望用头脑风暴这样自由的方法来完成设计，也可以让团队成员单独或两人一组坐下来，想出设计思路。同样，此时的设计无所谓详细或复杂，只要画出简单的草图就好。

大家把自己的想法呈现给团队，每个团队成员不仅需要展示自己的草图，还需要解释为什么要这么设计。在向团队展示设计时，一定要包括与团队先前制定的任务列表相一致的设计要点。同样，要确保机器人设计符合比赛规则的要求。所有设计思路展现完毕后，让团队成员讨论他们看到的一切，看看大家是否可以把某些想法结合在一起。个人的设计可能是完美的，但更可能的是，各种设计思路组合起来可以形成一个可以使用的任务解决方案。

绘制设计草图

不管你用什么样的过程开始设计机器人，都应该画出机器人草图。这个草图不仅能帮助团队的每一个人记住要搭建的是什么，同时它也是一个很好的路线图，可以在团队不断改进设计时使用。草图不必过于详细，只需包括基本概念。例如，图1-15所示的设计草图画出了大的驱动轮，后轮为万向轮，还有抓住环的爪子。

注意： 即使不再使用，也应该保存所有设计图。这些内容能够提醒你如何完成最终的机器人设计，当你面对裁判进行技术答辩时，你可以用它们解释自己的机器人设计过程。

图1-15：机器人头脑风暴设计的手绘图

将所有记录设计思路的草图保留下来，这是建立团队训练日志的好方法，这些草图在最终的设计过程中会有很大的帮助。我将在第13章讨论这一点。

分配资源

在你的团队开始搭建机器人之前，还有一件事要考虑——资源的分配。整个团队一起搭建机器人比自己一个人搭建机器人拥有更多的活力，但是当多人要同时使用同一资源时，就会出现争执的情况，这个资源可以是用于编程的计算机，或者是机器人本身。这种争执可能会让团队成员感到沮丧。

一种解决问题的方法是拥有更多的资源。例如，一个团队可以搭建多个相同的机器人。理论上，这种做法是有作用的，但大多数团队不可能有那么多的零件。相反，大多数团队成员只能两人或三人一组。

如果你的团队没有很多的机器人套装，整个团队只能搭建一个机器人，那么最好是制定一个计划，安排团队成员在特定的时间段完成特定的工作。这样每个人都能更好地安排自己的时间，而不是浪费很多时间坐在那里，不知道自己什么时候可以使用机器人。还有一个不错的做法，就是改变机器人设计时也要遵守一定的规则。如果有的团队成员对机器人设计做出重大改变，却没有和其他团队成员讨论过，这种改变可能会对其他团队成员已经完成的任务设计产生重大影响。

在FLL比赛中，大多数团队只使用一个机器人。其实同一个程序在几个结构相同的机器人上的运行效果也是略有不同的，例如一个机器人上的电机较新，而另一台机器人的电机略有不同。在精准的乐高机器人中，这些细节很重要！

总　　结

你现在知道了要设计一个在比赛中获胜的机器人，除了把一堆乐高零件放在一起之外，还有很多事要做。如果你花时间了解规则并制定出工作计划，就会发现实际搭建机器人时会有一个很好的开端。与任何其他事情一样，提前规划能为你节省返工和反复修改的时间。

无论你的团队决定搭建什么样的机器人，在比赛中获胜的真正关键还是在于反复地练习——练习、练习、再练习。如果你的机器人能够持续有效地运行，那是多么棒的一件事啊！

第 2 章

■■■

底 盘 设 计

准备搭建机器人了，但是你需要什么样的机器人呢？你知道规则和要求，你需要一个能够让你获胜的机器人。没有哪种机器人能够确保你成为赢家，我们的目标应该是设计一个运行结果稳定的机器人，它在不同的运行环境中也必须能够稳定运行。达成这个目标的第一步是从搭建坚固可靠的底盘开始。

我发现搭建底盘最好的方法之一是从驱动系统开始，还要经过反复地试验，看看哪一种形式的底盘工作效果最好。

本章将介绍一些底盘设计的基本因素和相关的乐高零件。了解原理很重要，反复尝试也很重要，拿出套装中的零件，研究一下如何把它们安装在一起以及彼此之间的作用如何，你可能会想出一些从未尝试过的零件使用方法。

基本设计因素

设计机器人时，需要平衡尺寸、功率和速度3个因素。这3者之间是相互联系的，例如，机器人运行速度越快，它的功率就越小；机器人尺寸越大，它的速度就会越慢，因为它在移动时需要更多的动力；机器人需要的动力越多，电池电量的消耗就越快。

你要根据自己的需求决定哪个因素对机器人更为重要。机器人需要运行速度快吗？它必须推动很多物体，因此需要很牢固吗？比赛场地上是不是有很多地方很狭窄，因此需要一个小型机器人？当你考虑底盘设计时，需要牢记这些问题。

尺寸

在搭建机器人时，请尽量确定你想要多大尺寸的机器人，但这个尺寸不必非常精确，把机器人想象成一个盒子，你的目标就是能把机器人装进这个盒子里，即机器人的尺寸应该小于这个盒子的尺寸。这是因为乐高机器人的尺寸很容易变大，添加新零件很简单，因此你很快就会对机器人的尺寸失去控制。

尽管乐高零件相对轻巧，机器人的重量还是会迅速增加，不久你就会发现自己搭建的东西需要很大的电机功率才能在比赛场地上移动起来。

功率

当我说出功率这个词时，我指的是机器人的力量。有些机器人需要推动重物或者拉动一些物体，如果是这种情况，你的机器人需要非常有力。如果你正确使用了齿轮，那么它可以产生很大的扭矩，从而给你的机器人带来很大的动力。但你还是需要小心一些，因为如果你让机器人产生了过大的力量，就可能会破坏一些零件，我看到过很多被扭曲的乐高齿轮和轴，都是因为被施加了太大的扭矩而造成的。

速度

谁也不想要一个跑得慢的机器人，我们都希望机器人的速度尽可能地快。在FLL赛事中，你只有2.5min的比赛时间，要完成尽可能多的任务，所以机器人的速度很重要。但要记住：在获得速度的同时，你将牺牲其他的一些设计因素（如功率和尺寸）。大的机器人不容易走快。机器人速度提高后，犯错误的风险就会增加，快速的机器人很容易错过目标。很多时候，快速的机器人很难精确，所以你在执行任务时，慢慢启动机器人后再提高速度是个好主意。

电池

尽管我没有将电池列为设计因素之一，但是它对于3大因素（尺寸、功率和速度）都有影响。很显然，你的机器人运行速度越快，电池消耗的电量越多。这也同样适用于电机功率，产生更多的扭矩意味着电池消耗更多的电量。这是你在设计机器人时需要记住的事情。使用乐高头脑风暴机器人，你只能选择两种电池，而这两种电池对机器人的实际尺寸都会产生影响。

你可以使用可更换或可充电的AA电池。如果你选择使用它，在练习和比赛中，你就需要经常更换电池。在进行底盘设计时，要牢记这一点，让自己能够轻松更换电池。

尽管FLL赛事只有2.5min，每次比赛前都要更换新的电池，以确保机器人性能的一致。另外，一定要始终使用相同类型的电池，在赛季开始时使用碱性电池，然后再更换到锂电池，将会造成机器人性能的巨大差异，最有可能出现的是你意想不到和不希望出现的结果。所以请一直使用你选择的电池类型。

最简单的选择是使用乐高头脑风暴可充电电池板，乐高头脑风暴机器人教育版套装中包含这个电池，你也可以单独购买。

可充电电池板的运行电压实际上略低于AA电池的运行电压，但它能在更长的时间内产生更一致的功率水平。一致性对乐高机器人来说是一件好事。

搭建机器人时，请务必记住充电端口的尺寸和位置。

使用可充电电池板会使EV3程序块的厚度增加1个乐高单位，如果你一开始就使用AA电池，这可能会影响机器人设计。充电端口应该被放置在合适的位置上，可以让你无需从机器人上取下电池或EV3程序块即可插入充电器。你还应该能看到电池板上的充电器指示灯，知道自己已经连接好充电器并开始充电了。如果你让机器人开始充电并离开了机器人，回来后发现自己没有正确连接好充电器，电池板根本没有充上电，没有比这种情况更糟糕的了。

寻找重心

要让机器人的运行结果始终如一，它需要有适当的平衡性，所有车轮或履带随时与比赛场地保持接触才能确保每次完成任务时保持一致性和可重复性，翻倒或抖动的机器人很难控制，这样的机器人无法形成可靠的任务解决方案。机器人的平衡取决于两点：重心和轴距。机器人每个车轮之间的连线长度就是轴距，如图2-1所示。

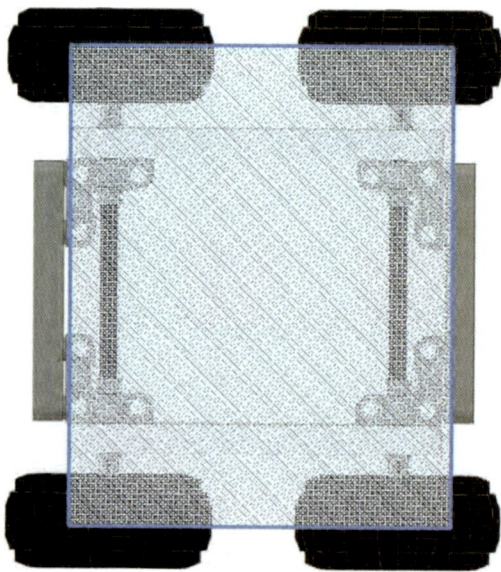

图2-1：四轮机器人底盘的轴距

重心是机器人重量的平均位置点。这不是机器人的几何中心，而是在这一点的上面和下面、左面和右面以及所有方面，机器人的重量相等。为了使机器人保持平衡，重心应位于轴距之内，重心越靠近轴距的中心，机器人就越平衡。

有多种方法可以找到机器人的重心，最简单的就是在某个支点上平衡你的机器人。前后移动让机器人平衡可以找到纵向平衡面（见图2-2），左右移动让机器人平衡可以找到横向平衡面（见图2-3）。

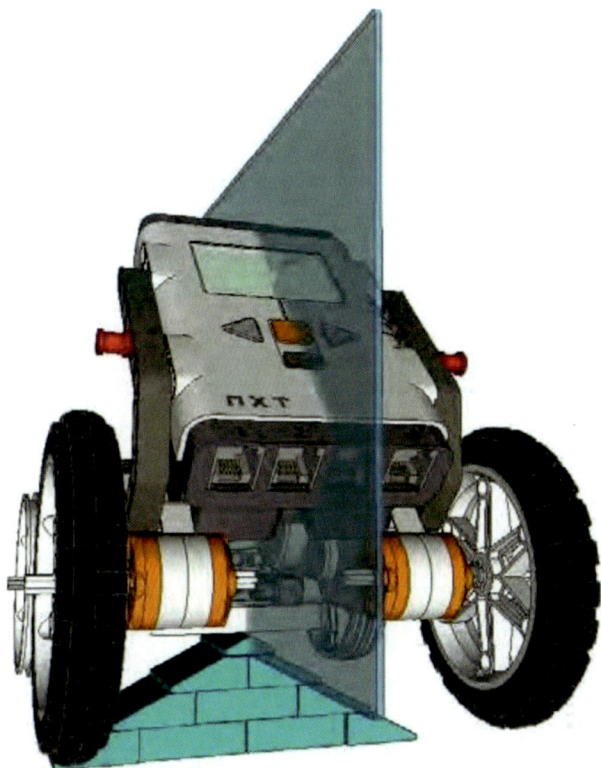

图2-3：平衡机器人找到横向平衡面

要找到垂直平衡面，请将机器人向前或向后倾斜，轻轻地尝试让机器人平衡，不要让它掉下来。一旦你觉得机器人平衡了，用尺子标示出垂直平衡面，这个平面与纵向和横向平衡面相交的地方就是机器人的重心。

你要搭建的机器人，所有轮子都要接触到地面，并能分别承担相同的重量。当你开始向机器人添加手臂时，它们会改变机器人的重心，使机器人再次失去平衡。我将在第8章和第9章中详细讨论这一点，但请记住，你可能需要添加配重或移动机器人的重心以平衡手臂额外的重量。

注意：牛顿第一定律说，物体在没有受到外力作用的时候，运动中的物体将始终保持运动，静止的物体将始终保持静止。

另一个可能影响机器人平衡问题的是惯性。你尝试过骑自行车时猛踩刹车吗？当自行车停止时，你的身体很可能会继续向前移动，在某些情况下，你的身体甚至自行车可能

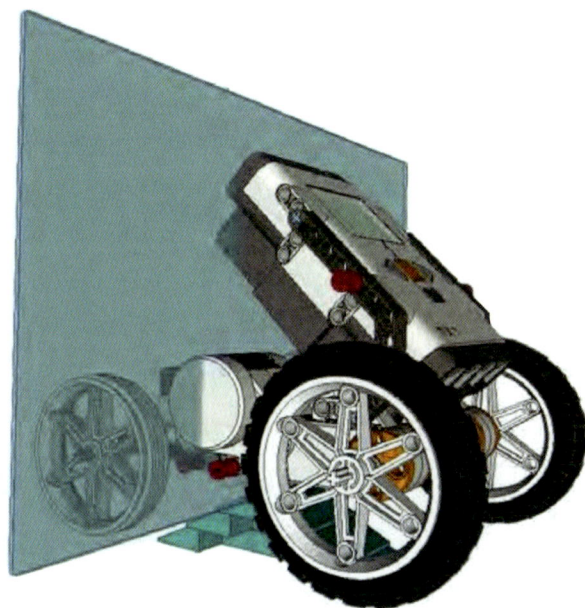

图2-2：平衡机器人找到纵向平衡面

机器人的重心就位于这两个平面相交的线上。你还需要找到垂直平衡面才能确定重心位置。

会被提升。你所感受到的就是牛顿第一定律，物体的这种行为被称为惯性，惯性也会影响机器人的平衡。计算惯性的公式很简单，力量等于质量乘以加速度（F = ma）。

重心较高的机器人在停止、转弯和爬坡时不容易保持平衡，将机器人重心降低到轴距的中心可以避免这种情况的发生。宽轮毂的机器人比窄轮毂的机器人更容易消除惯性的影响。

齿轮传动

机器人移动的速度或拥有的力量取决于如何设置齿轮。EV3电机有内置的齿轮，有一定的传动比，可以直接驱动车轮。但是如果你希望机器人更快一些或者更有力一些，可以添加一些齿轮传动系统。你还可以用齿轮来改变旋转方向或旋转轴线，甚至可以将旋转运动变为直线运动。

乐高公司提供了不同的齿轮类型：

- 直齿轮
- 皇冠齿轮
- 锥齿轮
- 双锥面齿轮
- 蜗轮
- 滑轮
- 旋钮轮

以下内容对这些齿轮进行了介绍，你将了解每种类型的齿轮的工作原理以及最合适的使用方法。

直齿轮

齿轮或直齿轮（见图2-4）是最简单的齿轮，当你谈到齿轮时，大多数人想到的就是这种齿轮。从一个位置向另一个位置沿直线传输功率时，这是你最可能使用的齿轮类型。直齿轮的"牙齿"是直的并且平行于运动轴线，直齿轮必须与其他平行轴上的直齿轮相啮合才能正常工作。

图2-4：排成一列的24齿直齿轮

皇冠齿轮

皇冠齿轮（见图2-5）的边缘有向上凸起的齿，外观很像皇冠。通常用于两个轴之间呈直角的情况下，有需要时也可以像直齿轮一样使用。

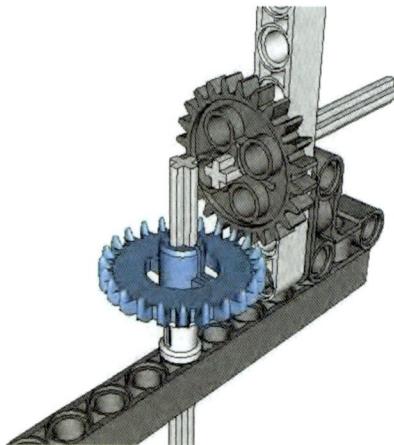

图2-5：一个皇冠齿轮与直齿轮呈90° 啮合

锥齿轮

有两种类型的锥齿轮：直齿锥齿轮和螺旋锥齿轮，乐高只生产直齿锥齿轮（见图2-6）。锥齿轮的形状略微像锥形，适用于小空间中两轴直角相交的情况。锥齿轮比皇冠齿轮小得多，啮合的摩擦力也比皇冠齿轮小，在紧紧啮合的情况下传动效果良好。锥齿轮的啮合角度可以不是90°，但有产生滑动的风险。此外，锥齿轮与皇冠齿轮不同，它只能与其他锥齿轮一起使用。

图2-6：锥齿轮适合在狭窄的区域内被使用，但只能与其他锥齿轮进行啮合

双锥面齿轮

双锥面齿轮（见图2-7）介于直齿轮和锥齿轮之间，就像二者的混合物，有各种尺寸，可以在各种角度下顺利啮合。它不仅可以在两轴平行和以各种角度相交的情况下使用，还可与各种其他齿轮配合使用。

在EV3机器人中，双锥面齿轮是最受欢迎的，不仅用途广泛，而且与传统的直齿轮相比，啮合性更好，齿轮之间的摩擦力更小，能为机器人提供更为平滑的运动。

图2-7：两个双锥面齿轮以90°啮合

蜗杆

蜗杆与螺丝类似（见图2-8），在圆柱体外表面有一道螺纹。当它以正确的角度与直齿轮啮合时可以产生非常大的传动比。蜗杆每转动一圈，与它相啮合的直齿轮转动一个齿，这是n：1的减速比。它与24齿齿轮啮合时，将产生24：1的减速比。蜗杆与直齿轮的组合体积小、强度高、力量大，但要小心过大的扭矩可能会损伤零件。

还有一点很重要，蜗杆必须被安装在输入轴上，这是因为把蜗杆安装在输出轴上时，输入轴无法带动输出轴。也就是说，蜗杆可以带动另一个齿轮，但齿轮不能带动蜗杆。这种单向关系可以有效地锁定和抓住物品，我们一般不会把蜗杆用在底盘上，但它在机器人手臂上却非常有用。

图2-8：齿轮箱中蜗杆与24齿直齿轮啮合

离合齿轮

离合齿轮（见图2-9）比较特殊，当齿轮上的扭矩小于最大扭矩时，轴可以带动离合齿轮一起转动。在齿轮内部有一个离合器，如果齿轮上的扭矩超过了最大扭矩，离合器会打滑，齿轮不再与轴一起转动。乐高24齿离合齿轮上印有"2.5–5 N·cm"；这是齿轮扭矩的额定值。离合器齿轮可以用于保护电机，当齿轮上被施加了过大扭矩

时，不会让机器人自己破碎。到目前为止，乐高公司只生产过一种规格的离合齿轮。

图2-9：与24齿直齿轮相啮合的离合齿轮

滑轮

滑轮（见图2-10）与齿轮不同，它们没有齿，只有一道固定皮带的凹槽。乐高公司生产了各种尺寸的滑轮和皮带，滑轮的尺寸比与齿轮的齿数比相似。在不适合使用齿轮提供动力的地方，滑轮是很好的选择。使用滑轮有一个缺点，当向滑轮施加较大的扭矩时，滑轮会打滑。但这一点有时也会成为优势，它可以成为离合齿轮的替代方案。在FLL比赛中，要小心使用滑轮，想让皮带停住不动是最不可靠的，你一定不希望在比赛中因为滑轮而出现失误。

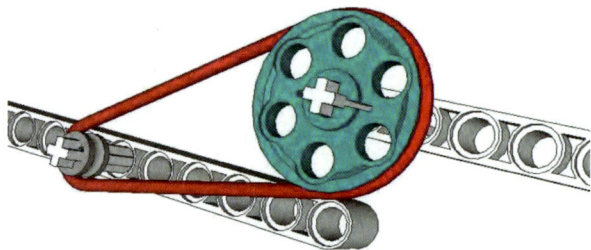

图2-10：滑轮与红色的皮带

旋钮轮

旋钮轮是一种不常见的齿轮，它甚至看起来不像齿轮（见图2-11）。但是，如果仔细观察，你会发现这只是一个简单的4齿齿轮。它与锥齿轮类似，适合在90°角传动、低速连接的情况下使用，它能够传递高扭矩，不会有齿轮打滑的危险。

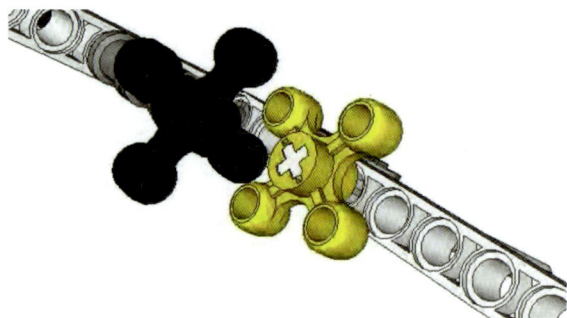

图2-11：两个旋钮轮以90°啮合

传动比

我们已经知道了各种不同种类型的齿轮，但如何把它们连接在一起？了解传动比很重要。传动比是输入轴转速与输出轴转速的比值（也可以表示为输出齿轮的齿数与输入齿轮齿数的比值），例如，如果输入轴上安装了8齿齿轮，输出轴上安装了24齿齿轮，则输入轴每转动1圈，输出轴将转动1/3圈。这就产生了3∶1的减速比，如图2-12所示。

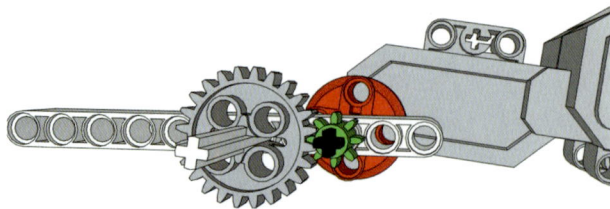

图2-12：8齿的输入齿轮与24齿的输出齿轮相啮合，齿轮减速比为3∶1

这个3∶1的比例意思是于输入轴转动3圈、输出轴转动1圈。用齿轮降低转速被称为齿轮减速，它可以增加输入源（如电机）产生的扭矩。

你可以通过提高啮合齿轮的齿数差的方法来加大减速，例如用8齿齿轮与40齿齿轮的组合可以产生5∶1的减速。你可以使用成组的齿轮进一步加大减速，两组3∶1齿轮将产生9∶1的减速，如图2-13所示。你可以继续用这个方法创造出更大的齿轮减速，获得更大的扭矩。

图2-14：啮合在一起的两个直齿轮旋转方向相反

图2-15：啮合在一起的三个直齿轮，第三个齿轮的旋转方向与第一个齿轮的旋转方向相同

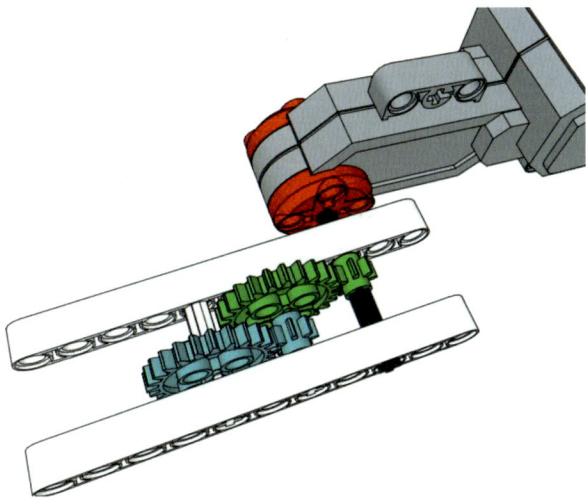

图2-13：一对3∶1齿轮连接在一起可以产生9∶1的齿轮减速比

如果将24齿齿轮安装到输入轴、将8齿齿轮安装到输出轴，则传动比也会改变，新的传动比变为1∶3，输入轴每转动1圈，输出轴将转动3圈。这被称为齿轮增速，是从输入源（例如电机）获得更快速度的一种方式。

还有一点要注意，齿轮啮合在一起时，处于偶数位置的齿轮旋转方向与输入方向是相反的，而处于奇数位置的齿轮的旋转方向与输入方向相同，如图2-14和图2-15所示。

选 择 车 轮

进行机器人设计时，最重要的决定之一是选择轮子。车轮应能保持机器人的稳定性，帮助机器人处理各种地形，让机器人快速前进，并在导航时保持准确性。在乐高头脑风暴 EV3机器人教育版套装和扩展套装中有各种不同的胎皮和轮毂可供选择，乐高的轮子种类繁多，选择起来有一定的难度。轮胎的直径越大，机器人的行驶速度越快，但是速度快的机器人不如小轮胎机器人强壮。所以当你进行机器人设计时，你要仔细考虑自己的需求。

周长

在考虑机器人需要使用什么样的胎皮和轮毂时，了解轮胎的周长十分重要。周长是机器人在轮子旋转1圈行进的距离，或者更简单地说，它是车轮外面一圈的长度（见图2-16）。当我在后面的章节中讨论导航时，知道这些信息将会非常重要。

现在，你必须知道的是，计算车轮周长只需用轮胎的直径乘以 π（约3.14），因此 $C = \pi d$。可以将车轮放在尺子上确定车轮的直径，测量车轮外部最宽的距离。许多乐高轮胎的直径都被标示在侧面。

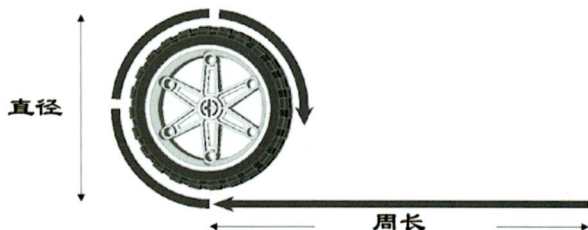

图2-16：车轮的周长

安装

将车轮安装到底盘上时，正确支撑车轴很重要。如果车轮被安装在靠近底盘的地方，请一定要安装一个轴套，确保车轮不被压在底盘上。同时，如果不能保证正确的车轴支撑方式，车轮不应距离底盘太远。

大多数机器人使用悬臂组件将车轮连接到底盘上。图2-17显示了用轴套让车轮保持正确的距离，以防止车轮与底盘产生摩擦。这种结构仅在一侧支撑着车轴，因为车轴被压在底盘上，所以在车轴上会产生摩擦。图2-18中的结构使用了多个轴套，车轮距离底盘的距离更远，轴和底盘上的压力更大，因此两者之间的摩擦也更大。此外，这种结构会导致车轮歪斜，在导航时产生不可预测的结果。

使用一段时间后，车轴本身也会开始弯曲，从而使机器人的性能更加不可预测。

图2-17：在车轴上用单个轴套确定间距

图2-18：车轴上用多个轴套确定间距，车轮远离底盘并产生更多的摩擦

最可靠的解决方案是搭建一个在车轴两端都有支撑的底盘，最大限度地支撑车轮和车轴，并消除大量的摩擦力（见图2-19）。在第3章中将更详细地介绍这种结构，我会解释它背后的物理学原理。现在，你需要牢记的是，底盘对车轴和车轮的适当支撑很重要，可以确保机器人的可靠性。

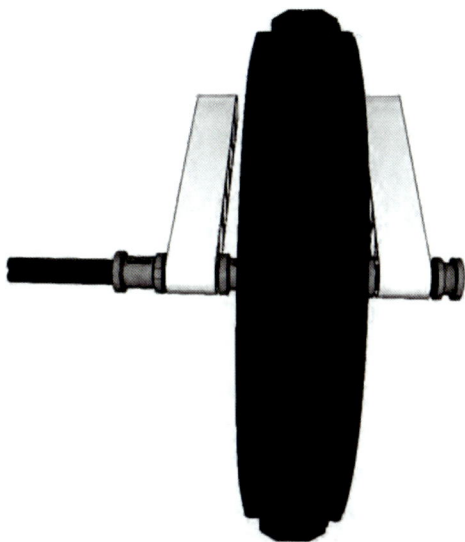

图2-19：在车轴两侧支撑，减少轴上的摩擦力

履带

当人们想到机器人时，通常不会想到轮式机器人，而是会想到履带式机器人。像许多流行的电影中的机器人一样，乐高头脑风暴套装中包含一套能连接成履带的塑料零件。

履带机器人往往对场地高度的需求非常低、重心稳定，在狭小的空间里也可以很敏捷地移动，易于穿越崎岖和不平坦的地面。

尽管履带机器人很酷，也很容易搭建，但它并不总是FLL机器人的最佳选择。在导航时，履带机器人并不准确，很难做到精确转弯，即使是在平坦的表面走直线这样的简单任务也会受到影响。机器人前进时，履带会跳动，这是FLL比赛中导航的一个额外挑战。

最常见的底盘

机器人底盘基本上有3种类型，即轮式、履带式和步

行式。带有车轮和履带的底盘是FLL比赛中最常见的，我从来没有在FLL比赛中见过步行机器人，虽然我并没有说不能使用步行机器人，但是我在本书中只讨论普通的轮式机器人和履带式机器人的设计。

差速转向（或滑移转向）是FLL机器人中最常见的转向方式，即两个电机向相反方向旋转，带动机器人转向。第4章会更详细地讨论转向技术。

两轮机器人

图2-20所示的两轮机器人是最简单的设计之一，两个车轮被直接连接在电机上，并使用了某种滑板帮助机器人保持平衡。这种设计实际上在FLL比赛的赛场上表现很好，很多时候，简单的设计往往表现最好。

因为两轮机器人的车轮往往靠近前部，所以机器人的重心成为了关注点，在机器人上连接手臂可能导致机器人向前倾斜。因此，当你为机器人底盘添加新功能时，还是需要反复进行测试，要确保你的机器人的重心没有偏离轴距。

图2-20：两轮机器人，后部使用滑板保持平衡

三轮机器人

三轮机器人是很常见的乐高机器人设计（见图2-21）。三轮机器人与两轮机器人类似，但是它使用万向轮帮助机器人保持平衡，而不是使用滑板。机器人有两个轮子分别与电机相连，后部有一个万向轮，万向轮会自动转向并沿着机器人的方向行进。万向轮能平衡机器人的底盘，与比赛场地之间的摩擦比滑板要小。

图2-21：三轮机器人，后部使用了万向轮

四轮机器人

四轮机器人比两轮或三轮机器人更加稳定。在底盘的4个角上各有一个轮子，为重心提供了很大的支撑面积，确保机器人的稳定，不易失去平衡。四轮机器人的差速转向比两轮或三轮机器人困难得多，但是可以用适当的编程方法克服这个问题，第4章将进一步做出讨论。

有两种类型的四轮机器人，即两轮驱动和四轮驱动。

两轮驱动机器人设计与其他机器人设计非常相似，其中两个车轮分别由一个电机驱动；另外两个轮子是从动

轮，只是为了增强机器人的稳定性。转向可能是两轮驱动机器人的一项挑战，这是因为机器人在转弯时，一侧的轮子可能会打滑。如果轮子在场地垫上有良好的牵引力，在转弯时就可能会产生很大的阻力。由于从动轮没有动力，所以它们不需要有胎皮（见图2-22），你可以只使用轮毂，机器人转弯时，轮毂可以在场地垫上自由滑动。

图2-22：双轮驱动的四轮机器人

四轮驱动机器人更为复杂一些，机器人一侧的两个轮子由单个电机驱动，大多数情况下，需要使用一些齿轮装置。当你需要有一个强有力的机器人或可以攀爬陡峭的斜坡的机器人时，四轮驱动非常适用。四轮驱动机器人的转向方式与其他差速转向机器人的转向方式一样，但并不是只有两个车轮参与转向，它的两个车轮向一个方向转动，另外两个车轮向另一个方向转动。轮子会有一些打滑，但是所有轮子都在转动，会尽量减小打滑。此外，车轮彼此之间的距离越近，转弯时遇到的阻力就越小。

履带机器人

履带机器人的轮距与轮式机器人的轮距相似，当然它

使用的是一组乐高履带。履带让机器人底盘非常稳定，且重心很低（见图2-23）。

履带机器人的底盘善于处理跨越开口或不平坦的表面的情况。在2010年FLL "智能交通"挑战中，机器人要跨越一条赛道才能进入比赛场地的某些区域，这条赛道是弯曲的，让许多轮式机器人感到头痛，但履带机器人却往往完成得很好。

不幸的是，使用履带的缺点往往超过了优点。履带机器人的底盘难以按直线前进，在光滑的表面上会有跳动，光滑的塑料会让履带在FLL比赛场地上迅速失去牵引力，为履带添加橡胶零件有助于机器人在平滑的表面上行驶，但在头脑风暴EV3标准套装中并不包含这样的零件，需要另外购买。此外，让履带保持合适的张力也具有挑战性，通常履带内的第3轮有助于解决张力的问题，但不会提高履带在完成任务时的可预测性。

我不想阻止任何一个团队在机器人上使用履带，所以如果你喜欢使用履带，并且它能满足你完成任务的要求，你可以尝试一下。还是那句老话，反复测试，以找到最适合你的情况。

图2-23：履带机器人

发现和解决问题

完成底盘后，如果发现它似乎动作不对或者移动起来不顺畅，有几个地方就应该检查一下。首先，确保所有齿轮的间距合适，不要啮合太紧，有时齿轮看起来啮合在一起，但是由于它们与其他齿轮啮合得太紧，会产生过大的摩擦。其次，检查所有的轴套，确保它们没有紧紧地靠在底盘上。轮子的摩擦是另一项需要检查的情况，如果车轮的背面没有正确的间隔距离，那么轮子在运行时往往会产生滑动，并可能会碰到底盘，产生摩擦。

你搭建的是乐高机器人，即使你不希望出现，零件也会松动。所以在每场比赛前都要好好检查你的机器人，看看有没有松动或过紧的地方。

总　　结

对任何搭建作品来说，良好的基础对成功至关重要，想在比赛中获胜的机器人也是这样。希望机器人运行性能良好，就要从良好的底盘设计开始。许多团队倾向于边设计比赛方案边完成机器人设计，希望可以更早地进入任务完成阶段，然后却因为底盘设计不佳而遭受挫折，付出了时间的代价。花点时间，我们应该从正确设计底盘开始。

第3章

∎∎∎

直 线 行 驶

搭建机器人后，你当然希望它能从一个地方行进到另一个地方，每个人都知道两点之间的最短距离是一条直线。在乐高机器人的世界里，直线行驶说起来容易做起来难。在FLL比赛中，许多新队伍要依靠测距法或航位推算法让机器人前进到比赛场地的某个位置上。测距法是指用距离测量的方法将机器人导航到场地上的某个点，你只是告诉机器人要行进的距离，并用内置于EV3伺服电机中的旋转传感器来确定机器人是否已经行进了所需的距离。机器人要到达的位置是相对于起点进行计算的，你会发现使用测距法并不是总能让机器人停在你希望的地方。

仅仅依赖机器人测距进行导航定位不是一个好主意，智能机器人应该综合利用比赛场地中的导航点，使用各种方法和传感器来分析参考目标的位置。因此，测距法只是机器人导航的方法之一，应谨慎使用。在2010年FLL "智能交通" 挑战中，比赛场地上放置了一些物品，故意限制使用纯粹的测距法进行导航，虽然使用测距法可以快速开始一些任务，但尽量不要对它过分依赖。

本章将讨论影响机器人直线行走能力的因素，以及当你尝试让机器人在比赛场地上到达理想的位置时，你能做些什么来提高它的准确性。

机器人结构的影响

除了机器人的运行环境，机器人的物理结构对直线行进的影响是最大的，最主要的影响是轴距和机器人底盘的

平衡，正确设置重心的位置将会起到重要作用。

轴距

宽轴距的机器人更容易保持平衡。如果机器人使用4个或更多的车轮，请确保所有车轮都能接触到地面。即使你设计的机器人的结构是对称的，四轮机器人的某个轮子也有可能不接触地面，从而让机器人失去平衡，行走时左右摆动。摇摆的机器人一定不会走出直线。

宽阔而稳定的底盘是保证机器人走直线的重要因素。你可以想象一下，双脚紧紧靠拢和把两脚分开，哪一种姿态更能让你在跑步时保持稳定。机器人也是如此：窄轴距的机器人在比赛场地上遇到轻微的碰撞就会快速脱离运行轨道，特别是机器人用手臂移动或携带物体时，更是如此。

实际上，车轮本身的宽度也有影响。当机器人直线行走时，宽胎皮的轮子与场地的接触面积比窄胎皮的轮子更大，机器人行进得更直。然而，机器人在转向时却是反过来的，所以诀窍是在两者之间找到良好的平衡点。例如，4个轮子都有胎皮的四轮机器人走直线的误差很小，但同样的机器人很难完成平稳转弯。

因此，机器人应该保持低重心和平衡，与比赛场地保持足够的摩擦力，既不会在机器人直线行进时造成困扰，也不会在转弯时出现问题。如果车轮和底盘与场地之间的摩擦力过大，让机器人顺利转弯就可能会成为问题，因为大多数乐高机器人都会采用某种形式的滑行转向，就是说

机器人在转动时某些部分是被拖过去的。因此，要将摩擦力保持在能让机器人平稳转动的最小值上。

重量

另一个与平衡相关的因素是机器人的重量。重型机器人通常更加准确，因为当机器人开始移动时，EV3伺服电机会让车轮打滑。想象一下，你告诉机器人前进4圈，但是当它开始移动时，第一个1/4圈打滑了，机器人当然不会停在你期望的位置上，你可以通过慢速启动或增加机器人的重量以提高轮子牵引力的方法尽可能地限制车轮打滑。

非常轻的机器人将迅速失去牵引力，因此使用测距法进行导航时，很难预测机器人最终会停在哪里。尽量将机器人的大部分重量放在驱动轮上方，会有助于保持机器人的平衡。但也不要疯狂到把机器人变成一个铅块，过重的机器人在前进时需要很大的动力。大多数机器人比赛（如FLL）都有时间限制，因此你的机器人需要足够灵活才能在规定时间内完成任务。

车轮的周长

在你确定机器人要前进多远时，了解驱动轮的周长是很重要的。如果你用移动转向模块控制机器人前进4圈，你的机器人实际会走多远？这就是知道车轮周长的重要性。周长是车轮完整旋转1圈后行进的距离，如图3-1所示。同你在第2章中学到的一样，周长等于π乘以直径，现在我们要用到一些数学知识了。

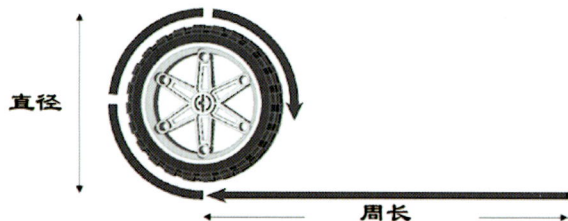

图3-1：测量车轮的周长

如果车轮的周长为8cm，车轮转动4圈，预期的结果是机器人将向前移动32cm，周长乘以旋转圈数。如果你需要计算机器人移动32cm需要旋转几圈，那么计算公式是旋转圈数等于距离除以周长（或4 = 32/8）。这看起来很容易理解，但是许多团队跳过了此类计算，用反复尝试的方法获得旋转圈数的数值。然后，他们的机器人发生了变化，例如传动比或车轮尺寸变了，那么所有的旋转圈数参数就都错了，必须重新猜测和尝试。

如果一个团队从一开始就能够理解计算正确圈数的数学方法，那么前面提到的变化对团队已经完成的进度影响就非常小，他们可以继续完成任务。而且，这些计算也是团队在比赛中向裁判陈述的内容，裁判会对机器人完成任务的方式留下更深的印象，当裁判询问团队成员为什么他们选择将程序模块的参数设置为4圈时，不断尝试的方法听起来当然不如计算出来那样令人印象深刻。

在计算正确的圈数时，不要忘记考虑传动比。如果你没有用EV3伺服电机直接驱动车轮，而是加装了齿轮传动系统，那么计算圈数的方程式就会发生变化。此时旋转圈数等于距离除以周长再乘以传动比。例如，轮子的周长为8cm，由一个传动比为3∶1的齿轮组驱动，你的公式是旋转圈数=（32 /8）×3，结果为12圈。如果传动比变为1∶3，结果又如何呢？

车轴的支撑

适当的车轴支撑及减少车轴上的摩擦对机器人的直线行驶至关重要。如果一个驱动轮正在受到或多或少的摩擦，那么机器人直线行驶的能力将会大大降低。

典型机器人的重量在0.5~1kg之间，似乎重量并不大。但是机器人的电机将不得不在比赛场地内承担这种重量，所以你需要让电机的工作尽可能得简单，电机要克服的最大问题就是摩擦。

第2章介绍了机器人的底盘设计和安装车轮的方法，

其中最常见的是悬臂式安装，车轮被安装在轴的一侧，轴由乐高梁支撑着，然后在车轮背面添加轴套，防止轴和车轮从机器人的底盘上脱落。当以这种方式支撑时，车轴就像一个杠杆，向乐高梁施加压力，从而在车轴转动时产生摩擦。车轴支撑的乐高梁成为杠杆的支点，因此车轮在车轴上的位置将影响施加在乐高梁上的力。例如，如果车轮离车轴上的乐高梁很远，将增加杠杆产生的力量，从而增加车轴运动的摩擦力，如图3-2所示。

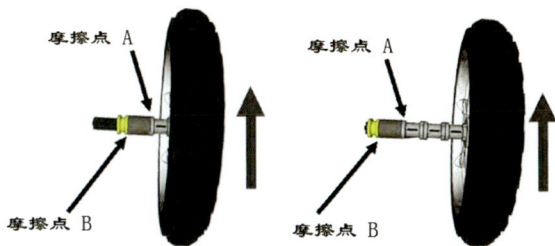

图3-2：车轮离底盘越远，在摩擦点A处产生的摩擦越大。将车轮靠近底盘将减少车轴上的摩擦

你可以将车轮靠近轴上的乐高梁并添加额外的支撑来释放车轴。如果车轴有多个支撑点，则轴与底盘接触的地方所受的力会减少。另外，如图3-3所示，支撑梁相互远离的方式也可以减少力的大小，同时施加在轴上的摩擦力也会减小。

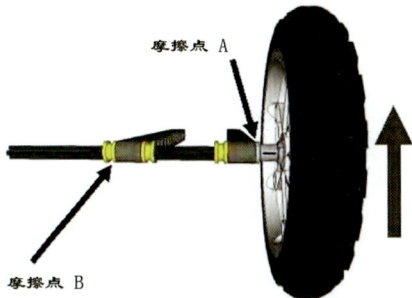

图3-3：在底盘上增加额外的支撑位置，使摩擦点B远离摩擦点A可以减少被施加到车轴上的摩擦力，因为对车轴和车轮的支撑量增加了

与使用悬臂轮支撑系统相比，机器人还可以采用在轮子的两侧进行支撑的方式，如图3-4所示。这不仅减少了车轴转动时的摩擦力，也有助于保持车轮平直和均匀。如果车轮有太多的倾斜度，机器人每次运行的结果就可能会不同。这种安装方式可以保持运行结果一致，所以减少车轮发生变化的机会总是一件好事。

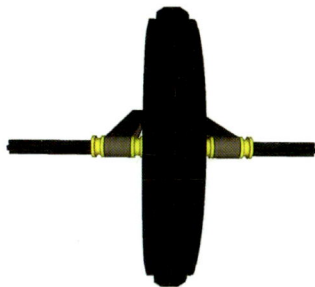

图3-4：由于在两端均匀地支撑轴和车轮，所以摩擦力大大降低，你可以获得更稳定的机器人驱动系统

我知道一个团队有一个非常重的机器人，车轮的支撑采用了悬臂系统，而且当机器人不运行时，全部的重量都由轮子来承担，轴开始弯曲了。随着时间的推移，这成为一个大问题，因为机器人的运行结果不断变化。最后，团队意识到出了什么问题，为机器人制作了一个支架，在它不运行时，放在架子上，减轻车轮和车轴承受的重量。

请注意车轴上的摩擦力，让车轴保持正确的支撑方式，并在机器人运行之前始终仔细检查它们。车轮或轴套很容易被意外压紧，为车轮造成不必要的摩擦。

程 序 设 计

有两个模块可以用来控制机器人直线移动：移动转向模块和移动槽模块。如果你想在程序中重复你想要的动作或序列，你可以把一些程序序列放入"我的模块"中，下面的内容将对其做出更详细的介绍。

注意：虽然电机的精度可以达到1°，但是要注意，电机是无法精确转动1°的。不要以为你指定电机旋转1°，就能得到这个结果。

移动转向模块和移动槽模块都以角度为单位测量电机的旋转。电机旋转一圈可以表示为360°或1圈。如果你愿意，12圈可以表示为12乘以360，即4320°。

移动转向模块

EV3的移动转向模块（见图3-5）是让机器人直线前进的最明显的编程方法，在大多数情况下确实是这样。移动转向模块可以同时控制两个电机，并使用内部电机同步算法让两个电机保持同步旋转。该算法在大多数机器人上运行良好，但要避免在循环模块中放置移动转向模块，这可能会让移动转向模块在保持机器人直线前进时出现问题。移动转向模块的内部逻辑是通过跟踪电机的转动数据来保持两个电机同步的，但是在循环模块中，这个内部逻辑会不断被复位，可能会导致代码混乱。

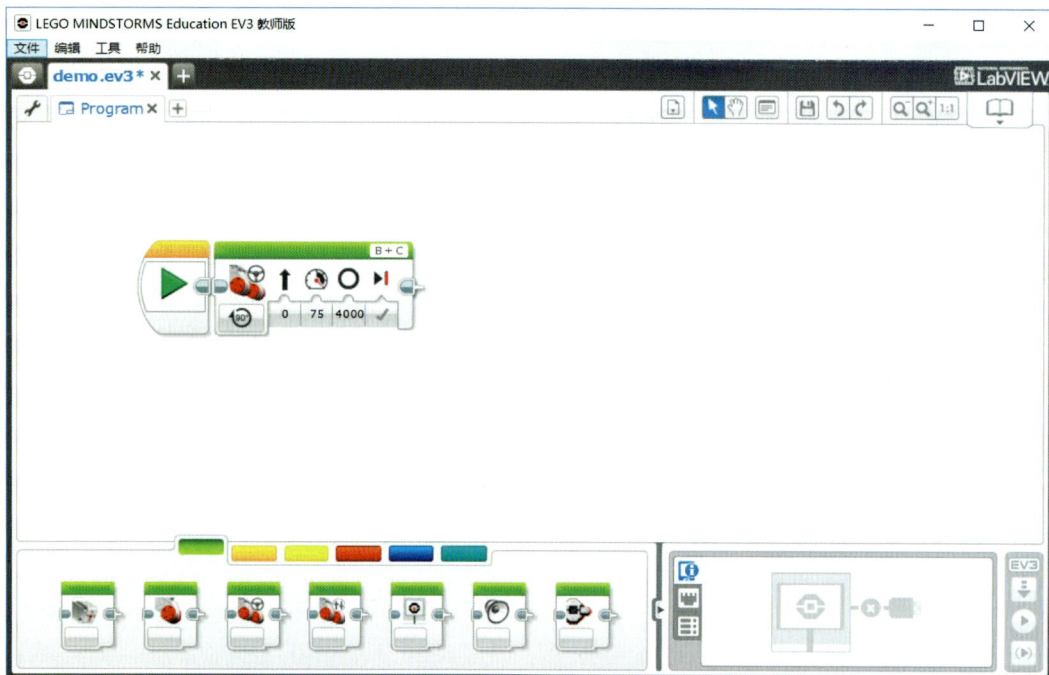

图3-5：EV3移动转向模块，设置为直线前进4000°

移动槽模块

电机模块只能控制一个电机，因此要控制双电机驱动机器人（差速驱动）直线前进，需要使用两个电机模块，让两个模块保持同步非常重要。EV3包含一个移动槽模块，可以为你完成这项工作。

移动槽模块与移动转向模块很相似，只有一点不同，

你可以为每个电机设置不同的功率参数（见图3-6）。旋转角度参数和制动停止参数对两个电机都适用。

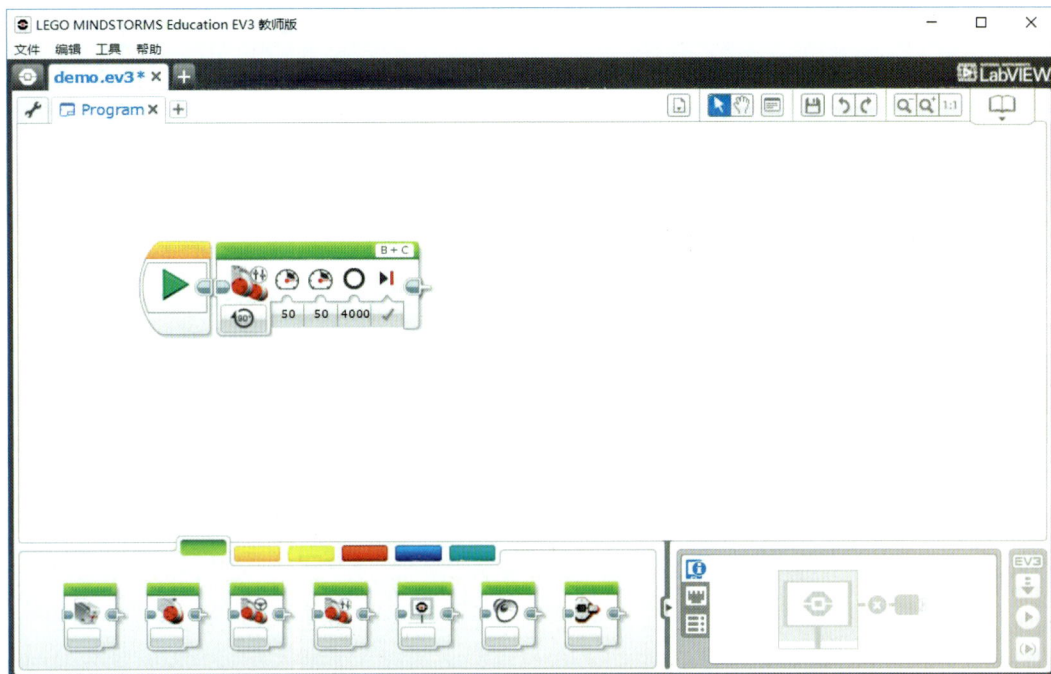

图3-6：EV3移动槽模块，设置为直线前进4000°

我的模块 MyMove

我的模块其实是EV3中简单的子程序，你可以创建"我的模块"并在整个程序中反复使用，它们不仅可以让你轻松实现子程序的重复使用，而且还可以使全局程序变得更加容易。例如，你有一个连接到端口A的手臂，需要让电机A向上转动85°，用手臂的爪子抓住物品，在机器人的整个程序中，有6个不同的地方需要完成这一动作。现在假设你修改了手臂，电机每次需要转动95°，你要修改程序的6个地方。但是，如果你将这个部分的程序放入"我的模块"中，则只需要修改一个地方的参

数，程序在加载新的"我的模块"后会对所有地方的参数做出修改。

注意： 虽然在机器人的程序中并不是必须使用"我的模块"，但掌握它的使用方法可以让你的团队编写程序时更为高效，程序的适用性也会更强。"我的模块"还能使程序的可读性和一致性更好。

现在让我们用学过的知识为机器人的移动创建一个我的模块，我们把它称之为MyMove模块。我们之前讨论过用机器人轮子的周长和其所需的行驶距离来计算电机需要

转动的圈数，你要做的还可以更简单一些，可以将这个数学公式添加到MyMove模块中，让EV3帮你算出电机需要转动的角度数值。

图3-7显示了我创建的3个变量：Motor Power（电机功率）、Circumference（周长）和Distance（距离）。

在这些变量中，Motor Power（电机功率）变量被直接输入到移动转向模块的功率参数中，Circumference（周长）和Distance（距离）变量被输入到数学模块中，用Distance（距离）值除以Circumference（周长）可以得到电机到达目的地所需的度数。

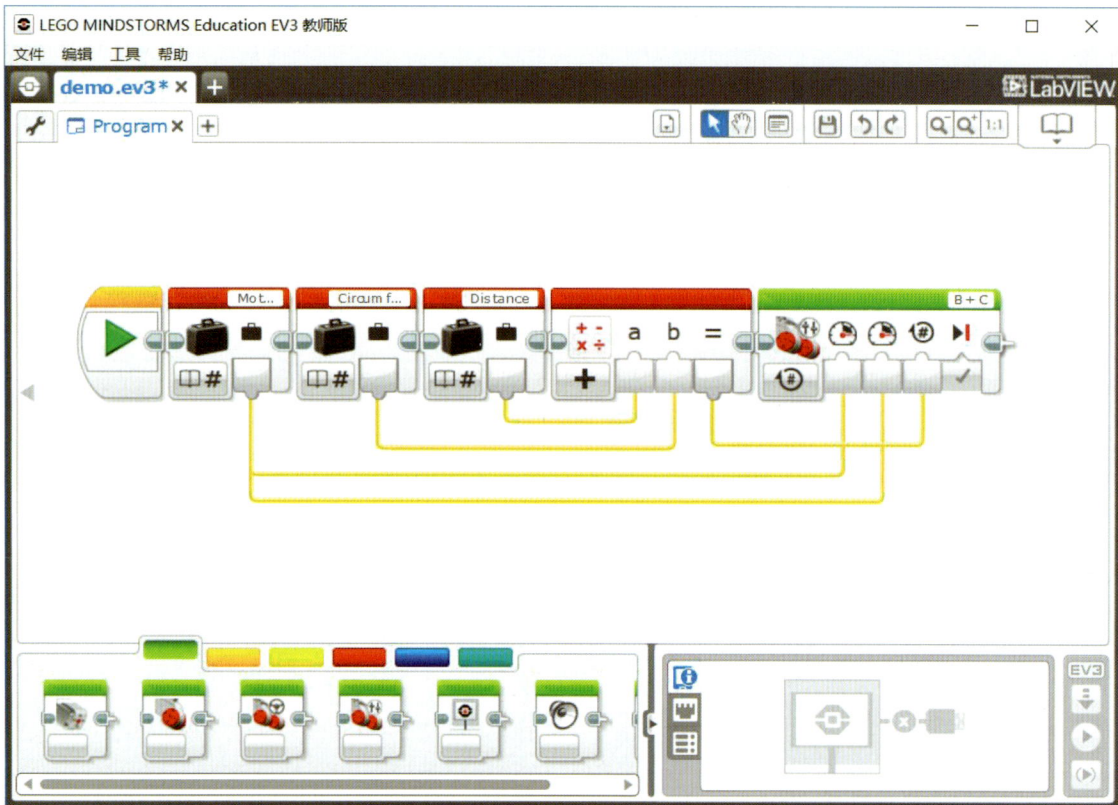

图3-7：将包含在MyMove模块中的代码

现在我们要用这段代码来创建我的模块MyMove。创建含有参数的"我的模块"时，要小心选择模块，不能选择变量模块，这些变量模块会成为"我的模块"的参数，如图3-8所示。

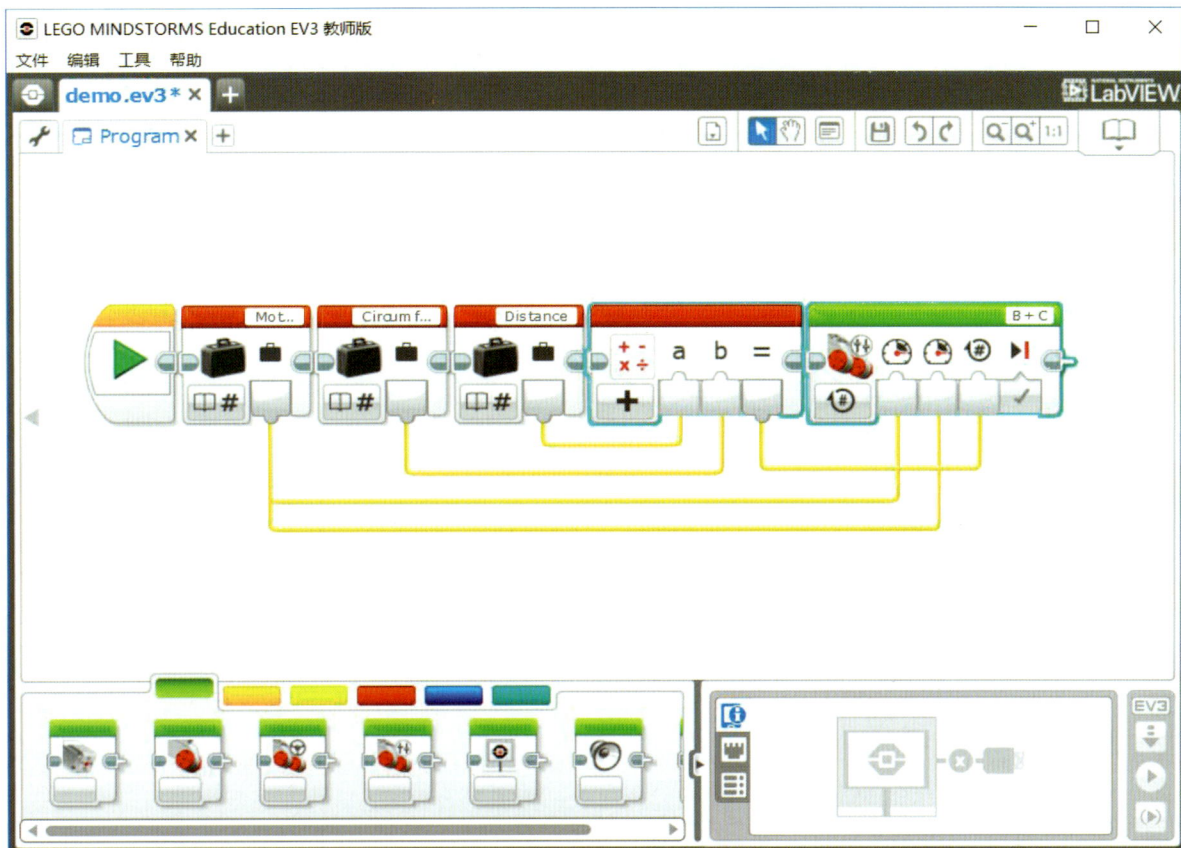

图3-8：选择数学模块和移动槽模块，不要选择变量模块，变量模块将成为MyMove模块的参数

我们选择了数学模块和移动槽模块，接下来用"工具"菜单下的"我的模块创建器"来创建MyMove模块。创建完成后，MyMove模块与如图3-6所示的模块一样拥有3个输入参数。我用于输入的3个变量将显示为MyMove模块的3个参数，如图3-9、图3-10和图3-11所示。

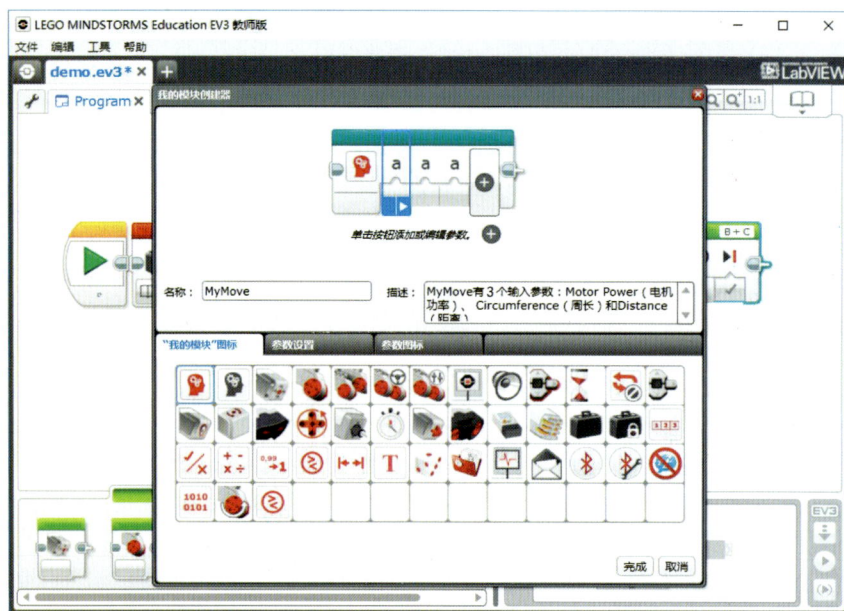

图3-9：选中的模块将包含在MyMove模块里，同时还有3个输入参数

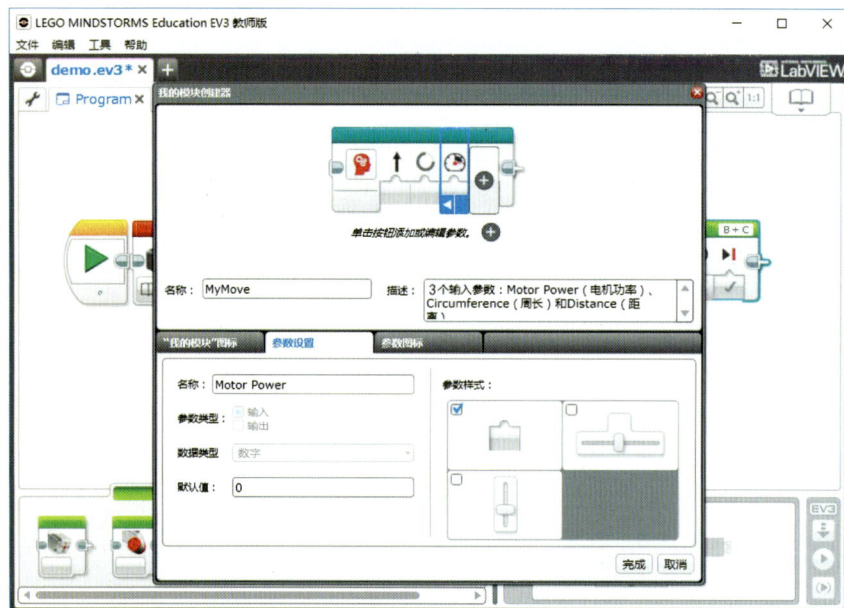

图3-10：在我的模块创建器中，你可以标记参数并为每个参数分配图标

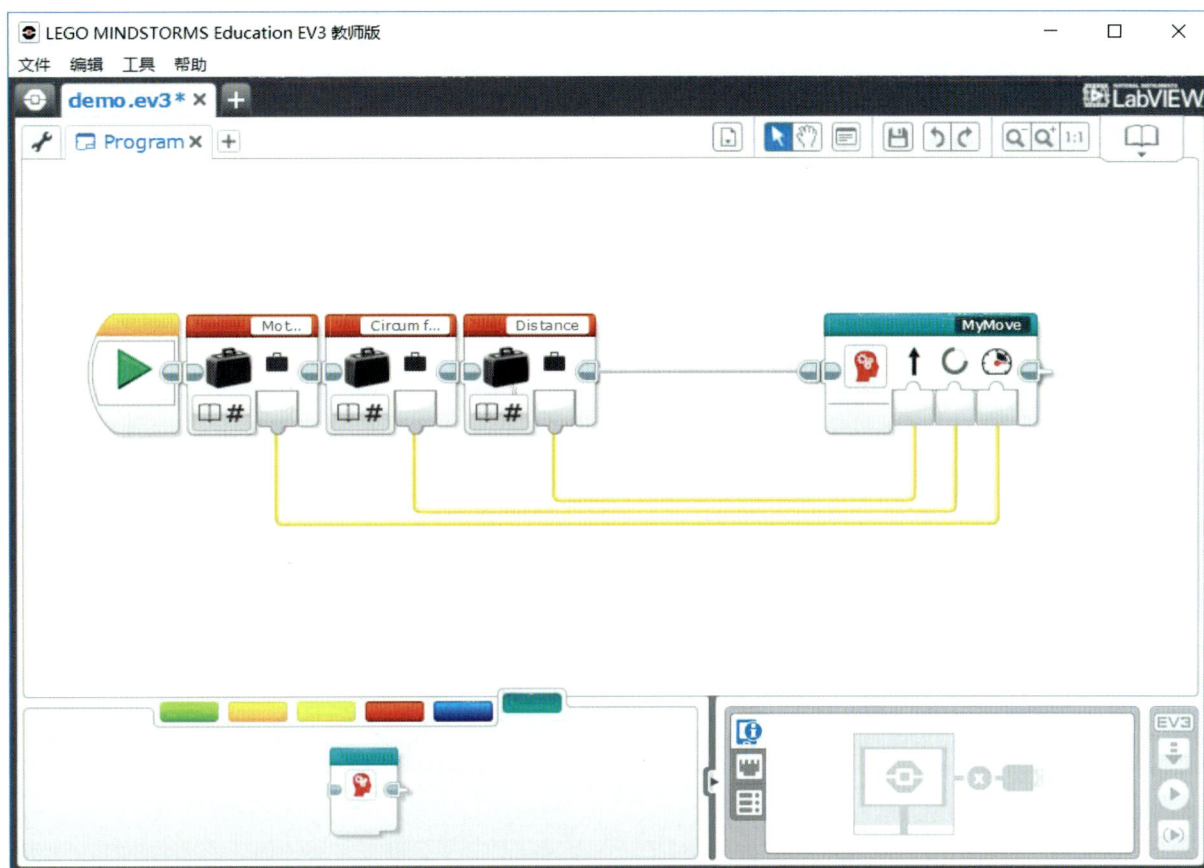

图3-11：MyMove模块现在有3个输入参数：Motor Power（电机功率）、 Circumference（周长）和Distance（距离）

现在我们有了一个可重复使用的MyMove模块，它可以根据你提供的信息自动计算电机的旋转圈数。

你可以在此基础上为自己的机器人制作一个MyMove模块。你也可以将机器人轮子的周长放入常量模块，从而将这个数值固定在MyMove模块中，使用MyMove模块时，只需输入"距离"和"电机功率"两个参数。这样一来，如果你更改了机器人上的轮子，你只需要对MyMove模块中的周长的数值进行更改，让它符合新的车轮尺寸，程序中所有使用MyMove的模块都将相应更改——非常简单，并且不会混乱。

电　　池

EV3有两种电池电源可供选择：可充电电池板和6节AA电池。这两者都会对机器人的直线行走能力产生影响。

AA 电池

乐高头脑风暴的早期产品RCX只能使用AA电池，你可以使用充电电池，但那时并没有与现在EV3相似的可充电电池板。在EV3伺服电机内置的旋转传感器出现之前，很多团队都会利用时间直接控制电机，但是他们很快会发现，电机的运行结果很难预测，这是因为AA电池很不可靠。由于电机的运行方式与电池功率水平不同，所以机器人的运行结果完全不可预测，运行结果随着电池电量的消耗而迅速改变。

使用测距导航时，将角度作为控制参数是最好的选择，可以避免由于电池电量不同引起的运行结果差异。将时间作为电机控制参数不能提供一致的运行结果。别忘了，运行结果的一致性是我们的目标。

如果你选择使用普通的或可充电的AA电池，机器人的结构要能快速地更换电池。此外，参加比赛时你还需要准备大量的电池，尽管FLL比赛只有2.5min的时间，但你还需要为场地测试、练习以及技术答辩准备足够的电池。

可充电电池板

EV3可充电电池板可以让机器人的运行结果更具一致性，机器人完成任务也更为可靠。值得注意的是，EV3可充电电池板的输出电压略低于8V，而使用普通的AA电池时，初始输出电压约为9V。但AA电池随着时间的推移输出功率会迅速降低，但可充电电池板的输出功率水平可以保持一致。在电量即将耗尽时，可充电电池板的功率也会下降，但总体而言，它的输出电压可以保持不变。

注意： 恒定的电压输出水平和短时间内拥有更高的功率，可以想象，当然是前者对机器人更为有益。

使用EV3可充电电池板时，要记住机器人在结构上不能遮挡电池板的充电插口和指示灯。有一年，我的团队看不到电池板上的指示灯，所以电池充电一整夜之后，我们才发现充电器插头根本没有被插入到电池板上。如果这种

事发生在FLL比赛中，结果可想而知。因此进行机器人设计时，一定记住要让自己可以轻松看到EV3可充电电池板上的红绿指示灯。

辅 助 装 置

机器人直线行进时不仅要依靠电机和轮子，就像木匠使用多种工具帮助自己完成直线切割一样，你的机器人也可以使用辅助装置。这些辅助装置可以是机器人的附加结构，也可以是在基地中帮助机器人出发的标尺。不要害怕使用这样的辅助装置，无论你做什么来保持机器人运行结果的一致性，目的都是帮助你赢得比赛。

贴墙行走

设计最好的机器人也难以在比赛场地中长时间地直线行进，有太多的因素会影响机器人的直线行走能力，但我们还有其他方法可以处理长距离的直线前进问题。

FLL的比赛赛台由木板制成，赛台四周有侧墙。这些侧墙在机器人导航中非常有用，最简单的方式就是在机器人的底盘上安装导轮，让机器人贴墙行走。

当你评估比赛任务时，你会发现其中一些任务位于比赛场地的最末端，机器人要行进很长的距离才能完成任务。看看是否可以在比赛场地上找到一段没有障碍物的侧墙，这段侧墙可以帮助机器人做长距离行进。如果在前进的路径上有什么障碍物，你可以考虑用符合比赛规则的方式把它移开。

想要机器人能够贴墙行走，你只需在底盘的侧面安装一组与比赛场地垂直的小轮子即可。这些小轮子不能安装胎皮，只能使用塑料轮毂，这是因为它们只起到导向作用，你并不需要它们为机器人提供牵引力。

在图3-12和图3-13中可以看到我安装在DemoBot

上的一套导向轮。现在编写程序，让机器人向前行走，同时稍微向侧墙转弯，机器人就会沿着侧墙向前行进。但是机器人向侧墙的转向不要过大，否则机器人和侧墙之间会产生很大的摩擦，转向的大小足以让机器人沿着侧墙前进即可。

3-16显示了机器人如何紧紧地贴着侧墙前进。

图3-12：我在DemoBot上使用的简单的侧墙导向轮

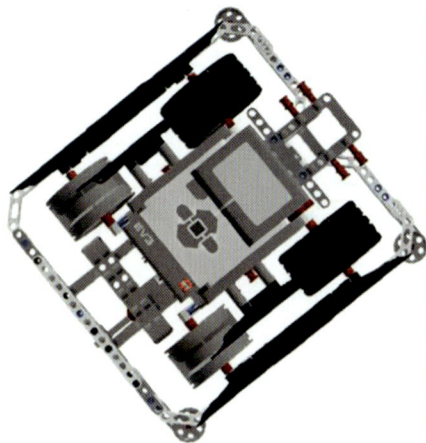

图3-14：机器人的接近角度过大，无法贴墙行走；可能会导致机器人转到错误的方向上并被卡住

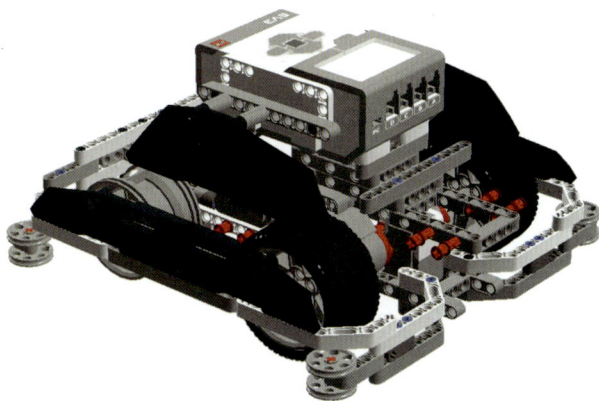

图3-13：将导向轮安装在DemoBot底盘的前后

机器人接近侧墙时，与侧墙的夹角应该小于30°，如果机器人以45°或更大的角度靠近侧墙，可能会导致机器人转到错误的方向，并可能将机器人卡住，如图3-14所示。图3-15显示了机器人以更合理的角度接近侧墙。图

图3-15：以这样的角度接近侧墙可以顺利过渡到贴墙行走

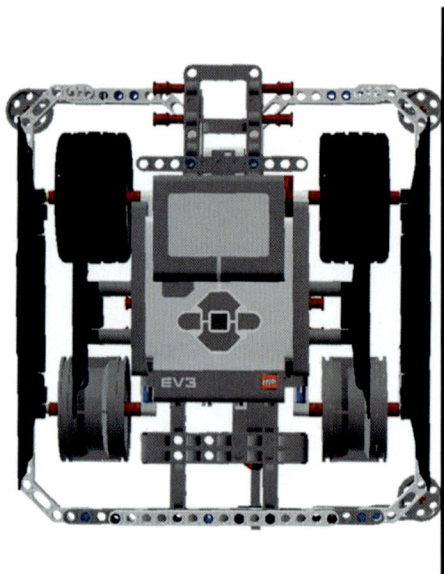

图3-16：一旦机器人靠在墙上，前导轮与侧墙会有更多的接触，因为程序告诉机器人在沿着侧墙移动时要轻轻转向侧墙

导轮不应该太小，制作比赛赛台的木板不会那么完美，可能会有一些疤结或凹坑，太小的轮子有可能被卡住。

在导轮与侧墙接触之前，机器人的底盘不应该先接触侧墙，因此导轮的安装位置要足够远，让机器人与侧墙之间有足够的间隙，这样机器人才能平滑地贴近侧墙。另外，导轮的安装位置不能太高，高度保持在侧墙的中间最为合适。

如果导轮安装位置太低，机器人可能会让导轮扭曲；如果导轮安装位置太高，导轮可能卡在侧墙的顶部。我的一支队伍就出现过这样的情况，比赛时用的赛台与平时训练的场地相比，侧墙稍微低矮一些，所以在比赛时，机器人的导轮卡在侧墙的顶部，机器人也被卡住了。

如果你的练习赛台没有涂漆，而比赛时使用的赛台涂漆了（很有可能会给侧墙涂漆），机器人在比赛中的表现可能会受到影响。平时的练习应该尽可能地和比赛一样，甚至给赛台侧墙涂漆这样的简单小事也有可能改变机器人的运行结果。

我看到有的团队尝试使用EV3超声波传感器来实现贴墙行走，但这种方式很难保证机器人运行结果的一致性，而且有时也会出现不正确的情况，导致机器人根本不会贴着侧墙行走。我个人不建议使用这个传感器，但我不会阻止一个团队尝试新的东西。

基地中的出发标尺

我并不十分欣赏必须从特定地点出发的机器人，这种机器人在基地内必须要指向特定的方向，然后电机开始转动，让机器人到达目标。但是，如果机器人必须在基地内向场地的某个特定区域进行瞄准，那么搭建一个在基地内使用的出发标尺是很有用的。出发标尺是一种工具，可以帮助机器人在离开基地之前对准某个方向或保持在适当的位置。如果你决定搭建一个帮助机器人对准正确方向的标尺，请记住必须全部使用乐高零件进行搭建。

如果你的机器人需要从特定点出发才能到达目标，并且每次机器人在完全相同的位置启动至关重要，那么无论你的团队多么努力，也几乎不可能只用眼睛实现这一目标。所以你可以搭建一个与基地尺寸相适合的出发标尺，用基地的侧墙作为参考，在开始启动机器人之前帮助你进行定位。

使用出发标尺时，你需要为标尺找到一个参考点，保证它每次都能被放在正确的位置上。基地的侧墙会对标尺的定位有所帮助，如果幸运的话，你可以利用基地内的两道侧墙，不过要注意场地垫与侧墙的距离保持不变。在FLL "智能交通"的比赛中，场地垫位于赛台的中心，所以侧墙和基地之间的空隙在不同的赛台上有所不同。在这种情况下，依靠侧墙确定机器人出发的位置就不太有用，但出发标尺依然能帮助机器人在离开基地前保持一定的角度。

在FLL比赛中，出发标尺只能在基地内被使用，机器人离开基地后必须将它拿走。出发标尺完全是团队使用的工具，对任务结果没有任何影响。而且，同其他东西一样，标尺必须用乐高零件制成。

交流与学习

如果你与经验丰富的乐高机器人团队交流，他们很有可能会告诉你，多年来他们已经学到了很多提高机器人导航的准确性和性能的技巧——不要害怕提出这样的问题，许多团队喜欢分享他们学到的东西，这正是乐高机器人的伟大之处。几年来，我们团队学到了几个很简单的技巧，都很有效地帮助我们提高了机器人的运行效果。

电机匹配

不管你是否相信，每个乐高EV3伺服电机都不一样。在很大程度上，它们是非常一致的，但我还没有发现运行结果完全相同的电机。有些电机磨损得比其他电机快一些，有些则使用不当。在学生很多且长时间上课的机器人教室里，许多电机可能与你的其他电机不同步，甚至不能运行。

如果你只有乐高头脑风暴套装中的两个大型电机，则电机匹配可能不是一件大事，因为你可以很容易地弄清楚电机是否可以正常工作。但是，如果你有多个套装和各种电机，能相互匹配的电机可能会对你有所帮助。

电机匹配就是找到两个一致的电机，它们能以同样的速度运行，能同时起动、同时刹车。匹配的电机可以用作驱动电机。找到这样的电机后，想办法对它们做出标记，可以用临时贴纸（或胶带），或者彩色的科技销，但不要使用任何永久性的东西，因为FLL比赛规则不允许你在乐高零件上添加额外的标记。

我搭建了一个对电机进行匹配的简单装置，用电机带动一套齿轮系统。在每对电机上运行相同的程序，我可以不断更换各种电机，直到找到两个匹配良好的电机。我把它们放在一边，然后再匹配下一对。电机匹配装置如图3-17所示，电机测试程序如图3-18所示。

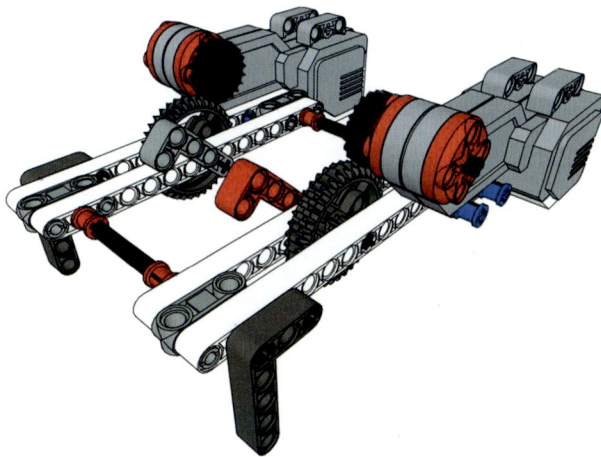

图3-17：电机匹配装置

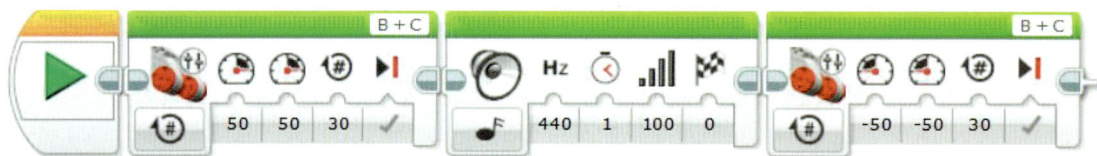

图3-18：电机匹配程序，向前转动电机，停止，播放音调，然后再向后转动电机

程序很简单。只是控制电机向前旋转30圈，停止，播放音调，然后再向后旋转30圈后停止。如果两个电机的齿轮处于相同的位置，你就知道它们是匹配的。没有两个电机是完全一致的，你只需要找出最相近的两个电机。

消除齿轮间隙的影响

你可能已经注意到EV3伺服电机中的齿轮有一点间隙或松弛，如果你在机器人的传动系统中加入齿轮，则更是如此。这是正常的现象，即使你使用的是令人印象深刻的机器人套装，它们仍然是乐高，在保持零件紧密和精确排列方面具有一定的局限性。如果齿轮太紧，转动时会卡住；如果它们太松散，最终将会滑落。即使你能在两者之间找到平衡点，在齿轮啮合之前，轴和车轮依然会先空转一点点。

当一侧驱动轮的齿轮比另一侧的齿轮更松弛的时候，可能对机器人的直线前进产生影响。很显然，这种差异可能导致机器人在启动时有轻微转向。如果松弛度相差太大，测距式导航的运行结果可能会很不准确。

我从一些团队身上学到一个技巧，在基地里轻轻推动机器人，只需让机器人向前滚动一点，通过车轮带动EV3伺服电机转动，让齿轮啮合。在紧张的比赛中很容易忘记做这件事，但是如果你把它作为常规练习的一部分，那么当你操作机器人时，它将很快成为一种本能。

发现和解决问题

当机器人不能直线行驶时，首先问问自己有什么东西发生了变化，这种变化是偶然出现的，还是并非偶然？花时间彻底检查机器人，并确认所有零件都是紧固的。

接下来，检查胎皮是否有磨损，或者是否被正确地安装在轮毂上。有些乐高胎皮需要费点劲才能被正确地安装在轮毂上，如果一个胎皮没有安装好，可能会导致机器人不能直线移动。你不会认为胎皮磨损是一个问题，但经过几个月的练习，胎皮上的橡胶可能被磨损并引发机器人无法走直线的问题。如果你发现机器人无法走直线，请在更改程序之前先查看胎皮。

想想机器人上的重量是否发生了变化。添加的手臂让机器人变得更重了吗？

另外，当有人说"机器人不走直线"时，要弄清楚这句话是不是指"机器人不能到达目标点"，这二者有很大的区别。通常情况下，一个团队努力做到每次让机器人在基地完全相同的位置上启动，然后将机器人最终到达位置的差异归咎于机器人的实际运行结果而不是操作。我在很多次团队会议上解释说，机器人只做了我们要求它做的事情，当它出现你没想到或不期望的运行结果时，它并没有坏掉，机器人运行结果的不一致往往是由底盘或程序的缺陷引起的。

机器人启动时，是否会突然扭动或改变方向？如果是这样，请确保你的机器人稳定和平衡。如果机器人有4个轮子，静止时只有3个轮子与场地接触，这可能会导致机器人在启动时发生方向的变化。

当你对机器人的结构或程序进行更改时，请一次更改一个，在每次更改后要重新进行测试。不要一次性做出重大更改，并且要花费大量时间观察机器人在每次更改后会出现什么情况。反复做运行测试，观察是否有运行失败的状况，并研究失败的原因是什么。我知道这一点很难做到，因为你只是想修复机器人，但是你一旦了解了机器人运行失败的原因，你会从中学到很多修复机器人的方法。

总　　结

你可以看到，有多个因素可以影响机器人的直线行驶。最后，这些是乐高机器人，所以它们的准确性永远不会是百分之百，但本章分享的想法一定会对你有所帮助。如果你的机器人还是没有按照你预期的方向进行导航，请放慢机器人的速度，反复运行，研究它所有的动作。这时，你可能会看到一些以前没有注意的东西，而这些东西可能就是导致机器人无法直线行驶的原因。

第4章

■■■

准确转弯

20世纪80年代有一部伟大的电影，其中有一个角色向他的伙伴讲解如何滑雪，他的指导很简单："走那条路，真的很快。如果有什么东西挡住你的去路，你可以转一下。"这个建议同样适用于机器人。我们希望机器人去完成任务，如果有障碍物挡在路上，就需要转动机器人。机器人准确转弯才能到达我们期望的地方。

提示： 低重心对机器人直线行驶有帮助，对转弯同样有帮助。如果机器人的底盘头重脚轻或不平衡，快速转弯会导致机器人翻倒。转弯时机器人即使是倾斜一点点，也会让机器人失去平衡，从而影响转弯精度。想要得到稳定和准确的转弯，就要让机器人的轮子始终与场地接触，保持底盘平衡和缓慢转动能够避免车轮离开场地。

与机器人直线行驶一样，影响机器人平稳转弯的因素也很多，机器人的轮子、底盘设计，当然还有编程，都起到了很大的作用。

转向设计

乐高机器人基本上有两种类型转向设计，而在搭建FLL机器人时，其实只有一种类型是可取的。这两种类型的转向设计是指差速转向系统和转向驱动系统，后者很少被用于FLL机器人，因为它太复杂，难以在乐高头脑风暴机器人上实现。我认为转向驱动机器人有其存在的意义，但搭建这样的机器人是一项巨大的挑战，因此在设计FLL

机器人时，差速转向系统因为简单易用而成为不二之选。

差速转向系统

差速转向系统，也被称为差速转向驱动系统，是小型机器人最常使用的转向系统之一，非常适合于乐高机器人。差速转向非常简单，用乐高零件很容易搭建，它与轮椅的驱动方式非常相似，每根轴被独立控制，可以按不同的速度和方向转动，既可用于驱动也可用于转向。机器人仅仅依靠电机不同的功率就能转弯，就像轮椅一样，如果你把一个车轮向前转、一个车轮向后转，轮椅就会原地旋转（假设两个车轮的速度和旋转角度相同）。同样，如果你只转动一个轮子，椅子将以不动的轮子作为圆心而旋转。如果你以相同的方向转动两个轮子，但两个轮子的速度不同，轮椅会朝着速度较慢的车轮方向转弯。这种转弯方式能让机器人在最小的空间内快速变更方向。DemoBot（见图4-1）使用的就是差速转向系统。

DemoBot的后轮没有胎皮，因为前轮转动并带动机器人旋转时，后轮在地面上滑动。后轮并不需要有牵引力，它们的作用是帮助机器人保持平衡。如果机器人后部使用的是万向轮，那么这个轮子将随着机器人的旋转而被动转动。第2章曾讨论过，你甚至可以在机器人后部安装滑板。无论你使用什么设计，都要保证机器人开始转动时不会产生很大的摩擦力，转弯时的摩擦力越小，转弯就越顺利。如果机器人与场地之间的摩擦力太大，机器人的转动精度将大大降低。

注意不要将差速转向系统与汽车的差速驱动系统混为一谈，汽车的差速驱动系统是通过差速齿轮系统将单个动力源分配到各个驱动轮的，这与机器人的驱动轮具有两个独立的动力源不同。有时类似的术语可能会让人们混淆。

图4-1：DemoBot是差速转向机器人的例子，这两个电机用于控制机器人的速度和方向

差速齿轮系统

差速齿轮系统理想地将扭矩均匀地加到两个输出轴上，例如车轴，使输出轴可以以不同的速度转动。

如果需要，差速齿轮系统可以让两根输出轴以不同的速度转动，转弯时这很重要。想象一下，如果将两个轮子安装在同一根轴上，它们必须始终以相同的速度转动，这两个轮子是无法让车子转弯的，因为车子转弯时需要每个车轮行驶不同的距离，转弯内侧车轮的行驶距离需要小于转弯外侧的车轮的行驶距离。内侧车轮在转动时实际上会被拖动一些，因此需要动力源产生更多的动力以克服轮子拖动所引起的摩擦。

用不同速度转动轮子的差速齿轮系统能避免这个问题，使车子平稳转弯。现在大多数后轮驱动的汽车和卡车都在后轮上使用差速器。

转向驱动系统

大多数汽车用转向驱动系统来控制转向。如果在机器人上使用转向驱动系统，则需要用一个电机为机器人提供动力，用第二个电机控制转向，需要在驱动轮上安装差速齿轮系统以防止打滑，需要在前转向机构上安装机架系统。使用乐高零件搭建机器人时，完成这样的系统难度很大，需要有一些耐心。

转向驱动机器人有多种变化，可以只用一个轮子控制转向，也可以像汽车一样，有两个转向车轮。有两个转向车轮时，你必须关注车轮的侧滑，因为两个车轮都围绕着自己的圆心转动，而不是围绕着同一个圆心转动。汽车通过使用阿克曼转向矫正来克服这个问题。这是一个几何形状，迫使转向轮沿着同一个转向圆弧转动，从而减少了车轮的打滑。否则转向轮将沿着不同的弧度转动，转向车轮会出现侧滑，并使得机器人的测距计算不准确。只使用一个转向轮（如三轮车）也可以防止这个问题出现，因为你只需要处理一个转动弧而不是两个。

转向驱动系统的优点是将驱动系统与转向系统分开，因此你不需要担心电机匹配和保持两个电机同步的问题，非常适合于测距导航。

转向驱动系统有一个缺点，它不能像差速转向系统一样在很小的空间内实现转弯。差速转向系统可以实现零转弯半径，而转向驱动机器人在转动时必须移动一定距离。驾驶汽车时，你可以随时转动方向盘，但转向驱动机器人只有在向前或向后移动时才能实际开始转向。现在许多草坪拖拉机使用了零半径转弯系统，修剪草坪时可以原地转动，而传统的草坪拖拉机可能要往返多次才能完成修剪工作。

转向驱动机器人的最大缺点之一是当机器人自主运行时（例如FLL机器人），很难让机器人指向直线方向。即使在EV3伺服电机中内置了旋转传感器，也仍然无法确定机器人的转向是否指向了直线。遥控机器人时，人类操作员很容易将机器人的转向调整回直线，但对于自主运行的乐高机器人来说，这是一项巨大的挑战。在FLL之类的乐高机器人大赛中，我从未看到此类设计的机器人有任何好处。

与转弯有关的计算

差速转向机器人有两种不同的转向方式：转动两个车轮或仅转动一个车轮并以另一个车轮为转动圆心。而我们重点是要弄清楚轮子需要旋转多少度才能得到期望的机器人转弯角度。

> **注意**：乐高EV3大型伺服电机中的齿轮松弛约6°～8°，因此无法保证几度以内的精确转动。控制电机转动时，要允许有一些误差。

请记住，虽然你可以准确地计算精确转弯所需的角度值，但你使用的是乐高机器人，不是精密机器。无论你的计算多么准确，你的乐高机器人仍然需要进行最后的调整。

单轮转动方式

单轮转弯时，一个轮子保持静止，另一个轮子移动并控制转弯。如向前转动右侧车轮并保持左侧车轮不动，则机器人向左转，左侧车轮的位置作为旋转中心（圆心），左右两侧车轮之间的距离称为轮距，是转向圆的半径，如图4-2所示。转向圆的周长用以下公式计算：

周长 = 2 × 半径 × π

转90°时，机器人要在转向圆上行驶1/4圆周；转180°时，要行驶半个转向圆圆周。因此，为了计算电机模块的旋转角度参数，首先要知道机器人在转向圆上行驶

的距离。如果DemoBot旋转了360°（一个完整的圆），轮距是13.9cm，则计算公式为：

距离 = 转动圈数 × 周长
距离 = 2 × 13.9 × 3.14
距离 = 87.29cm

现在知道了行驶距离，你可以按照机器人直线行驶时计算电机模块旋转角度参数的方法来进行计算，机器人轮子的直径为6.8cm，因此计算公式如下：

旋转角度 = 距离/车轮周长
旋转角度 = 87.294 / （6.8 × 3.14）
旋转角度 = 4圈

轮子旋转4圈，机器人旋转了360°，要计算轮子旋转的角度，可以用圈数乘以360，结果为：

旋转角度 = 4圈 × 360°
旋转角度 = 1440°

现在你发现数字4是关键值了吗？你可以用这个数字乘以你希望机器人转动的角度，如果你希望机器人转动90°而不是360°，则只需使用新发现的关键值4即可计算出旋转角度，机器人旋转90°的旋转角度为：

旋转角度 = 4 × 90°
旋转角度 = 360°

> **注意**：计量单位混淆会造成严重的后果，其中最著名的是由此导致"火星气候探测者号"的任务失败，这是美国国家航空航天局"火星探测98计划"的一部分，由于使用了英制的度量值而导致导航失误，该飞行器在进入火星轨道后失去联络。你可以在网上搜索"火星气候探测者号"了解详情。

尽管关键值没有单位，但你还是要记住进行这些计算时，要让其他数值保持相同的单位，如果你以厘米测量轮距，则距离也要以厘米为单位，轮子的直径同样要使用相同的单位，各个数值的单位不同可能会导致灾难性的后果。

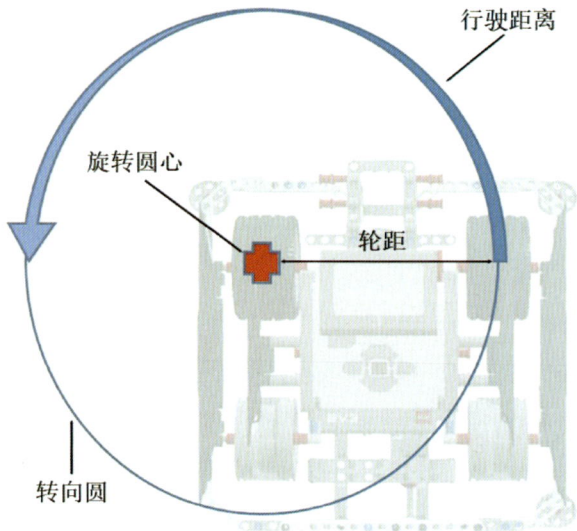

图4-2：DemoBot用单个电机完成180°转弯，转向圆的直径是机器人轮距的2倍。轮距是机器人驱动轮之间的距离。转向圆的中心是机器人非移动轮的中心点

双轮转动方式

使用单轮转向方式时，机器人只为一个轮子供电，推动机器人绕着弧线转动。如果你让两个车轮按相反方向转动，机器人可以原地旋转，旋转的圆心不再是不动的车轮，而是机器人轮距的中心。你可以用与单轮转弯相同的方式计算转弯所需的角度数，唯一的区别是你必须将度数除以2，并将它们应用到两个轮子上。同时请记住，其中一个轮子会朝着另一个方向转动。图4-3显示的转向圆小于单轮转向的转向圆，实际上只有一半大小。

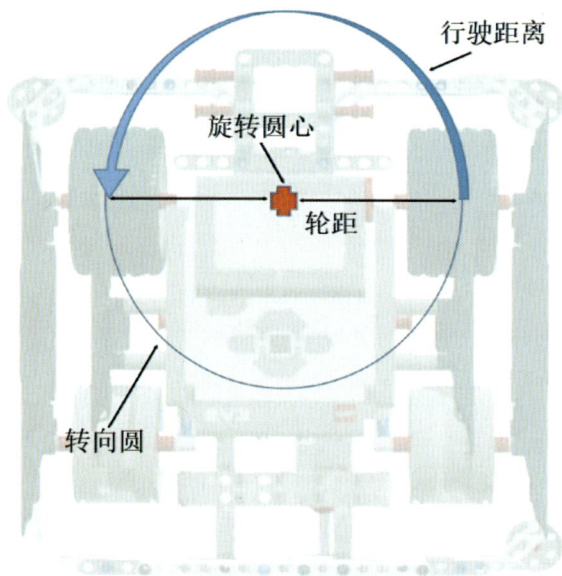

图4-3：DemoBot用两个电机旋转了180°，采用双轮转动方式，转向圆的直径等于机器人的轮距。旋转圆心是机器人轮距的中心点

如果你想让DemoBot原地转动180°，可以再次使用之前计算的关键值4。这一次，你要用它乘以180（机器人旋转的角度），然后除以2：

原地转动旋转角度=（4×180）/ 2
原地转动旋转角度= 720/2
原地转动旋转角度= 360°

如果使用移动转向块，则根据要转动的方向将转向参数设置为100或–100，然后输入360°的旋转角度，如图4-4所示。

图4-4：移动转向模块控制DemoBot原地旋转180°，电机旋转角度为360°，转向参数设置被拉到了最右侧

你也可以使用移动槽模块。将旋转角度设置为360°，一个电机与另一个电机的转动方向相反（见图4-5）。

图4-5：移动槽模块控制DemoBot原地旋转180°，电机旋转角度为360°，两个电机转动方向相反

移动转向模块和移动槽模块同样适用于双轮转动方式。我一直很喜欢移动槽模块中两个电机的组合，当然，这只是我个人的喜好。

程 序 设 计

我已经提到你可以选择移动转向模块和移动槽模块控制机器人转弯，你还可以使用"我的模块创建器"创建自定义块。以下各小节将介绍如何用不同的方式编写程序。

移动转向模块

我在第3章中提到过，控制机器人直行时可以使用移动转向模块，现在你可以再次使用移动转向模块控制机器人转弯。移动转向模块有一个"转向"参数，参数值介于

−100～100间。模块上的滑块可以向右移动100个点位，也可以向左移动100个点位。

表4-1列出了使用移动转向模块控制转向的关键参数值。

表4-1：移动转向模块的通用转向设置

转向参数值	转向结果
100	原地向右转动
50	用一个轮子向右转动
0	直行
−50	用一个轮子向左转动
−100	原地向左转动

当你想要机器人沿着较大的圆弧轨迹行驶时，可以使用其他的转向参数值，但是使用移动转向模块时，需要经过反复测试。将机器人的速度保持在25～75范围内是个好主意，速度太快或太慢有时会让移动转向模块出现意想不到的结果。

移动槽模块

我一直喜欢让我的团队用移动槽模块控制机器人转弯，因为你分别控制每个电机，所以运行结果的可预测性更高一些，你可以对每个电机的参数做更精确的设置。使用移动槽模块可以对每个电机应用不同的功率值，如果你想让机器人走出特定的弧形轨迹时，这可能很有帮助。同时，刚接触EV3的团队有时弄不清楚移动转向模块和移动槽模块的区别，如果你和你的团队使用移动转向模块感觉更轻松，那就使用它好了。

你会发现，使用移动槽模块可以指定每个电机的功率，能更好地控制转弯。前面讲解的计算各种转弯方式旋转角度的方法同样适用于对每个电机的控制。

如果我想让机器人沿着一个大的弧形轨迹移动，那么用移动槽模块更容易实现。

创建我的模块 MyPivot

我们在第3章中学习过如何使用"我的模块创建器"在EV3中创建自己的自定义编程模块，将自己的一些代码组合成可以在许多不同程序中共享的模块。我的模块可以重复使用，极大地节省了EV3程序块中的运行时间和内存。此外，程序代码中包括自定义模块也是技术答辩时裁判关注的地方。因此一定要谈论你创建的模块，并确保团队中的每个人都了解这些"我的模块"是干什么用的。

在计算机器人转弯所需的旋转角度参数时，你可能已经意识到了，这些逻辑的大部分可以包含在用于控制机器人原地转动的自定义模块中，我们称之为新的MyPivot模块。

例如，你知道了DemoBot的关键数值是4，在新的MyPivot模块中这个数值保持不变。然后，你需要做的就是输入所需的转动角度，让模块计算出机器人完成转弯所需的旋转角度参数。

如果你更改了机器人轮子的大小或改变了轮距，你只需重新计算关键数值并修改MyPivot模块中的关键值常量，而无需修改其他地方的代码。在图4-6中，你可以看到用来组成DemoBot新MyPivot模块的代码，有一个保存角度值的变量模块和一个保存关键数值4的常量模块，这些数值被传递给数学模块，二者相乘后传递给另一个数学模块，被除以2，然后将计算出的旋转角度传递给移动槽模块，两个电机将按反方向运行。

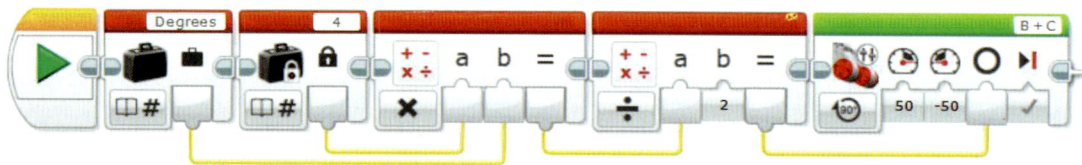

图4-6：MyPivot模块根据机器人的转动角度自动计算电机的旋转角度参数

现在，要创建新的MyPivot模块，你要选择代码中除Degrees（度数）变量之外的所有模块，我们是故意不选中这个模块的（一会儿你会看到为什么不选择它）。选中模块后，如图4-7所示，在"工具"菜单中选择"我的

模块创建器"。然后，你将看到"我的模块创建器"的对话框。请注意，由于你没有选择Degree变量模块，所以在新的模块中添加了特殊的参数线。图4-8显示了要与Degrees变量模块一起使用的新创建的MyPivot模块。

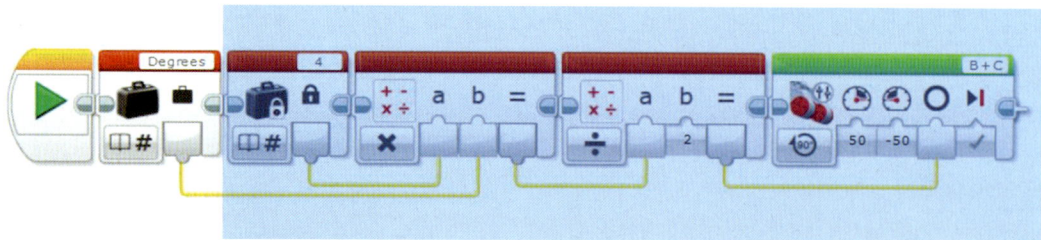

图4-7：被选中的模块将成为新的MyPivot模块的一部分

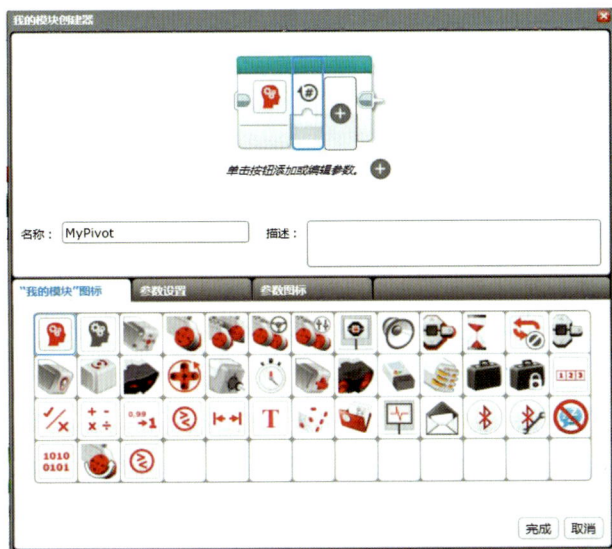

图4-8：MyPivot模块的创建器。Degrees（度数）输入将在"参数设置"选项卡中被定义

完成"我的模块创建器"对话框时，新创建的MyPivot模块将被插入到代码中，代替了刚才所选中代码

的位置，如图4-9所示。你还会注意到，当你将鼠标放在MyPivot模块上时，将出现一个标注着"Degrees"的参数提示，这个参数就是创建新模块时在"参数"选项卡中定义的，这就是你希望机器人原地转动的度数。

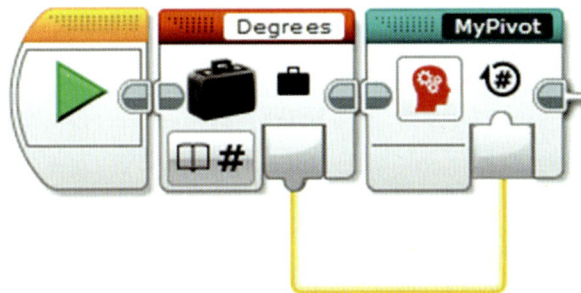

图4-9：新的MyPivot模块连接到变量模块

如果你双击新的MyPivot模块，应用程序将在新的选项卡中打开模块代码，你可以根据需要修改模块代码。此外，你将注意到Degrees参数具有自己的数据线模块，如图4-10所示。

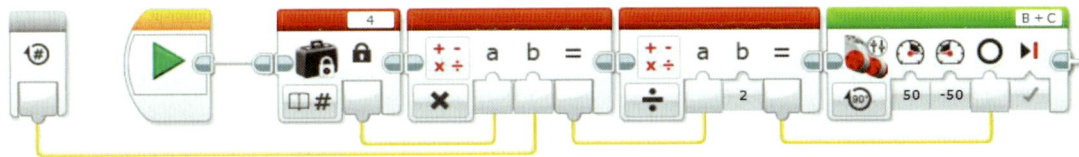

图4-10：展开的MyPivot模块

创建我的模块 MyTurn

需要制作一个单轮转弯的模块吗？你可以修改

MyPivot模块，删除将计算值除以2的数学模块，将移动槽模块替换为电机模块。结果如图4-11所示。

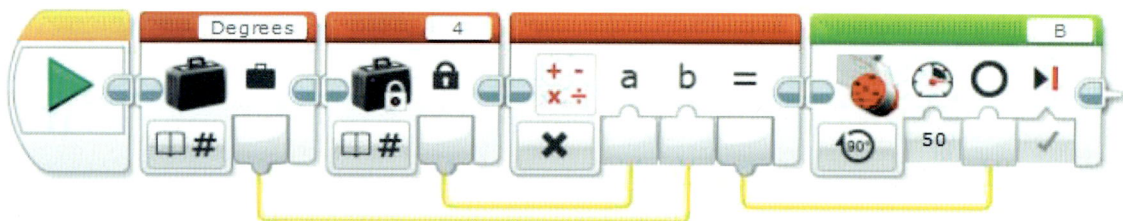

图4-11：MyTurn模块，与MyPivot模块类似，但它只有一个数学模块和只控制一个电机的模块

陀螺仪传感器

EV3有一个新增的功能，可以测量角度的陀螺仪传感器。实际上它测量的不是角度，而是角速度。这意味着它可以测量机器人角度的变化并能跟踪角度的变化速度，精确度为每90°±4°。

如果准确性对你的机器人来说至关重要，那么陀螺仪传感器可能不是你的最佳选择。在这里，我想讨论一些技巧来帮助你提高陀螺仪传感器的精度。

校准陀螺仪传感器

EV3没有内置陀螺仪传感器校准模块，但你可以用更改传感器模式的方法对陀螺仪传感器进行复位，从速率模式变化到角度模式可以对陀螺仪传感器重新进行校准。进行此校准时，最重要的一点是让机器人完全静止，这样才能使校准工作正常。图4-12中的程序显示了一个简单的校准程序。

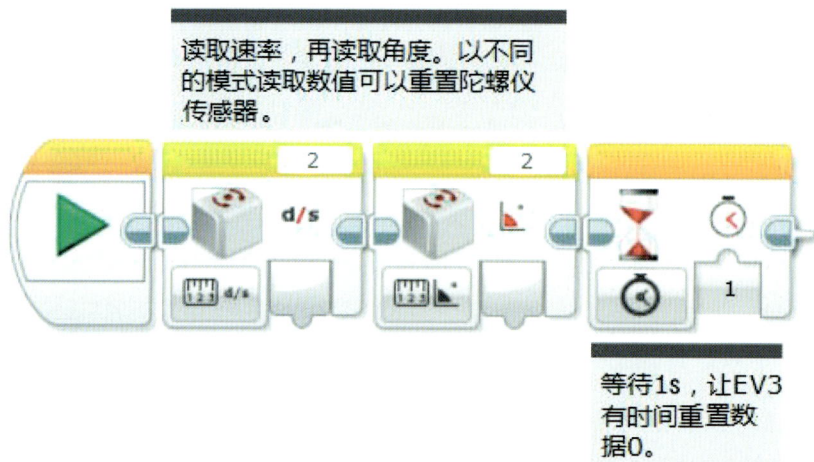

图4-12：自定义陀螺仪传感器校准模块

用陀螺仪传感器转弯

如果你只依靠陀螺仪传感器的读值控制机器人转弯，你会注意到在读取数据时会有很长时间的延迟。所以当陀螺仪传感器达到所需的角度时，有时会将代码的值延迟或滞后，导致机器人的转动比想象得更远。

补偿延迟时间的一种方法是对程序加以修改，让机器人接近转动的目标值时降低速度，图4-13中的程序显示了如何通过数学模块来做到这一点。用目标值减去从陀螺仪传感器读取的角度值，在本例中目标值是90°，用得到的结果设置移动转向模块中的电机功率。功率值将随着陀螺仪传感器角度值的增加而减小。越接近目标值，电机的速度越慢，这样可以更准确地读取传感器的数值。当电机B的功率值变为零时，循环模块将终止运行，因此一旦电机停止，程序就会退出循环。

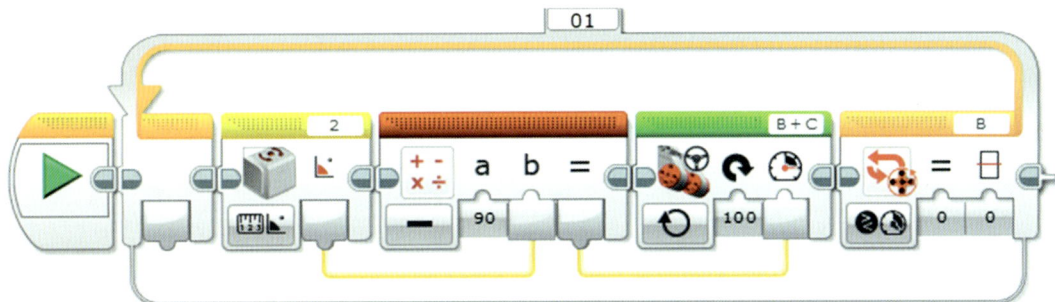

图4-13：转动角度越接近90°，电机功率越小，机器人转动的速度越慢

陀螺仪传感器的安装

陀螺仪传感器需要被安装在机器人上，机器人静止时，传感器与地面平齐。此外，建议传感器远离机器人的电机，转动电机可能会对陀螺仪传感器的性能产生一些影响。图4-14显示了一个易于安装的位置，将陀螺仪传感器安装在EV3程序块的侧面。

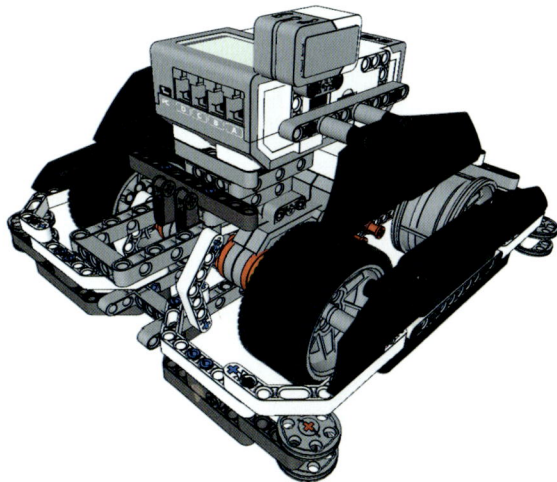

图4-14：在EV3程序块的侧面安装了陀螺仪传感器的DemoBot

总　　结

转动乐高机器人有时可以是一门艺术，了解精确转动背后的数学原理可以帮助你让机器人更接近目标。在使用比赛场地上的一些装置重新校正机器人之前，我永远不会让机器人的转弯次数超过2次，我将在后面的章节中讨论如何做到这一点。在一次运行中有过多的未经校正的转弯可能导致误差大幅增加。

让你的机器人转弯时，要认真思考，尽量不要猜测所需的旋转角度和角度。你对机器人的转弯方式越了解，就越容易修正机器人的转弯方向。

第5章
■■■
巡线和检测线条

智能机器人可以检测周围环境，并根据检测结果做出决策，聪明的机器人才能获胜，让机器人变聪明的方法之一就是让它能够从比赛场地接收信息，我们就从给乐高头脑风暴机器人添加颜色传感器开始。我发现除了EV3伺服电机内置的旋转传感器之外，许多新的团队害怕使用其他传感器，其实真的不需要害怕。

EV3颜色传感器有一大优点，从硬件的角度来看，它几乎是一个被动的传感器：你只需把它安装在机器人上，面向你想要检测的方向，再连好线缆，它就准备好开始工作了。也就是说，你要很好地了解传感器的工作原理和使用方法，才能更充分地使用它。此外，能够编写智能编程代码、使用从EV3颜色传感器接收到的信息也是很重要的。

首先，你需要更好地了解什么是EV3颜色传感器以及它的工作原理。然后，我将讨论如何使用它。

EV3颜色传感器

EV3颜色传感器可以让机器人可视化地分析周围环境，就像是机器人的眼睛，它可以检测明暗之间的差异，可以检测周围的环境光，还能分析传感器前面的物体的颜色。

乐高头脑风暴EV3教育版套装和家庭套装均包含一个EV3颜色传感器，你还可以通过乐高教育网站或其他零售途径来购买传感器。

EV3颜色传感器中有一个LED灯和一个光电晶体管，光电晶体管能够读取LED的反射光或环境光。颜色传感器的视野非常小，实际上其视野的大小取决于传感器与检测源之间的距离。例如，如果你将颜色传感器指向天花板上的灯，你将获得非常大的读数。现在，在机器人和天花板的灯之间放一块黑色的乐高砖，传感器会因为视野太大而无法识别到砖块。但是，如果将砖块放在桌子上，将颜色传感器固定在砖块上十几厘米处，则可以检测到深色的砖块。在机器人底盘上安装颜色传感器时，请记住这一点，不要让传感器离检测表面太远，否则它无法按照你希望的完成检测。

EV3颜色传感器以3种模式读取光值：颜色模式、环境光模式和反射光模式。环境光模式读取的是当前房间中的实际光值，是除EV3颜色传感器上LED灯以外的光源。反射光模式测量的是EV3颜色传感器上LED灯的反射光值。颜色模式检测的是被反射回传感器的光的实际颜色。

环境光模式

颜色传感器可以用环境光模式测量周围的环境光，此时房间中的光是颜色传感器的主要检测源。例如，你可能有一个程序想要知道机器人当前位置的实际亮度级别，如果机器人所在的房间没有光源或光源很弱，环境光读值将非常低；如果房间里光源很强，环境光读值会很高。在FLL这种类型的比赛中很少使用这个模式。在大多数机器人比赛中，机器人需要检测比赛场地上的标记，实际上并不真正关心房间里的照明。

反射光模式

这是使用颜色传感器读取反射光水平，即LED光从检测表面反射回来的光强度。正确校准时，反射光的强度范围为100～0。但是如果颜色传感器没有校准，你会看到反射光的强度范围要小得多，如70～30，这是因为颜色传感器可以比人眼读取更广泛的颜色。因此，校准过程是将读值置于最有用的范围内。在本章的"校准颜色传感器"部分中，我将介绍校准颜色传感器的过程。

颜色模式

顾名思义，EV3颜色传感器不仅可以检测光线，还能检测颜色。颜色传感器可以读取8种不同的颜色：白色、棕色、黑色、蓝色、红色、黄色、绿色和无色。当比赛场地上有多种不同颜色或需要对不同颜色的得分物体进行分类时，这个模式是有用的。

安装颜色传感器

颜色传感器在机器人上的位置非常重要，对机器人巡线时如何响应有很大的影响，一般来说安装位置的选择取决于机器人跟随线条的类型。如果颜色传感器位于机器人的枢轴点附近，如图5-1所示，机器人在急转弯曲线上的修正将非常剧烈。当使用差速转向机器人时，请记住枢轴点是轮距的中间点，而轮距是两个驱动轮之间的距离。如果传感器靠近这一点，机器人会更快地越过曲线，然后被迫进行大量的修正以重新回到线条上，因此机器人在弯曲的线条上巡线时看起来很不平稳。另一方面，如果机器人沿着直线线条巡线，将颜色传感器靠近枢轴点，机器人会做出非常平滑的响应。

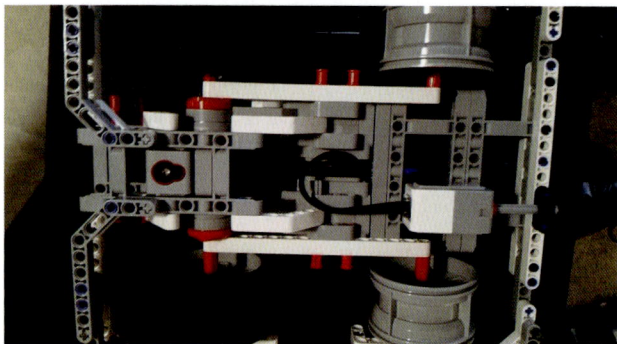

图5-1：DemoBot在靠近枢轴点的地方安装了颜色传感器

当然，远离枢轴点安装的传感器也是如此，如图5-2所示。这个位置在沿着弧线线条巡线时很理想，因为机器人可以快速进行修正，所以不需要大幅度转弯。但是对于直线线条来说，安装在枢纽点前方的传感器对线条的检测更敏感，因此将会看到机器人做出更多的锯齿形运动。

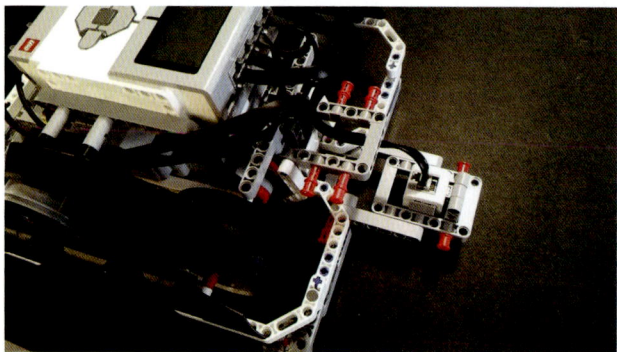

图5-2：DemoBot在枢轴点前方安装了颜色传感器

在分析比赛场地并考虑完成任务的策略时，请记住颜色传感器的安装位置能带来的影响。经常测试，并随时在底盘上移动传感器，找到最适合的安装位置。记住，每次更改后，你的传感器可能都需要被重新校准，因为它的安装位置可能会对读取光值产生影响。

校准颜色传感器

将光作为输入源，光会因地而异，你要迅速了解这一点。教室或地下室的光线可能与机器人比赛时的灯光非常不同。校准就是要将传感器调整到预期的房间光线条件下。

根据房间的不同，你可能只需要在运行机器人的房间中进行一次校准，哪怕你在同一天内要多次运行机器人。但是，如果房间的光线条件有可能发生变化，例如在房间里有大窗户，自然光会照射进房间，则需要考虑一天中光线会发生变化，你可能需要在每次运行之前校准EV3颜色传感器。正确遮蔽颜色传感器对于获得一致的颜色传感器读数也很重要，我将在本章后面的部分加以讨论。

在你将传感器安装到机器人底盘之前，请勿开始校准传感器，因为更改传感器在底盘上的位置可能会影响传感器读数。

EV3颜色传感器应靠近比赛场地，2～3cm较为合适，但要确保机器人可以清除掉传感器能骑上去的障碍物，因为离地间隙很小，所以机器人有可能被传感器卡住。我甚至看到过这样的机器人，在越过障碍物时将颜色传感器抬高，然后在需要读取光值时再降低传感器。这样的设计对于FLL机器人来说可能有些过分，但是它们很有趣。

进行校准

现在让我们来校准传感器，对明暗的真实读数进行设置。在理想的环境下，EV3认为白色的返回光值最大、黑色的返回光值最小。这些数值在EV3代码中表示为0～100间的数字，但未校准的传感器很少会返回这两个端点值。大多数时候，真正的读数在30～70的范围内。

注意： 有一年，FLL比赛在飞机库里举行，比赛现场很不错，但对于机器人来说照明非常可怕，因为赛场内每张赛台的照明光线都不一样。本来应该在每轮比赛前校准传感器，但我们团队没有做好这样的准备，结果真是太糟糕了。还好我们有一轮比赛的照明情况很好，而其他场次的比赛就没有那么幸运了。

校准EV3传感器时，你将根据当前环境中的读数重新设置光值的读取范围。此外，校准后的颜色传感器可以在不同的环境中运行，无需更改程序代码以识别新环境下的光值。

你可以用两种方式进行校准：用EV3自己的校准模块将校准值存储在EV3的存储内存中，或创建自己的校准程序，将数值存储在EV3程序块的本地文件中。

使用 EV3 校准模块

注意： 如果你在机器人上使用了两个颜色传感器，校准模块存储的校准值将被应用于两个传感器，EV3程序块不会为每个传感器单独存储校准值。

EV3颜色传感器模块有一个校准模式，用于校准EV3颜色传感器的最大和最小值。校准模块读取的数值存储在EV3程序块上，即使关闭EV3程序块电源，这个数值也会保存在那里，直到其被删除或传感器被重新校准。

只需将颜色传感器模块添加到EV3程序中即可使用校准模式，你可以将它添加到单独的校准程序中，或者添加到要运行的程序的开始部分。如果你希望在所有程序中都包含校准过程，并在每次运行之前进行校准，那么最好创建一个我的模块。

例如，你可以创建一个 "My Calibration（我的校准）" 模块：在这个模块内，包含两个颜色传感器块，一个用于读取最小光值，一个用于读取最大光值。在两个校准模块之间要添加一个触发事件，如等待模块。在图5-3所示的示例中，第一个校准模块会读取最大光值，第二个校准模块读取最小光值，在运行第二个校准模块之前要等待EV3深灰色按钮被按下。

图5-3所示程序的逻辑如下：

1．如图5-4左侧所示，将机器人的颜色传感器放在比赛场地较亮的区域（白色或非常浅的颜色）。

2. 按下EV3程序块上的深灰色按钮。

3. 听到确认音。

4. 将机器人的颜色传感器移到比赛场地较暗的区域（越暗越好），如图5-4右侧所示。

5. 按下EV3程序块上的深灰色按钮。

6. 听到确认音。

现在你可能希望程序有一些详细的说明。例如，添加一些显示提示，让用户知道将机器人的颜色传感器放在哪里以及下一步做什么。

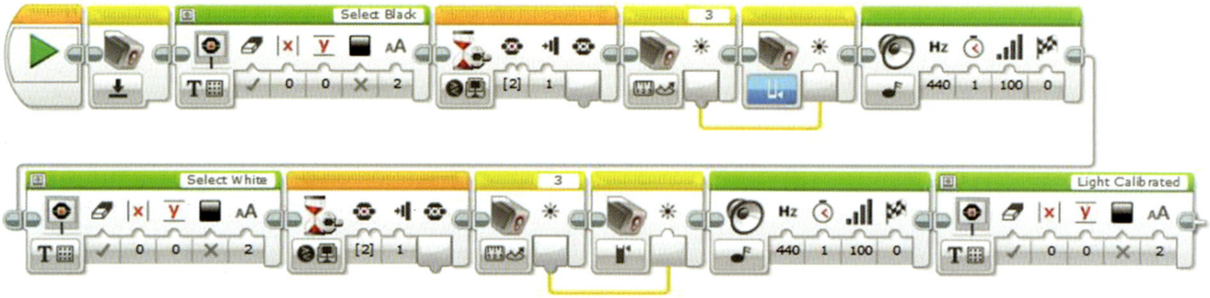

图5-3：简单的EV3校准程序

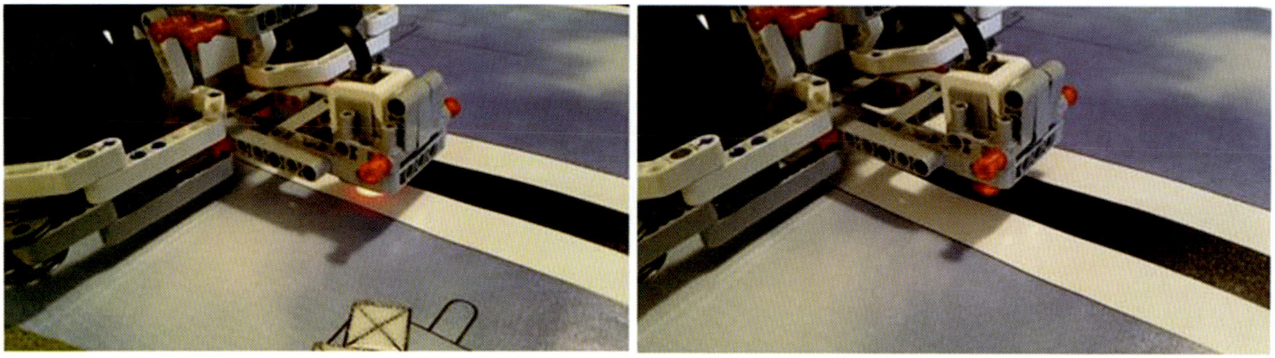

图5-4：在较亮区域（左）和黑线（右）上校准DemoBot的颜色传感器

使用本地文件

出于各种原因，你可能不喜欢使用EV3自带的校准模块。例如，也许你的机器人有两个颜色传感器，你希望为每个传感器单独存储校准值，解决方案是用存储在文件中的值进行校准。你可以创建自己的校准程序，然后将结果存储在EV3程序块的文本文件中，为每个传感器应用单独的校准值。每次运行其他程序时，都可以读取该文件，并检索存储的光的校准值。

在本地文件存储和检索的过程其实并不像听起来那么复杂，而且可以做成一个非常好的程序，并不需要很复杂的代码。图5-5显示了代替颜色传感器校准模式的代码，该代码调用了一个颜色传感器模块，它将颜色传感器模块的光强度读值复制到文本文件中。如果你使用多个颜色传感器，则可以为每个传感器使用相同的过程，从而可以为每个传感器提供唯一的光范围（再说一次，在校准模式下使用EV3颜色传感器模块时，校准的值被应用于所有连接到EV3程序块上的颜色传感器）。

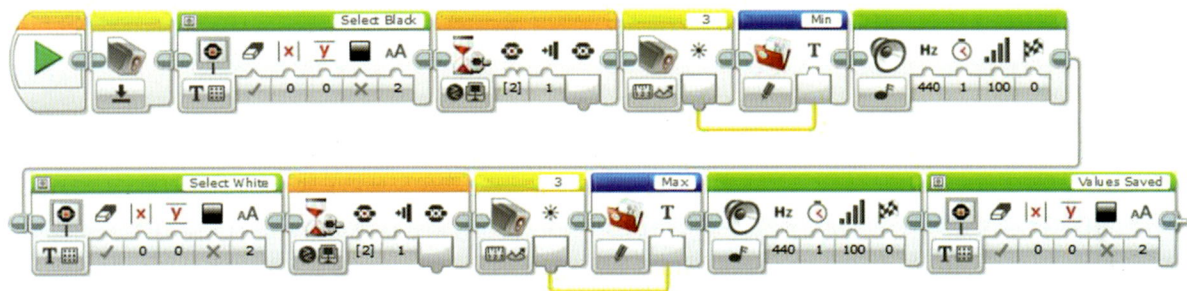

图5-5：EV3校准程序将最小（上）光值和最大（下）光值写入文本文件

你只需使用设置为读取模式的文件访问模块即可使用保存的值，从而将保存的值带回程序代码进行比较。图5-6显示了一个非常简单的例子，其中文件Min中的值被读回到程序中，与端口3上的颜色传感器进行比较。

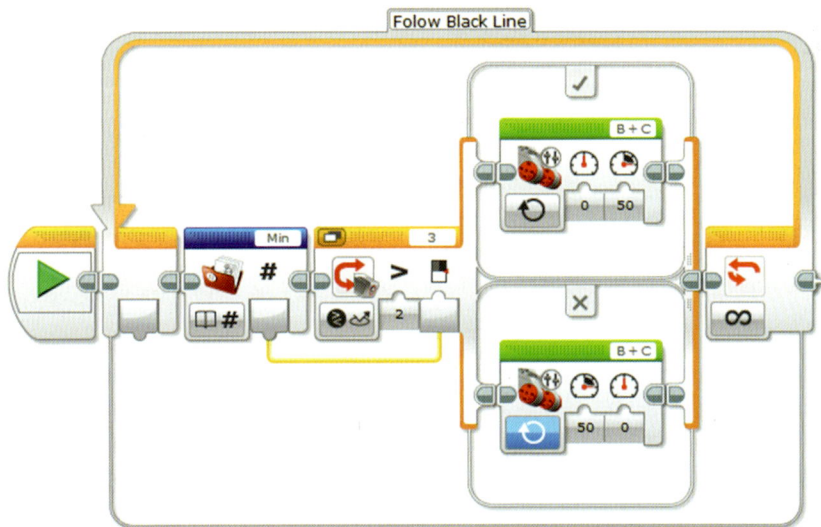

图5-6：EV3校准程序从文本文件读取最大值和最小值

如果要保存多个颜色传感器的值，你只需相应地命名文件。例如，它可能是一个名为MinPort1和MinPort2的文件，分别存储连接到端口1和2上的颜色传感器的值。要使用你保存的值，你的巡线程序首先从文件中读取保存的值，然后计算所需的光值范围。对于条件巡线程序来说，这种计算需要更多的数学知识，但很适合我将在"巡线"部分中讨论的比例巡线算法。

查看校准值

大家对如何看到新校准值比较困惑。EV3程序块有很实用的内置程序，可让你查看各种传感器的值，但显示颜色传感器读值时，显示的始终是未校准值。因此，如果你使用校准模块并在EV3程序块的存储器中为EV3颜色传感器存储了新的校准值，然后使用内置的颜色传感器查看器，你会发现它不会显示新的校准值，而是继续显示原始的未校准值。

要查看新的校准值，你可以自己编写颜色传感器读

值查看器，显示从颜色传感器返回的校准值。编写巡线程序时，知道这些值非常重要，你要了解机器人检测值的范围。

程序很简单，如图5-7所示。创建一个循环模块，在循环模块里拖曳一个颜色传感器模块，然后连接到设置为文本模式的显示模块，颜色传感器返回的数值被传递给显示模块，转换为文本在EV3屏幕上显示出来，然后等待1s，并再次读取颜色传感器的数值。

当你调试程序时，或更改传感器在底盘上的位置时，图5-7所示的程序有助于找出巡线程序的初始范围。例如，你可以四下移动颜色传感器，感受比赛场地不同位置和房间各种光源下的光值读数差异。

我觉得这个查看程序很有帮助，运行这个程序，然后用各种光源照射比赛场地，把机器人放在比赛场地上，看看什么样的灯光对读数有影响。再尝试一下从各个角度照射灯光，因为很多时候，阴影会比光线本身造成更多的问题。

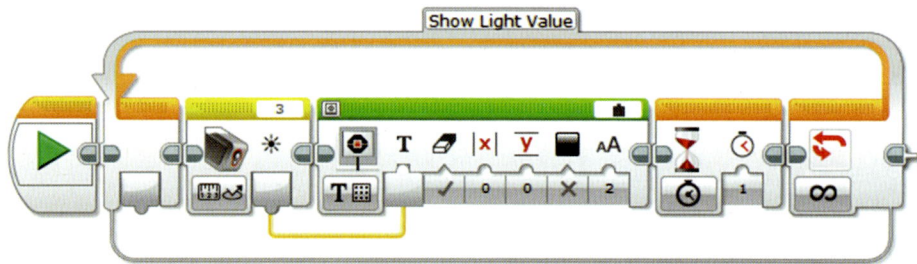

图5-7：校准光值查看器，可以在EV3屏幕上显示校准后的颜色传感器值

删除校准数据

EV3校准模块还具有删除功能，可清除当前被存储在EV3程序块内存中的校准值。在校准过程开始时清除这些

值可能会有所帮助，这样你就知道在EV3程序块中使用的数值是正确的，这一点在大家共同使用EV3程序块的教室中尤其重要。

图5-8显示了基本的校准值删除程序。首先，等待用

户按下EV3程序块上的深灰色按钮，然后通过校准模块删

除当前的校准值，最后，它发出确认音。

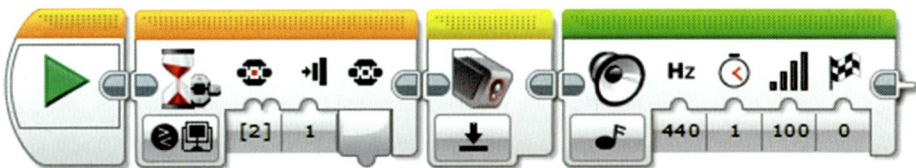

图5-8：删除当前颜色传感器校准值的程序

遮蔽颜色传感器

校准颜色传感器很重要，遮蔽颜色传感器同样重要。EV3颜色传感器可以通过LED自己产生光源，所以外界的光线真的只是一个麻烦。许多依靠颜色传感器进行导航的机器人在黑暗的房间中工作效果最佳，因为此时唯一的反射光来自传感器上的LED。

一位教练曾告诉我，他的团队有完美的颜色传感器程序，机器人运行时可以把房间的灯关掉。我并不想打击他的热情，但真正的测试不是关掉光源，而是添加光源，还有这些光源产生的阴影。

有一年，我邀请了几支队伍在家里举行比赛，我们很快意识到，地下室不够大，无法容纳所有的赛台和队员，因此我们把所有东西都移到了户外的车道上——那里阳光直射！树木的阴影让机器人完全失去控制，它们不断地将阴影识别为黑线、找不到标记，赛台上的情况一片混乱。这样的结果比我们预期的更有帮助，每个人都知道了机器人对额外的照明非常敏感。那天之后，这些团队学会了如何更好地保护颜色传感器，使其免受外部光源的影响。

你要做的是，保持颜色传感器较低的安装位置，让它垂直于比赛场地，倾斜的传感器不会给你需要的结果。传感器距离比赛场地约3cm最为合适，过于接近场地会让传感器无法检测到光线；离场地太远，外界的光源对传感器读数有影响。

为颜色传感器搭建一些盖子，这是防止外界干扰的好办法。许多团队将传感器安装在机器人的底盘下面，用机器人的框架来遮挡房间里的光线。

巡　　线

我们在第3章讨论过机器人走直线，我提到过利用比赛赛台帮助机器人直线行驶，例如让机器人沿着赛台的侧墙行走，那么另一个方法是让机器人沿着比赛场地上的任意一条线行走。例如，2010年FLL"智能交通"的比赛场地就是巡线者的理想场地，有很多黑线可以引导一个机器人到达比赛场地的大多数重要的地方。事实上，这些线条是专门用于鼓励团队将巡线或检测线条纳入比赛策略的。

我相信很多团队都承认巡线很有用，但是设计和搭建一个很好的巡线机器人却不容易。巡线的程序并不一定很难，你可以采用非常复杂的巡线逻辑，使用很多奇特的算法，但也有很简单的解决方案。我将尝试向大家解释一些不同的巡线技术。

记住，我给出的只是例子。我鼓励大家把这些作为起点，并加以利用，你能做到更好。

两状态巡线示例

最简单的巡线程序将会是两状态巡线程序，颜色传感器可以看到黑色或白色并相应地进行调整。实际上机器人跟随的并不是黑线，而是跟随黑线的边缘，也就是黑色和白色的交界线。你需要确定让机器人跟随黑线的左边缘还是右边缘，机器人不断检查黑色或白色光值，在线条上来回摆动，即使线条是直线，机器人也会来回移动寻找线条。机器人基本上是在寻找两个状态：暗的光值或亮的光值。基于这些数值，机器人将向右或向左移动。换句话说，机器人的工作模式只有两个条件（暗或亮）和两个动作（左转或右转）。

大家可以从这个程序开始了解巡线，掌握机器人和程序代码正在做什么，而大多数高级团队会使用一些更复杂或巡线更顺畅的程序。机器人的摆动越多，巡线的速度越慢，我们的目标是尽可能地让机器人走得直一些和更快一些。

这个代码的逻辑相当简单，如图5-9所示。我们假设机器人目前只使用一个EV3颜色传感器，程序中只有一个无限制模式的循环模块，在实际应用中，一般需要某个可以让机器人跳出循环的条件，但是对于这个例子来说，让机器人保持无限循环的模式就可以了。

我们要在循环模块里放置传感器控制类型的切换模块，这个传感器就是颜色传感器。你还需要将颜色传感器连接到机器人的传感器端口，在DemoBot上，颜色传感器连接到端口3。

我们假设颜色传感器此时已经用校准模块进行了校准，所以切换模块的"比较"值将使用50作为中间点。如果返回的光值小于50（暗），机器人向左转，寻找大于50的（光）值，电机模块的功率参数设置按照机器人的转向不同而有所不同。

接下来，程序继续循环并再次检查颜色传感器的读值。这个循环中没有让机器人直行的条件，机器人永远向左或向右转动。

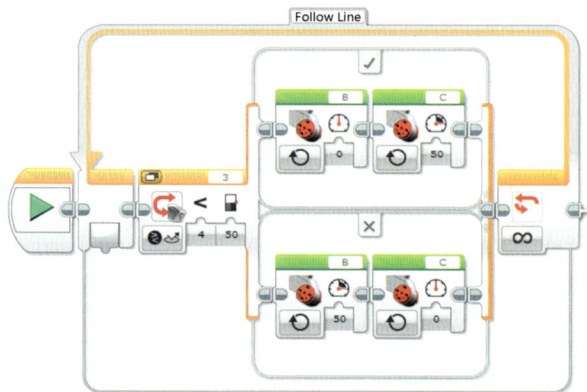

图5-9：一个简单的巡线程序，机器人在线上呈锯齿形前进

你可能注意到了，这个程序并没有沿着线条本身巡线，而是沿线条左侧的边缘巡线。如果线条是向右弯曲的弧线，则可能需要修改一下程序，让机器人沿着线条的右边缘巡线，这是因为线条在方向上的突然变化可能会让这个简单的程序错过线条，机器人会脱离线条。这种类型的程序比较适合于相对较直或略微弯曲的线条。

界定两个以上的状态

在两状态示例中，程序只有两个条件要处理：光值大于或小于50。这种方法的问题是机器人会对光值的变化做出过度补偿，想象一下在路上行驶的汽车，一只轮胎离开了车道，于是司机向左猛打方向盘，让汽车重新驶入路面，但也可能让汽车失去控制，从道路的另一侧开出去。相反，司机应该慢慢将汽车转回路面，并保持对车的控制，这是因为补偿反应与需要纠正的误差量有关。我们可以对乐高机器人做同样的事情，为切换逻辑补充更多的条件。

我们来看一下，从校准过的颜色传感器返回的光值，数值在0～100间，如果数值接近0，那么机器人转向的角度应该比数值为35左右时更大一些，在数值为35左右时，机器人只需轻微修正方向即可。你要做的是将可能的光值范围（0～100）分成较小的部分。

我们用100除以20，把光值范围分成5个较小的部分（编号0～4），这就是你要在切换模块中使用的新条件值。我将这种方法称为复杂条件方法。表5-1显示了用于每个状态条件的代码。

表5-1：复杂状态

范围编号	动作
0	向左急转，降低电机 B 的速度。
1	略微向左转，略微降低电机 B 的速度。
2	保持直行，两个电机速度相同。
3	略微向右转，略微降低电机 C 的速度。
4	向右急转，降低电机 C 的速度。

示例代码如图5-10所示，这个程序还是包含了一个无限制模式的主循环模块，在循环模块中，颜色传感器模块检测光值，然后将光值读数传递给数学模块，数学模块将光强度值除以20，计算结果被传递给切换模块，切换模块自动将这个结果向下舍入到整数值。当光值等于100时，切换模块接收到的数值是5，所以我们要将条件4设置为默认条件，从而在接收到数值5时让切换模块强制执行条件4的动作。

在切换模块的每个条件下，我们为移动模块设置了各种级别的功率，让机器人向一个方向转动或向另一个方向转动，但当条件值为2时，两个电机块都被设置为相同的功率级别，让机器人直行。

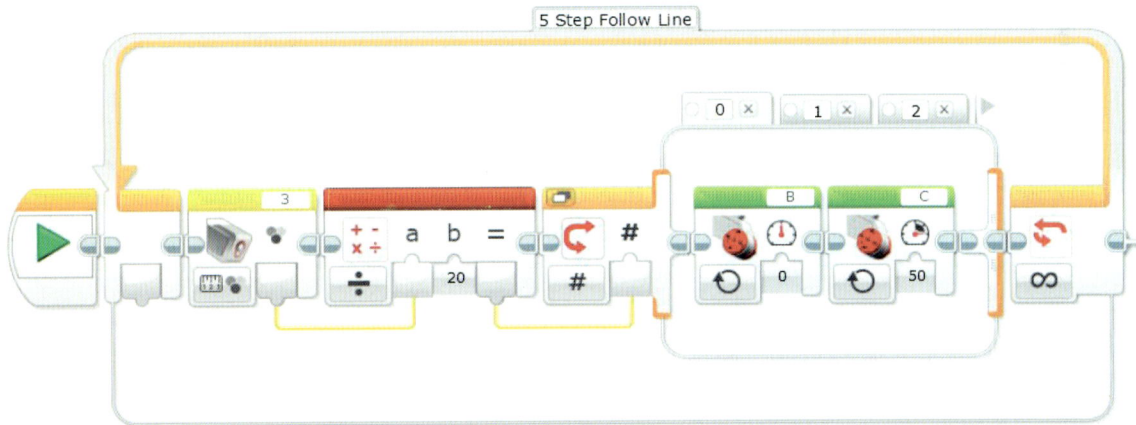

图5-10：一个复杂条件的巡线程序在切换模块中有5个条件

实现比例算法

如果你希望机器人巡线时动作更平滑，特别是在线条为曲线时，你可以采用复杂状态方法，把颜色传感器的光强度值分为更多的部分，例如可以把5个条件状态分为10个。最终，你找出了更多的条件状态让EV3管理，超大的交换模块在EV3界面中变得非常臃肿。这时就应该使用比例算法了。

只要你与别人谈论机器人和巡线，总会出现PID这个术语，它代表比例、积分和微分。但大多数人们所说的

PID程序其实都是比例算法的程序。对于EV3来说，比例程序已经足够了，一个完整的PID程序对于如此简单的编程语言来说有点过分了（但是确实有人在EV3中实现了PID算法）。

比例算法使用了一点数学知识来计算让机器人回到线条上所需的修正量，没有使用设定好的功率值来修正机器人的方向，而是根据颜色传感器读取的光值来计算方向变化，如果误差值较小，则机器人修正量非常小，如果误差值较大，则修正量也较大。

我们从表5-2中描述的变量模块开始讲解比例算法。

表5-2：比例巡线程序中使用的变量定义

变量	说明
MidRange（中间值）	这是最小和最大光值之间的中间值。如果颜色传感器已经校准，则最小值为0，最大值为100，中间值将是50。
Gain（增益）	Gain变量用于对误差的修正进行微调。如果机器人摆动太大，则Gain的值小于1。如果机器人反应不够快，则可以让Gain的值稍微高一点，加大修正量。
Power（功率）	Power变量决定了机器人在直线行走时的功率水平，这个值根据机器人的设计应在30～70间调整。注意不要把值设定得太高，否则机器人可能会飞线。
Error（误差）	Error变量是从光值中减去MidRange变量计算得来的，当你对机器人的电机功率进行修正时，就会用到这个变量。
Correction（修正量）	Correction变量是Error变量与Gain变量的乘积。然后要用它调整两个电机的功率。

这个代码的逻辑并不难。首先，用颜色传感器返回的光值减去MidRange（中间值）变量计算出Error（误差值）。接下来，用计算出来的Error（误差）乘以Gain（增益）计算出Correction（修正量）。再将Correction（修正量）应用于功率值，然后传递给电机模块，对于电机B，

要用Power（功率）值加上Correction（修正量），而对于电机C，要用Power（功率）值减去Correction（修正量）。图5-11显示了这个EV3程序。请记住，根据你的机器人设计的不同，需要对Power（功率）、Gain（增益）和MidRange（中间值）进行一些调整。

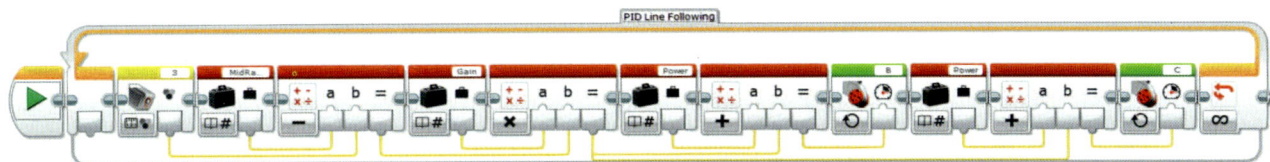

图5-11：比例巡线程序，不使用切换模块，而是计算驱动电机的驱动功率，控制机器人跟随线条行进

使用两个颜色传感器

到目前为止，所有例子都使用了单个颜色传感器。但是如果你添加了第二个颜色传感器，让两个传感器跨在线上，会怎样呢？尽管乐高头脑风暴套装中只有一个颜色传感器（如果需要，你可以单独购买第二个传感器），FLL比赛规则允许使用两个颜色传感器。

当你有两个颜色传感器时，被安装在机器人上时要分开，两个传感器之间的距离要比巡线的线条稍宽。如果它们的距离太近，那么机器人永远都不会找到有效的直行状态；如果它们相距太远，机器人需要改变方向时则会过度补偿。理想情况下，当机器人在线上居中时，两个传感器都不会看到线条，它们应该只看到线条旁边的区域。图5-12显示了安装了两个颜色传感器的DemoBot。

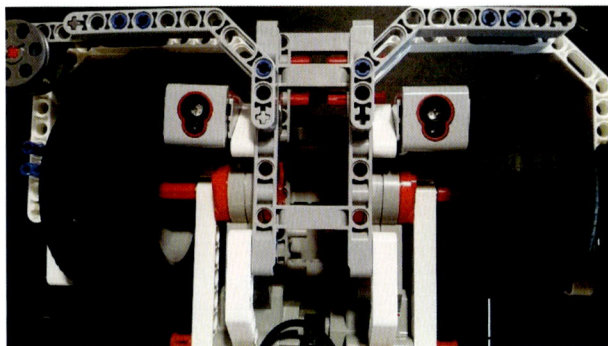

图5-12：双颜色传感器的复杂条件巡线程序，每个颜色传感器都有一个切换模块，每个切换模块都有3个条件

如果要使用前面提到的复杂状态方法，你只需再添加一个切换模块，每个颜色传感器都有一个切换模块，如果我们把颜色传感器的读值分为3段（假定颜色传感器已经校准，传感器的读值范围是0～100），则每个切换模块有3个条件，而对于机器人来说现在共有5个条件，如表5-3所示。

表5-3：双颜色传感器机器人的复杂状态条件

颜色传感器	范围编号	动作
左	0	向左急转，降低电机 B 的速度。
左	1	略微向左转，略微降低电机 B 的速度。
左和右	2	保持直行，两个电机速度相同。
右	1	略微向右转，略微降低电机 C 的速度。
右	0	向右急转，降低电机 C 的速度。

机器人启动时，两个颜色传感器应跨在线条两侧。如果机器人启动时，两个颜色传感器都看到了黑色，则机器人会减速，这是因为切换模块会根据条件减慢两个电机的速度，试图让机器人同时向两个方向转动。当机器人离开基地时，可能会发生这种情况，比赛场地上的机器人要跟随的线条在基地之外，而机器人启动后会先检测到基地周围的边框。为了解决这个问题，可以让机器人在离开基地时不检测黑线，在程序中添加延迟，或者让机器人首次检测到边界时减速，然后在越过边界之后再加速。图5-13显示了双颜色传感器的EV3程序示例。

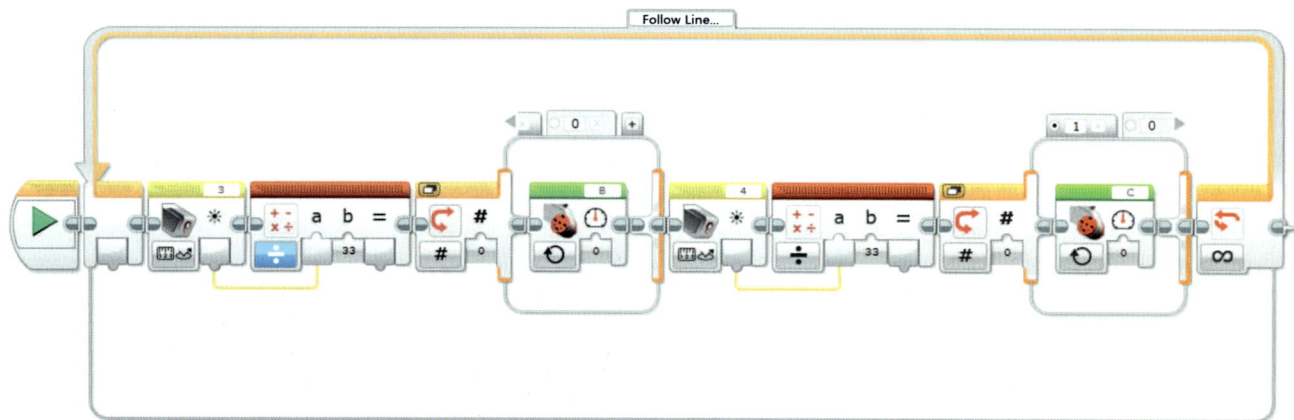

图5-13：安装了两个颜色传感器的DemoBot

检 测 线 条

比赛场地上的线条除了可以用于巡线之外，还可以用于导航。比赛场地的各个区域通常以某种方式被勾勒出来，外形可能不是真正的线条，只是某种形状，这些图形对确定机器人是否处于正确的位置也非常有用。另外，请注意，这些线可能不是简单的黑线，许多时候是彩色的线，需要付出些努力才能用EV3颜色传感器检测出来。

在2009年FLL"气候影响"的比赛场地中（见图5-14），各个区域用各种彩色线条被勾勒出来。如果想让机器人到指定区域执行任务，那么这些彩色线条非常有用。彩色线条难以使用确实是事实，此外机器人还必须穿过印在场地垫上的大彩虹。解决方案并不像让机器人向前走到红线处一样简单，你必须让机器人计时，直到穿过彩虹找到正确的红线，或者计数遇到的红线。

首先，我将讨论一些检测线条的基本思路，然后再解释一下彩色线条对EV3颜色传感器意味着什么。

找到线条

图5-14所示的是2009年FLL"气候影响"的场地垫，你会注意到可以用来巡线的线条并不多，但是有很多粗线勾勒出了各个区域的形状，这些线条不只看起来漂亮，它们还能帮助你把机器人导航到特定位置。在场地垫的中间有很多开放空间，机器人很容易在这里迷失，这些边界能够帮助机器人检测何时到达指定的位置。比方说，你的机器人离开基地，正在前往图5-14中被标记为A区的位置。

机器人离开基地后，依靠测距导航的方法穿过场地，此时机器人使用颜色传感器开始寻找A区周围宽宽的黑色边框。你必须小心，不能让场地垫上的其他颜色混淆机器人。在实际比赛中，图5-14下方的彩虹让许多机器人失误了。在规划任务时，你需要考虑在机器人的行进路径上有哪些东西，场地垫上还有什么其他标记会让机器人混淆？

图5-14：2009年FLL "气候影响" 的场地垫

现在我们来看看2016年FLL "变废为宝" 的场地垫，如图5-15所示。它与2008年FLL "气候影响" 的场地垫有很大不同，它有着更加明确的区域和易于追踪的边界，有几条黑线可以用于巡线，而且它们将场地分隔成了不同区域，为机器人提供快速的反馈信息，让机器人知道现在处于什么位置。注意，在基地以外向东的方向上，有两条明显的黑线穿过机器人的路径，计数这些黑线是帮助机器人

确定位置的好方法。

图5-15：2016年FLL "变废为宝" 的场地垫

请记住，计数线条时不能仅计算颜色传感器看到黑线的次数，这是因为当颜色传感器越过一条黑线时，它会多次读取黑线。你要在代码中包含边缘检测的逻辑，具体如下。

1. 寻找一条黑线，或是检测到黑色。
2. 遇到黑色时，计数黑线的数量加1。
3. 开始寻找白色（即检测白色）。
4. 当遇到白色时，返回步骤1。

一旦找到了白色，便开始再次寻找黑色，如果有很多条黑线要计数，则可以继续重复这个过程。图5-16给出了相应的EV3代码示例。

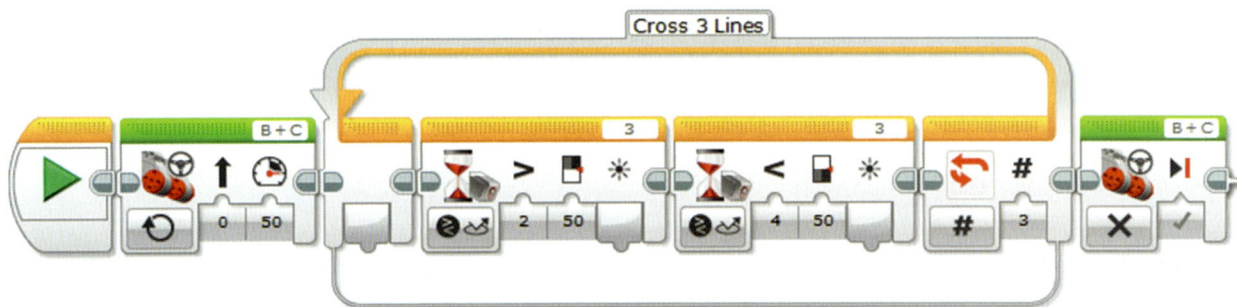

图5-16：EV3数线程序

61

在这个EV3数线代码中，机器人前进，等待颜色传感器模块检测到黑线。然后，下一个颜色传感器模块等待找到下一个非黑色区域，让机器人知道它已经完全越过了黑线。当循环计数器达到3时，循环模块退出，移动模块将使机器人停止。

检测线条中的颜色

在图5-14和图5-15所示的场地垫上，许多线条或区域并不是简单的黑白线，有很多彩色线条或边缘。在你考虑导航策略时，要检测与其他颜色相差较大的颜色，这样可以避免混淆，能更轻松地找到导航点。当然，与细线条

和模糊的线条边界相比，粗线条是更好的标记。你要寻找的是独特的、能够在程序中得到一致性的读数的线条，一致的标记将产生一致的结果。

总　　结

颜色传感器是大多数机器人在比赛场地上导航时最有用的传感器之一。在FLL比赛中，比赛场地垫上布满了能被颜色传感器使用的线条。许多团队会避开使用它们，只因为在学习使用它们时遇到了一些困难。但是，几乎所有在比赛中获胜的队伍都会利用颜色传感器。

第6章
■■■
调整机器人姿态

调 整 姿 态

学习过机器人走直线和转弯后，你现在可以给机器人足够的信息，不会让它在比赛场地上迷路了。但是无论机器人向哪个方向行进，都很快就会出现偏差。这对于乐高机器人来说很正常，如果没有帮助和重新调整，它们不会永远准确的。

在机器人开始运行几个任务后，你会注意到只需经过几次导航更改，例如直行、转弯90°、再直行，如果重复运行，机器人很少会再次停在同一个地方，更不用说每次指向同一方向了。在规划任务时，应该建立允许机器人出现2～3cm运行误差的思想，这在考虑任务完成策略时非常重要。但是，即使机器人离开了基地，你也可以利用场地环境让机器人指向正确的方向。

能够获胜的机器人在比赛过程中需要不断重新调整自己，以确保它们能够一致地完成每个任务。也就是要找到比赛场地中的点，让机器人可以用这些点调整姿态，以获得最佳运行效果。你要寻找的是场地上固定不变的东西，不会移动且位置不变，它可以是印在场地垫上的标记，如线条和形状，也可以是赛台的侧墙，或者是被固定在场地垫上、在整个比赛中不会被移动或移除的场地物品。

在制定任务完成策略时，思考一下有哪些东西可以在机器人行走几步之后帮助它调整姿态。在90°转弯之后是否有墙？场地垫上是否有可以让机器人检测和对齐的线条

或边界？也许任务物品本身也可以让机器人调整姿态。这些都是在制定任务完成策略时要考虑的事情，它们将是机器人成功和准确运行的关键。

用侧墙调整姿态

很明显，赛台的侧墙可以用于调整机器人的姿态。大多数乐高机器人比赛的场地都有侧墙或边缘，FLL比赛就是如此，而且每个赛季的赛台都完全相同，这也是为自己准备一个练习赛台的原因之一。我知道一些学校在课堂上没有放置赛台的空间，所以大家把场地垫放在教室的地板上，虽然解决了教室空间的问题，但却与实际的比赛环境不相符。想要在比赛中获得胜利，你需要准备一个尽可能与实际比赛相近的练习赛台。

你已经知道了赛台的侧墙可以帮助机器人直线行驶，现在你要学习如何用赛台的侧墙帮助机器人调整方向。有多种方法可以使用：你可以在机器人上安装传感器检测侧墙或使用一些简单的被动技术。

被动式靠墙对正

例如说，机器人平行于赛台侧墙直线前进，然后在场地上90°转弯，你希望机器人此时垂直于赛台侧墙。如果结构合理，并使用了前面章节讨论过的一些技巧，则机器人转弯后的结果很可能是垂直于侧墙的。但是，如果机器人转动时，场地垫上有褶皱或者某个车轮侧滑了，会出现

什么情况呢？某些因素可能影响到机器人运行的准确性，你如何保证机器人指向正确的方向？

简单的方法是让机器人向侧墙后退。如果机器人的背部平坦，你可以让机器人慢慢后退，直到背部与侧墙齐平。这是一种被动的方法，因为你没有使用任何类型的传感器来检测侧墙，只是花费了一些时间，把机器人推到墙上。你可以在图6-1中看到，DemoBot底盘的背部可以与侧墙齐平接触。

但图6-3中的DemoBot可以与侧墙齐平。

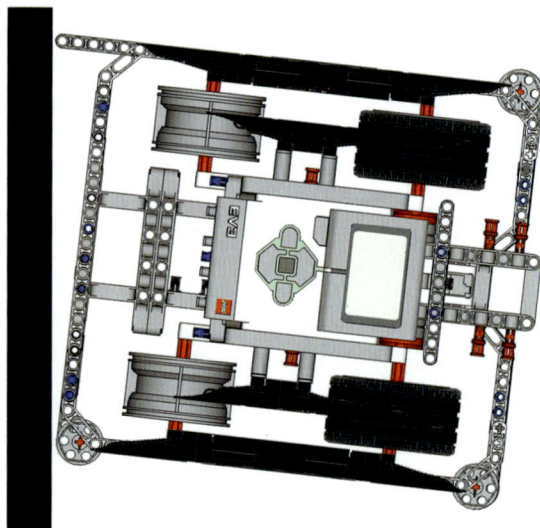

图6-2：超出底盘的零件阻止了机器人与侧墙齐平接触

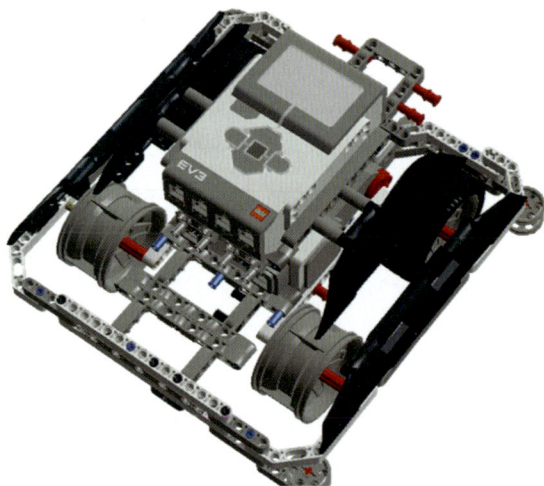

图6-1：DemoBot的底盘有一个平坦的后表面，可以靠在侧墙上，与侧墙齐平

被动的方式仅在机器人底盘的背部平直时有效。如果有东西超出了机器人的背部，这个伸出的部分将与侧墙接触，机器人与侧墙之间的角度不再是你希望的了。所以再说一次，要使用被动对正的方法，机器人需要有一个平直的后背或保险杠。另外，请确保机器人与侧墙接触点的高度处于底盘的中心，如果太低或过高，机器人靠在侧墙上时，可能会产生意想不到的结果，我们希望机器人能够平滑轻柔地靠在侧墙上对正。从图6-2中可以看出机器人无法正确对正，因为机器人底盘的后部被伸出的梁顶住了。

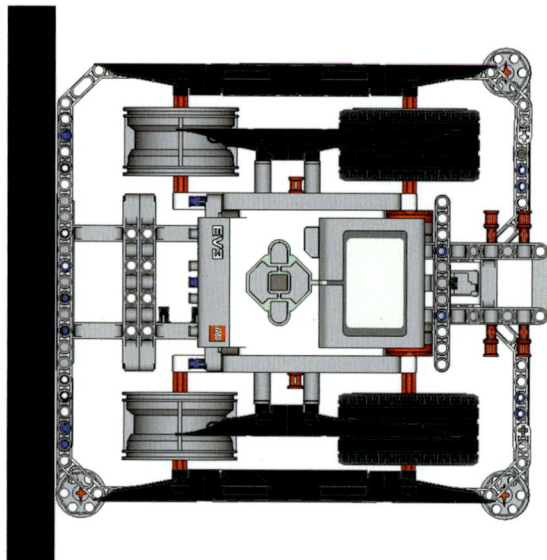

图6-3：平滑的底盘后部能保证机器人与侧墙齐平接触

实现被动对正的代码非常简单：只需使用一个移动块，以相同的、缓慢而稳定的速度驱动两个电机，让机器人向侧墙后退。由于你没有使用任何类型的传感器来检测侧墙，因此要将移动模块设置为开启指定秒数模式。实际

给定的时间参数要根据机器人到侧墙的距离来确定，多增加1～2s可以更加可靠。图6-4显示了机器人90°转弯后与侧墙对正的程序示例，图6-5显示了运行示例程序时机器人的运行路径。

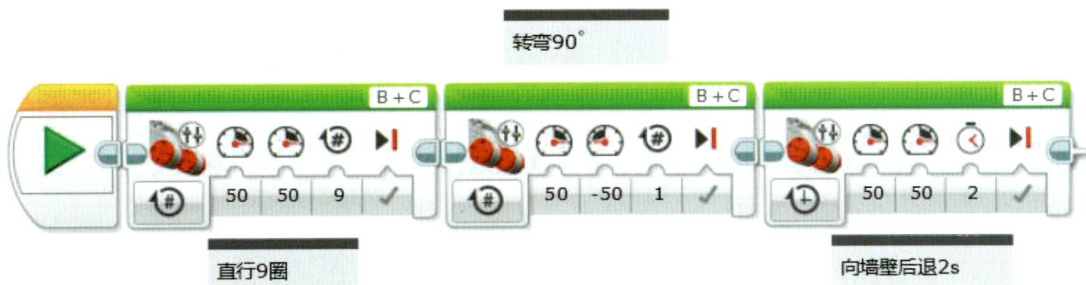

图6-4：移动模块的旋转角度参数为2s，程序运行结束时机器人与侧墙齐平

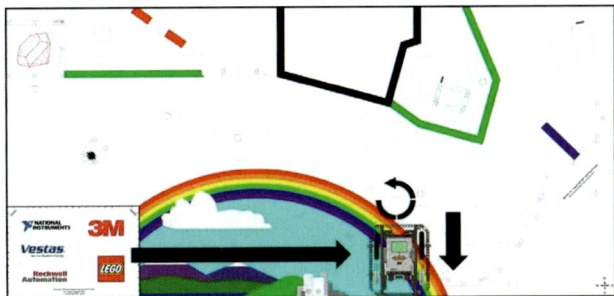

图6-5：机器人按照图6-4所示的代码在2009年FLL"气候影响"的场地垫上运行的路径：90°转弯后，机器人背靠侧墙对正

我将移动模块的旋转角度参数设置为开启指定秒数模式，而没有使用指定角度或圈数模式，这样可以避免机器人被卡住。当机器人与侧墙接触时，轮胎可能会有一些打滑，但是如果没有出现打滑现象，而你又将移动模块设置为旋转圈数或度数模式，车轮无法按照指定的圈数或度数完成转动，机器人就会被卡住。采用了指定秒数模式，即使机器人的轮子不转动，程序也会继续正常运行。

交互式靠墙对正

如果你希望机器人与侧墙或其他场地物品对正时有更多的反馈信息，可以使用触动传感器，最直接的方式是在机器人底盘的两个后角处安装EV3触动传感器。两个传感器之间的距离应该尽量接近机器人的宽度，以确保机器人能与侧墙真正齐平。

触到侧墙时接收反馈信息有一个优点，可以让你不用怀疑机器人是否碰到了侧墙。在程序上也不再使用时间延迟的方式，而是让机器人持续后退，直到两个触动传感器被触发，让程序知道机器人已经和侧墙对正了，然后继续运行程序的下一个模块。

这种对正方法也有缺点，这就是你使用了EV3程序块的两个端口和两个EV3触动传感器。如果你可以利用这些传感器完成其他任务，同时又使用它们进行对正，那么这就不再是缺点了。例如，你可以使用传感器进行对正，也可以使用它们来检测机器人何时到达任务物品。我们将在第7章讨论如何利用触动传感器检测任务物品。

■ 乐高机器人竞赛指南（第 2 版）

图6-6显示了如何在DemoBot的底盘后部安装EV3触动传感器。当机器人向侧墙后退进行对正时，触动传感器可能会因机器人的接近角度在不同的时间触发。程序控制机器人继续缓慢向后移动，直到每个触动传感器都满足被按下的状态，示例程序如图6-7所示。

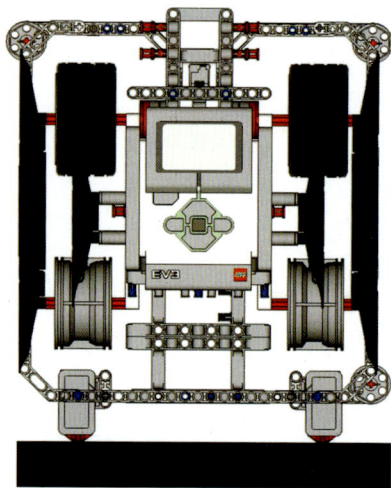

图6-6：在底盘背部安装了两个EV3触动传感器的DemoBot，用于交互式对正侧墙

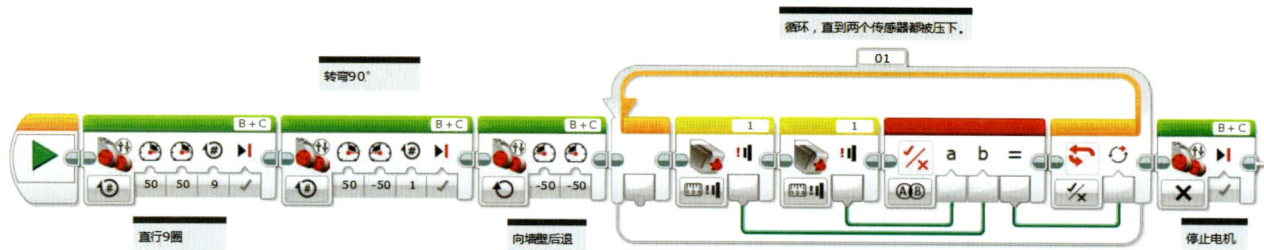

图6-7：EV3程序，让机器人向侧墙后退，直到两个EV3触动传感器都被按下

用EV3触动传感器进行对正时，触动传感器的安装位置很重要。有一年，我在FLL世锦赛上做裁判，看到一个团队使用这种技术进行对正，但是传感器的安装位置太低了。当机器人与侧墙接触时，机器人的底盘有一些弯曲，两个触动传感器中的一个并没有碰到侧墙，机器人一直在向侧墙后退，等待两个传感器同时被压下，结果机器人被卡在了那里。

提示： 你也可以用颜色传感器实现类似的方法，将两个颜色传感器向后安装在底盘上，只要两个传感器不能读取到环境光，就意味着机器人已经和墙壁对正了。然而，使用颜色传感器不是这种方法的最佳选择，如果你真的需要机器人对正墙壁时给出反馈信息，最好还是使用触动传感器。

有两种方式可以避免我刚刚描述的悲催场面。首先，这个团队可以把传感器的安装位置提高一点，让它们更

66

靠近底盘，这样在机器人撞击侧墙时底盘不会弯曲；对传感器增加一些额外的支持也会有帮助。第二，可以为程序添加一些逻辑：向后移动，直到两个触动传感器被按下或直到3s过去。为程序添加第二个条件需要有较高的编程能力，但它能在比赛中挽救团队。在你自己的设计中，你应该优先考虑用简单可靠的结构设计避免问题的出现。

与线条和区域边缘对齐

除了赛台侧墙，大多数比赛场地都有某种类型的图案和标记，机器人可以与这些线条和标记对齐，使用颜色传感器和第5章中讨论的一些技术就能做到这一点。你需要使用两个颜色传感器才能让机器人与线条对齐，乐高头脑风暴套装中只包含一个，你自己可以再订购一个。

使用场地垫上的标记对齐机器人可能更有效，也比使用赛台侧墙对正更为灵活。当然，理想情况下，这两个调整机器人姿态的方式都应该使用。使用场地垫上的标记，你可以根据实际情况调整机器人的角度。例如，在图6-5中，2009年FLL"气候影响"的场地垫就用浓重的彩色线条勾勒出各种区域，如果正确使用这些线条，可以帮助机器人很好地完成各种任务。

你可以像使用侧墙一样使用线条，但与把机器人推到侧墙上不同，需要有一些智能代码让机器人找到线条，并确定机器人需要向哪个方向转动才能使自己与线或标记对齐。

首先，你要将两个EV3颜色传感器分开安装到机器人底盘上，并确保它们彼此平行。两个传感器之间的距离较远时，机器人在对齐线条的过程中不必做出太大的转弯。传感器之间的距离越近，当机器人转向线条时，第二个传感器就越接近线的边缘。传感器之间的距离应该能保证机器人平稳、精确地对准线条。如果你现在还没有理解，别担心，当我讲解对齐线条的程序逻辑时你就会明白了。

对齐线条的过程就是用两个颜色传感器搜索颜色线条。例如，要完成的任务物品前面有一条黑线，从第5章中我们知道黑线让颜色传感器返回一个较小的读数。因此，如图6-8所示，你的EV3程序代码将会告诉每个颜色传感器寻找较小的读数，大概30或更低，这个读数取决于场地垫上线条周围是否印刷了其他的颜色，你当然不希望线条以外的其他区域触发颜色传感器。

现在我们假设机器人正在运行，机器人右侧的颜色传感器检测到了黑线，你需要让左侧的颜色传感器也检测到这条黑线。所以机器人必须停止向前移动并向右转，直到左侧的颜色传感器也检测到黑线。一旦两个颜色传感器都找到了线的边缘，机器人现在就应该与这条黑线垂直了。

那么你的机器人究竟在做什么呢？它用第一个检测到黑线的颜色传感器作为枢轴点，然后沿着该枢轴点转动，直到另一个颜色传感器检测到黑线，如图6-9所示。让颜色传感器彼此离得远一点儿，可以让机器人对准黑线时更为垂直。如果传感器过于靠近，在进行对准时就很容易出错。

在循环模块中，检查两个颜色传感器的读值，直到其中一个颜色传感器检测到黑线的边缘。

如果连接在端口3的颜色传感器检测到了黑线，则让电机C转动，直到连接到端口4的颜色传感器检测到黑线。
如果连接在端口3的颜色传感器没有检测到黑线，则让电机B转动，直到连接到端口3的颜色传感器检测到黑线。

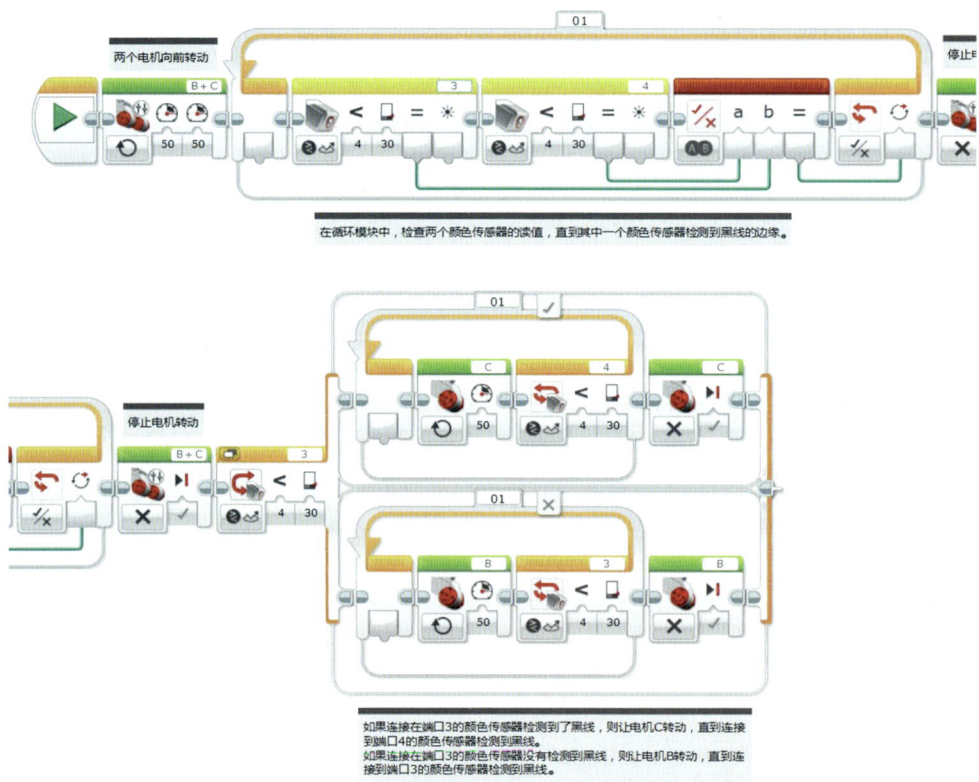

图6-8：使用EV3颜色传感器让机器人与场地垫上的黑线对齐的EV3程序

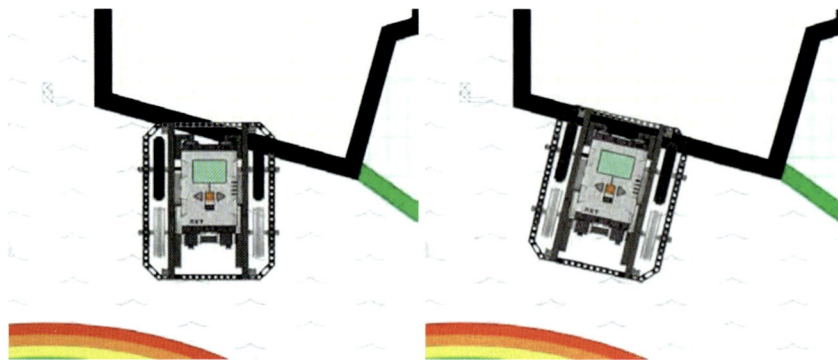

图6-9：DemoBot将用底盘前部安装的颜色传感器与黑线边缘对齐。第一个颜色传感器检测到黑线（左），然后机器人转动，直到第二个颜色传感器检测到黑线（右）

总　　结

我们知道了机器人可以用赛台侧墙或场地垫上的线条调整姿态，这在精确导航中非常有用，经过调整的机器人能在比赛场地上找到正确的方向。如果机器人在每次导航移动后都能进行对准，那么你将拥有一个能在比赛中自信地移动的机器人，你不需要担心场地垫的波纹，也不需要担心轮胎意料之外的转动，或其他场地物品撞上机器人。能够获胜的机器人是可以自我纠正的，利用场地对正机器人是其中关键的部分。

第 7 章

检测障碍物

现在你的机器人可以在场地中导航了：它可以直线移动、转弯，还能重新修正自己的方向。但是机器人移动的路径中有障碍物怎么办？机器人怎样才能知道自己在比赛场地要撞到物体了？你需要让机器人能够躲避障碍物并绕行过去。和人一样，机器人需要利用自己的感官，并对前进路径上的障碍物做出适当的反应。

乐高头脑风暴套装为机器人提供了各种可以用于机器人比赛的传感器，在前面的章节中我们已经讨论了其中的一部分，本章我将重点介绍如何使用它们检测障碍物和避障。触动传感器能够告诉机器人自己撞到了物体，超声波传感器可以告诉机器人已经靠近物体了，你甚至可以在某些情况下使用颜色传感器来检测已经接触到或还没有接触到的物体。

触动传感器

当你在黑暗的房间里走动时，你看不到任何东西，所以不得不依靠触觉去感觉墙壁和房间里其他的物体，机器人可以用EV3触动传感器做同样的事情。

乐高头脑风暴EV3教育版套装配有两个触动传感器。

触动传感器是EV3代码中使用方法最简单的传感器之一，有3种检测状态：按下、释放和碰撞。使用触动传感器检测障碍物时，这3种状态中的每一种都可使用。

注意： 在EV3触动传感器模块上，用0表示释放、用1表示按下、用2表示碰撞（即按下再释放）。

检测按下状态

检测触动传感器被"按下"的状态是触动传感器最常用的使用方式。"按下"状态是指触动传感器的触动按钮被按入传感器，就像听起来一样简单。触动按钮不必完全被按下即可给出传感器"按下"的状态信号。

将触动传感器安装在机器人的前部，即可检测机器人是否碰到了障碍物。当传感器被按下时，机器人就可以决定如何对障碍物做出适当的反应。例如，机器人可以继续向前运行，一直到达场地的最终端，然后再向左转。图7-1显示了这种方法的简单EV3代码，图7-2显示了在底盘前面安装了一个EV3触动传感器的DemoBot。

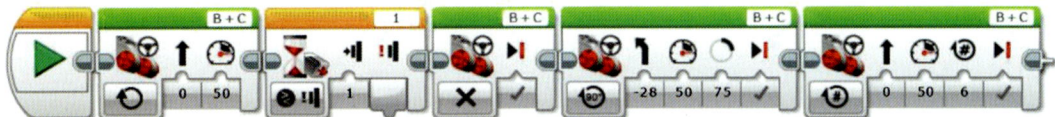

图7-1：一个简单的EV3程序，机器人向前运行，直到触动传感器被按下，然后停止前进并转动

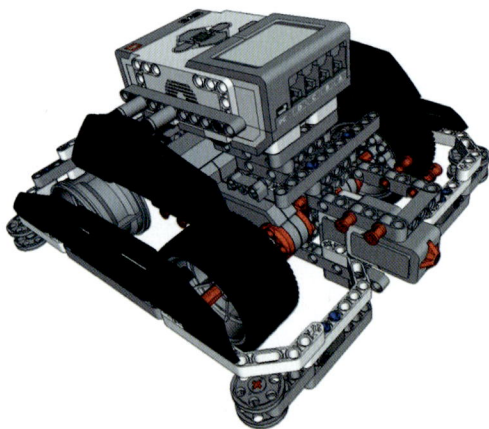

图7-2：DemoBot的前面安装了一个触动传感器

区域。只有接触传感器的触动按钮被按下时，传感器才能检测到按下状态，EV3触动传感器前面的按钮宽度还不到2cm。

你可以添加辅助结构增大触动区域的接触面积。为机器人添加一个有杠杆结构的接触杠，触动传感器不直接与障碍物接触，而是通过接触杠与其进行间接接触。这个接触杠的宽度可以和机器人的底盘一样宽，也可以小一些，具体取决于你的机器人策略。

图7-3就是一个可以被安装到机器人前部的单触动接触杠的示例，当接触杠与物体接触时，触动传感器被按下；当接触杠未与障碍物接触时，接触杠上的小橡皮筋让触动传感器保持在未被按压的状态。如果机器人没有碰到任何障碍物，你当然不希望出现接触杠失误按下传感器的问题，而这根小橡皮筋就起到了保护作用。

你可能注意到了，触动传感器的触动区域面积非常小，触动区域就是指需要与障碍物接触以检测按下状态的

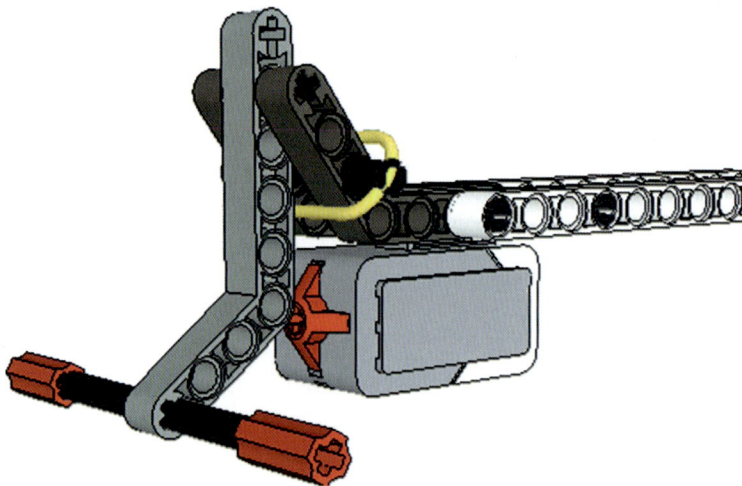

图7-3：单触动接触杠组件

在机器人上安装较大的单触动接触杠可能会有些问题，这取决于接触杠的大小。如果接触杠太宽，与目标的

接触面要更大一些才能保证杠杆彻底按下触动传感器。或者如果接触杠太脆弱，也可能被障碍物钩住。添加第二个

EV3触动传感器可以将触动区域分成两个部分，以此增加机器人的触碰灵敏度。图7-4显示了两个独立EV3触动传感器的接触杠，机器人触动区域的接触面积更大了。

　　使用两个触动传感器后，你的代码要更智能一些，需要添加一些逻辑运算模块让机器人知道其中一个传感器

被按下了。图7-5中的代码显示了两个触动传感器模块将检测到的状态送入"Or（或）"模式的逻辑运算模块中，只要端口1或端口2中的触动传感器有一个被按下，则中断循环模块运行的条件已满足，程序会继续运行下一个程序模块。

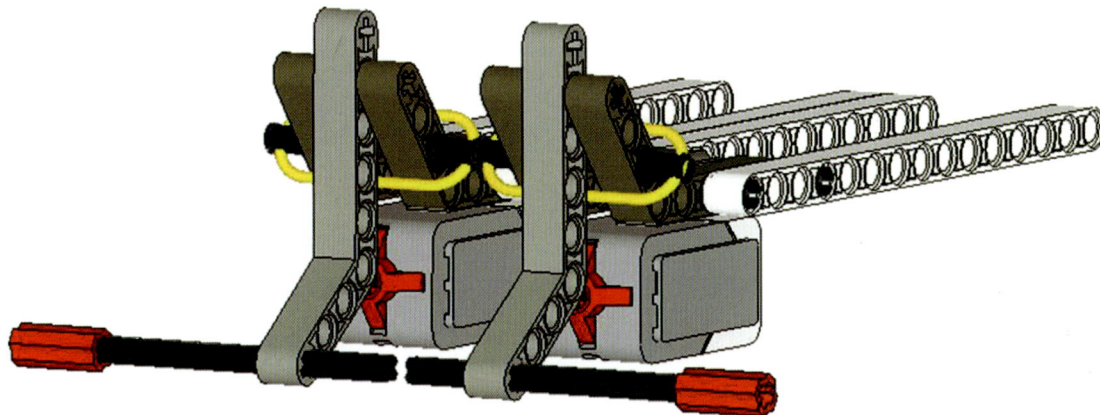

图7-4：双触动传感器接触杠组件

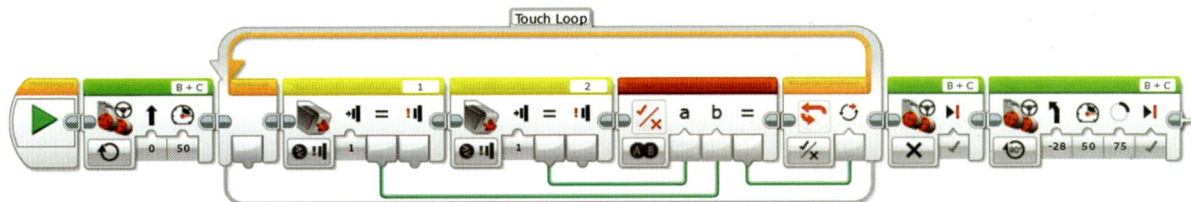

图7-5：触动传感器模块将状态检测结果输入逻辑运算模块的EV3代码

　　现在，根据你的策略，你可能需要知道是哪个触动传感器被按下了，并根据这些信息做出反应。这需要在EV3

代码中使用切换模块来确定触动传感器被触发后要执行的操作，如图7-6所示。

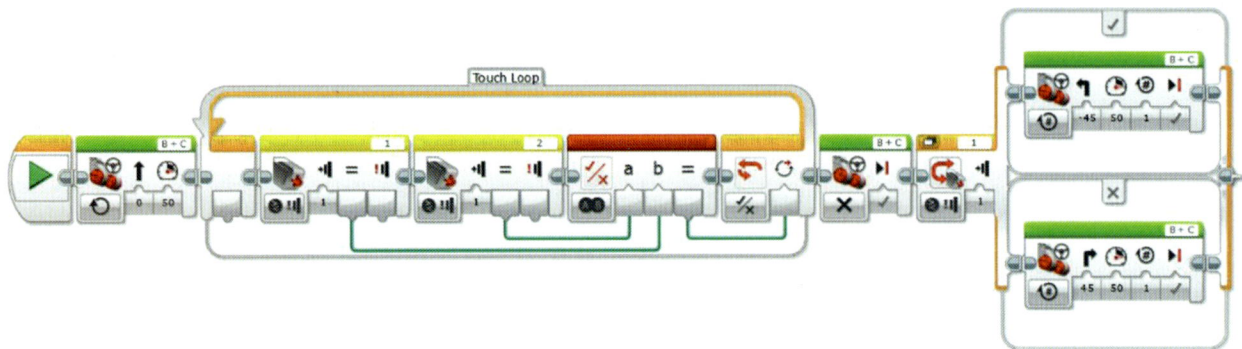

图7-6：不同的触动传感器被按下后，机器人转向不同的方向

在图7-6中的代码中，循环模块一直运行，直到其中一个触动传感器被按下。然后机器人将停止，接下来切换模块将决定机器人需要左转还是右转，如果第一个触动传感器被按下，机器人会向左转动，否则，机器人会向右转动。

检测释放状态

检测触动传感器何时被按下的想法非常简单，但有

时候我们需要知道触动传感器何时被释放。只要被按下的按钮回到正常位置，触动传感器就回到了"释放"状态。在程序中，知道机器人不再与原来接触的对象继续接触了可能很重要。例如，你的代码可以告诉机器人触动传感器被按下后立即后退，触动传感器被释放后停止后退，如图7-7所示。

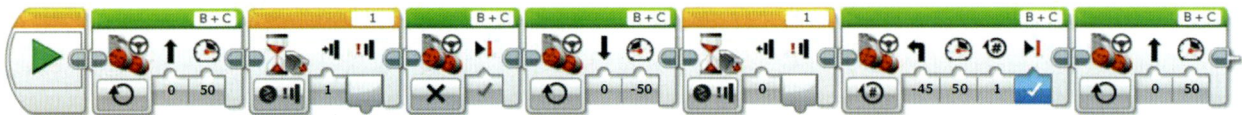

图7-7：1号触动传感器被按下后机器人停止，然后机器人后退直到1号触动传感器被释放，然后机器人向左转，再继续直行

也许触动传感器开始处于被按下状态，机器人想知道什么时候某个动作会让机器人的触动传感器处于释放状态。在图7-8中，你看到的接触杠让触动传感器处于被按压状态，当接触杠与物体接触时，触动传感器被释放。这种设计的优点在于，如果接触杠与障碍物发生强烈碰撞，传感器不会受到冲击，冲击力并没有传递到传感器上，橡胶筋起到了减振器的作用，承受了冲击的能量。如果你的机

器人速度很快，而且容易撞到硬物，则这种结构设计可能会起到重要作用。

例如，机器人用爪子一样的手臂搬运盒子。当盒子被机器人放置在适当的位置时，机器人需要知道爪子何时完全放开盒子。如果将触动传感器安装在爪子手臂中，当传感器处于释放状态时，机器人就知道盒子已经被放开了。这里还有另一个例子，可以将触动传感器安装在机器人的

底盘上，让它面向撞到物体的相反方向。如果你的设计足够巧妙，当触动传感器处于释放状态时，机器人就知道它已经与物品相接触了。

图7-8：当接触杠被按下时，触动传感器被释放

此外，你还可以用触动传感器的释放状态来找出机器人是否被卡在场地的某个地方。例如，机器人的前方有一个接触杠，你希望机器人撞到侧墙后向后退，如果触动传感器被按下后一直没有出现释放状态，那就出现问题了，因为机器人离开墙壁时接触杠应该被松开。如果出现了这种情况，你的程序里应该包含一些替代动作的代码，让机器人离开现在的位置。可以肯定的是，这种情况并不常见，但是如果你知道机器人可能会遇到这样的情况，那么就需要在程序中添加额外的逻辑进行处理。

检测碰撞状态

触动传感器的碰撞状态是指在5s内完全按下和释放

传感器上的触动按钮。当检测机器人是否与墙壁或物体撞上时，碰撞状态不是很有帮助。由于触动传感器在触动按钮完全弹起之前不会返回数值，所以如果机器人在检测到物体或墙壁后，需要改变运动方向且让触动传感器完全释放，才能让机器人知道自己撞上了物体或墙壁。但是，如果机器人用计数通过障碍物数量的方式来检测自己在场地上的位置，就需要使用触动传感器的碰撞状态了。

在2010年"智能交通"比赛中，场地上有一些乐高搭建的墙壁，墙壁上插了很多乐高轴。用触动传感器和一些齿轮可以搭建出一个巧妙的结构，机器人可以通过这个结构知道自己经过了几根乐高轴。然后，在EV3程序中可以记录触动传感器处于碰撞状态的次数。图7-9显示了这个结构。

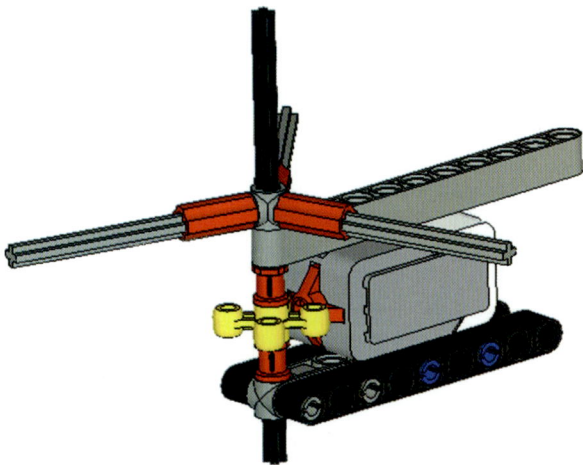

图7-9：触动计数器，旋钮轮每转动1/4圈，触动传感器出现一次碰撞状态

如果你想让机器人到达第4根轴时启动手臂动作，你可以编写如图7-10所示的代码来实现。

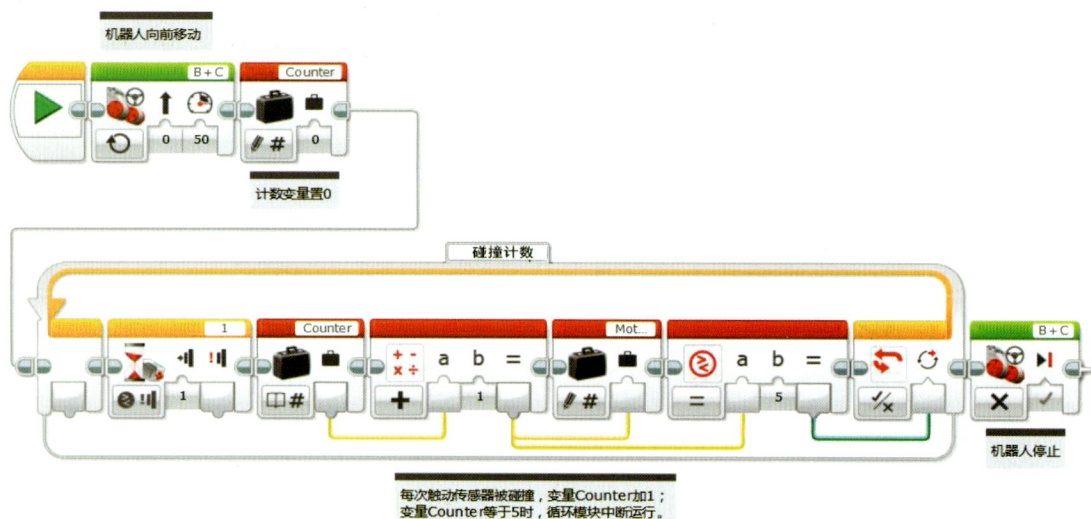

图7-10：当触动传感器被碰撞5次时，机器人停止前进

颜色传感器

在大多数情况下，EV3颜色传感器并不适合用于障碍物检测。颜色传感器寻找的是由物体反射回传感器的光线，非常适合用于检测比赛场地上的标记，但并不适合检测机器人何时与障碍物接触。

理论上说，你可以让颜色传感器面向前方，当它无法检测到反射光时，就是与其他物体接触了，但是阴影或光照条件的变化可能会让颜色传感器出现误判。

在巧妙的结构的帮助下，我们也可以使用EV3颜色传感器进行障碍物检测，如搭建一个特殊的接触杠，当按下接触杠时，颜色传感器可以读取不同的光值。图7-11显示了这样的结构，将颜色传感器安装在一组黑色科技梁上，当接触杠处于静止状态时，科技梁遮住了颜色传感器，所以传感器的读数很小；但是当按下接触杠时，如图7-12所示，移开颜色传感器前面的科技黑梁，传感器可以读取到较大的光值。

使用颜色传感器时，无论接触杠关闭还是打开，外部光源都可能会影响传感器读取的光值，因此最好对颜色传感器进行校准。

图7-11：用于检测触碰的颜色传感器，黑色梁挡住了进入颜色传感器的光线

使用这种接触杠的EV3代码与使用触动传感器的代码非常相似。在图7-13的代码示例中，只要颜色传感器检测到黑色，机器人就向前移动；一旦颜色传感器不再看到黑色，机器人将停止然后后退。

图7-12：接触杠被按下时，黑色梁从颜色传感器上被移开

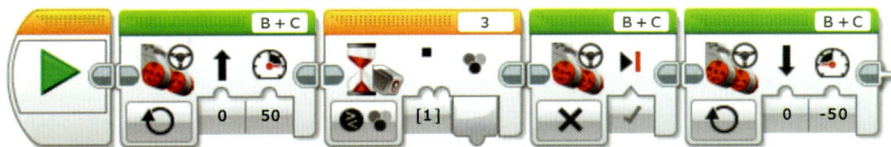

图7-13：EV3代码用颜色传感器做触碰检测

超声波传感器

EV3超声波传感器适合在比赛场地中检测大型物体。传感器发出超声波并接收由物体表面反射回来的反射波，传感器根据声波返回所需的时间来确定距离，超声波传感器应该被安装在水平位置以获得准确的读数，使用厘米单位时检测效果最好。传感器无法准确读取小于3cm的距离，此外，当物体距离传感器超过25cm时，传感器的精度会降低。超声波传感器的最佳范围为3~25cm。传感器的左侧是接收器，也就是说传感器从右侧发出超声波，所以检测右侧的物体时信号较强。

计算物体与机器人超声波之间的距离时，可以在EV3程序块内置的查看功能中查看超声波传感器的读数，尝试不同的位置，看看检测特定物体时哪一个位置给出的测量值是最一致的。在FLL比赛中使用超声波传感器时，传感器的安装高度应该低于赛台的侧墙。如果另一个赛台的机器人也使用了超声波传感器，则两个机器人的超声波信号可能会互相干扰，让传感器的高度低于赛台侧墙，可以避免这种干扰。

超声波传感器在检测较大的平坦的物体时工作效果很好，但它不能精确检测较小或弧形表面的物体。在2010年FLL"智能交通"比赛中，有一些机器人必须检测的"感应墙"，机器人可以撞倒它们或者绕过它们。如果你的比赛策略是让机器人绕过"感应墙"，那么使用接触杠或触

动传感器检测"感应墙"肯定不是理想方式。这堵墙大而平坦，使用超声波传感器可以完美完成任务，所以用超声波传感器检测墙壁非常适宜。在图7-14中，你可以看到DemoBot上安装了超声波传感器，正在检测"感应墙"。

图7-15所示的EV3代码用超声波传感器检测障碍物，机器人向前移动，检测到前方的物体后停止并向右转，以避免撞上障碍物。

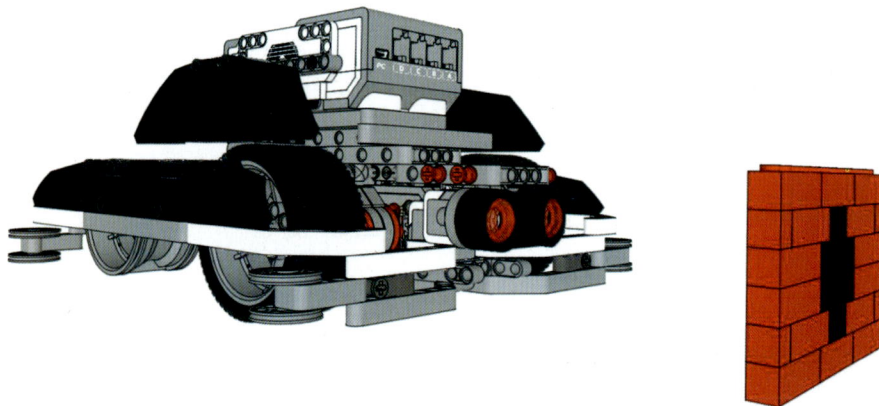

图7-14：DemoBot用超声波传感器检测"感应墙"

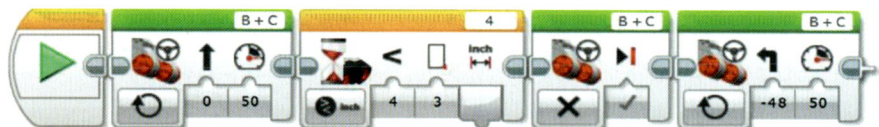

图7-15：EV3代码用超声波传感器检测障碍物

在机器人上使用超声波传感器时，一定要注意可能进入传感器视野中的意外物体。在许多比赛中，裁判或团队成员可能必须要拿掉比赛场地中的某些掉落的物体。你要小心，不要让机器人检测到进入赛台的人员，否则机器人会认为自己遇到了障碍物，从而改变路径。

过环境信息进行导航的机器人可以更好地处理比赛场地的变化或差异，例如场地垫的波纹、任务物品的位置与练习时不完全相同等问题不会对机器人的运行结果造成影响，你的机器人可以依靠传感器进行定位，而无须奢望比赛中的一切和练习时完全相同。

总　　结

利用传感器是让机器人更加智能的最佳方式。能够通

第 8 章

███

无动力手臂

现在你已经知道了如何让机器人在比赛场地中导航，接下来要学习的是机器人到达指定位置后如何完成任务。你要使用被安装在机器人底盘上的特定手臂来帮助机器人完成特定的任务，想获胜的机器人不仅要准确地在比赛场地中行走，还必须能够完成比赛任务。

设计手臂要考虑两个方面的内容。首先，手臂要能没有错误地完成比赛任务；其次，手臂应该有足够的通用性，可以被重复使用，完成多个任务，或者设计成能够轻松与机器人底盘连接和拆除的结构。手臂可以是钩子、爪子、收集装置或者其他可以完成任务的东西。在大多数情况下，没有哪个手臂可以在比赛场地上执行所有的任务，除非比赛相当简单。在FLL比赛中，通常会有十几个任务，很难做到只使用一个手臂就完成全部任务。因为在比赛中必须更换手臂，所以手臂必须被设计成可以安装和拆除的结构。

手臂连接到底盘上就成为机器人的一部分，必须遵循比赛规则对机器人的形状、尺寸和零件使用的要求。FLL的比赛规则所规定的机器人尺寸是指包含了手臂的机器人的完整尺寸，而不仅仅指机器人底盘的尺寸。为机器人设计搭建手臂时请记住这一点，千万不要忽视了。

由于在比赛中需要安装和拆除手臂，因此最好设计一个可以在最短时间内完成拆装的解决方案。在FLL比赛中，每个团队只有2.5min的时间来完成比赛任务，而在基地里为机器人更换手臂是最耗时的事情。所以手臂不能难以安装和拆除，要保持简单，另外团队还需要一遍又一遍地练习安装和拆除机器人的手臂。

机器人的手臂又可以分为两个基本类别：有动力的和无动力的。本章将讨论无动力手臂，这类手臂不需要使用电机操作，只需要被连接在机器人的底盘上，由机器人自身导航来控制。

有动力手臂用电机驱动手臂动作，大多数机器人的第3个电机是用来驱动手臂的。FLL比赛允许机器人使用4个电机，多数情况下，其中两个电机用于导航机器人。第9章将介绍有动力手臂的设计和使用。有动力手臂还有一个气动驱动的子类别，使用乐高气动元件为手臂运动提供动力，第10章将介绍气动手臂的设计原理。

那么什么时候应该使用无动力手臂，什么时候应该使用有动力手臂呢？这个问题的答案是"没有一定之规"，手臂只是能正确完成任务的工具，大多数团队会组合使用无动力手臂和有动力手臂。无动力手臂的优点是大多数手臂设计简单、工作量小，对于年轻或新的团队来说，这是很有帮助的。

无动力手臂类型

无动力手臂种类繁多，你的想象力有多丰富，手臂的种类就有多少，但其中的大多数会属于以下类别之一：

- 推送型手臂
- 钩子型手臂
- 倾倒型手臂

- 收集型手臂
- 弹力型手臂

当然，某些手臂完全超出了上述类别，这没有什么不妥，对手臂唯一的限制是比赛规则和你的团队能做出什么样的手臂。只要手臂能完成任务，就是好的设计。

考虑手臂的设计思路时，可以参考现实生活中有类似功能的机器或工具。例如，有一个任务，要求简单地推动一个任务物品，可以想想能推动物体的机器，如推土机或雪犁。这两个机器有不同形状的刀片，但都能推动物体。

也许要完成的任务是抓住一些东西，例如场地中的一个圆环，你可以做一个类似于钓鱼钩的手臂，这个钩子可以从一个方向抓住物品，而机器人向其他方向移动时不会松开圆环。

只要你能将手臂所需的操作与现实生活中的工具或机器相关联，就会为自己节省大量工作。你只需要用乐高零件模拟出这个工具，并做出适用于机器人的设计即可。裁判通常会询问你的设计灵感来自哪里，你可以指出机器人手臂与现实生活中的工具或机器之间的相似之处，这表明你在设计机器人和其手臂时做足了功课。

推送型手臂

推送手臂是机器人上最常见和最简单的手臂，它可以像平板乐高墙一样简单，也可以像犁一样更复杂一些，它不仅能够推动物品还能清除道路。推送手臂可以在比赛场地上运送物品，很多时候，比赛中都有把物品送到场地某个地方的任务，而最容易的方法就是在场地垫上推动物品。

保险杠式

保险杠式手臂就是被挂在机器人底盘上的小墙（见图8-1）。它不一定很大，可以像汽车前面的小型保险杠一样简单，你可以利用这个平面推动物品。在2011年

FLL"生命科技"比赛中，有很多任务要求机器人接触并推动场地物品。这种推动还会引发一些动作，例如打开门或用杠杆抬升某些东西。

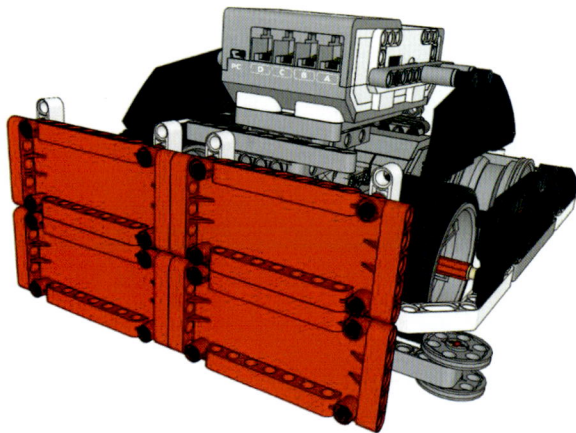

图8-1：DemoBot安装了一个平坦的保险杠

手臂不需要花哨或复杂，只需要能与场地物品适当接触，然后就可以用机器人的驱动系统推动保险杠向前运动。

使用推动式的解决方案时，编程变得很重要，因为驱动系统不仅要移动机器人，还会引起机器人与场地物品的交互作用。大部分时候机器人只需要与物品轻轻接触，很少有人希望机器人猛烈地撞上物品而损坏任务物品或机器人。

犁式

保险杠式推送手臂可以向前推动物体，但有时你可能需要把某些物品从前进路径上推开，而与物体垂直接触的平坦的保险杠无法将物体推开。雪犁上的刀片有一定的角度，当雪犁车向前运动时，呈一定角度的刀片会把雪向两边推开。在乐高机器人上也可以使用这个原理。

保险杠呈一定角度时，不需要太大的力量就能推开物体，根据要移动的物体的不同，保险杠的角度大小和所需的力量也有所不同。你可以反复尝试不同的设计，并把尝试的过程记录在团队日志和技术档案中，裁判对这些内容总是很感兴趣。

犁式手臂的前表面应该很光滑，可以减少摩擦，表面布满凸点的乐高板是无法将物体推开的，凸点可能会卡住物品，或将物品向错误的方向推动。如果你一定要使用乐高板，请不要忘了在板上添加一些光面板。图8-2中的犁是用科技梁搭建而成的，侧面很平滑，与它接触的物体将沿着侧面滑开。

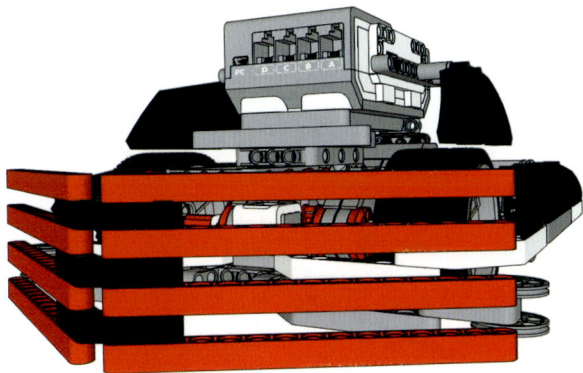

图8-2：DemoBot用犁式手臂将物体推出机器人的前进路径

运送盒

有的时候机器人需要将一些物品运送到场地的特定位置，你可以搭建一个复杂的爪子，抓住物品，然后再打开爪子放开物品。但是很多时候，用一个简单的运送箱也可以完成任务。在图8-3中，机器人使用了四边形框架盒子来运送小球，如果没有这个盒子，小球会从机器人前方滚动出去。

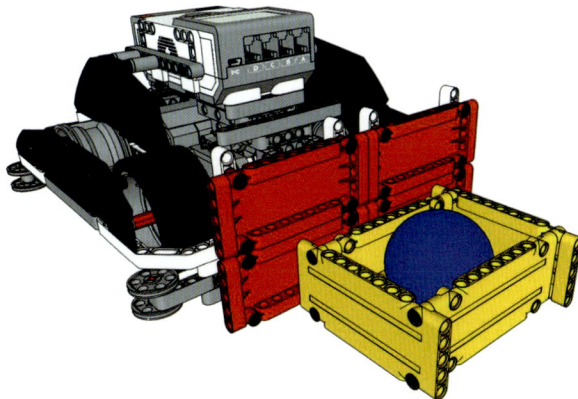

图8-3：一个保险杠式的手臂推动着无底的运送盒

在2009年FLL"气候影响"比赛中，许多任务物品必须被送到场地的指定位置。规则要求，任务物品必须与场地垫接触，但是规则中没有说不能用乐高零件制成的盒子围住任务物品。为了遵守与场地垫接触的规则，我们搭建了一个只有4个边框、没有底的乐高盒子。

注意： 可以完成多个任务的手臂不仅可以节省你的设计时间，还可以减少更换手臂的次数，节约大量的比赛时间。

你只需把任务物品放到运送盒里，然后把盒子沿着比赛场地推到需要的位置上就行了。机器人上不需要安装特殊或花哨的手臂，有一个像保险杠一样的简单手臂就能推送盒子。你也可以设计更复杂一点的结构，在3个面上抓住运送盒，当机器人反向移动时，可以放开盒子。能在3个面上围住盒子的保险杠式手臂非常完美，而且可以重复使用完成其他任务。搭建运送盒时，要考虑盒子如何在比赛场地上运行。盒子与场地垫之间的摩擦应尽可能地小，你可以在盒子上安装一些小轮子，但是如果机器人运行时需要转弯，那么盒子上的轮子不会与机器人一起转向（它们只会滑动），这些轮子会有些麻烦。你可以考虑在盒子上安装滑板等在场地垫上容易滑动的零件。例如可以在盒子的侧面使用科技梁，或者在盒子底部安装一些乐高光面板。你可能觉得有些零件永远都不会在FLL比赛中出现，不要害怕尝试它们，我曾在比赛中看见过乐高人仔的滑雪板。另外，和犁式运送手臂一样，不要害怕尝试不同的想法，不断进行测试并记录下来，答辩时你可以向裁判介绍自己的解决方案。

钩子型手臂

钩住任务物品并将其带回基地是近年来FLL比赛中较受欢迎的任务之一，带回圆环似乎是过去几年中机器人必须完成的常见任务。许多团队考虑这种任务时会搭建很复杂的手臂来收回圆环。我知道搭建又酷又大的机器人对各个团队来说极具吸引力，但这通常不是你想要的能获奖的机器人，更多的可动部件意味着更容易出错，让机器人运行结果一致的关键是保持简单。出错的机会越少，机器人的运行结果越好。

简单式

简单地说，一个基本的钩子型手臂需要很好的程序做支持。将机器人导航到任务物品的位置，用钩子钩住任务物品，机器人返回时，任务物品仍然会被钩住，返回基地之前不会脱落。在图8-4和图8-5中，机器人有一个简单的钩子型手臂，只要机器人移动到任务物品所在的位置，将任务物品拉回基地就简单了。

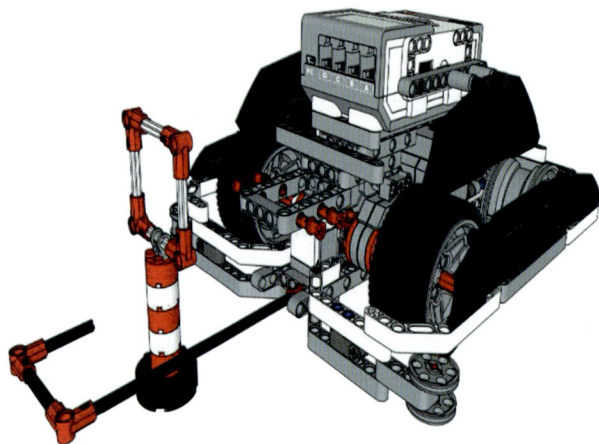

图8-4：钩子型手臂移动到任务物品后面

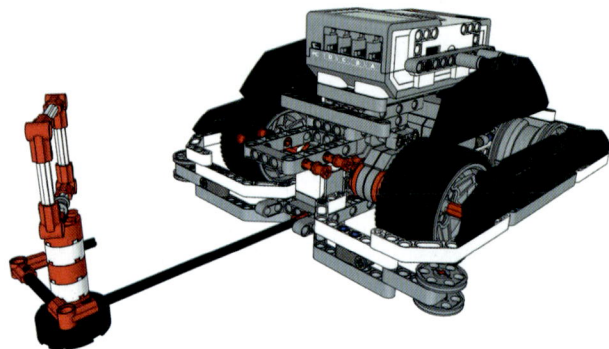

图8-5：当钩子到达任务物品后面，机器人就会向后移动，将任务物品拉回基地

钩住任务物品听起来很简单，但这需要一个运行流畅且能准确导航到位的机器人。对机器人来说，根据钩子的设计和任务物品的不同，可能没有太多的容错空间。在决定使用钩子型手臂时，记住这一点，即使钩子本身很简单，每次运行也都可能是一个挑战。

鱼钩式

鱼钩的末端有一个朝向相反方向的倒钩，钓鱼时，大钩子勾到了鱼，但是倒钩能保证鱼不能从钩上滑落。在乐高机器人上也可以应用这一设计，搭建一个简单的大钩子，在大钩子的末端添加一个小零件，可以保证勾到的东西不会从钩子上滑脱。这个起到倒钩作用的小零件不需要很复杂，只需在挂钩的末端添加一个简单的衬套或销钉即可。

图8-6说明了使用鱼钩式手臂的机器人将物品带回的步骤：

1. 机器人面向圆环。
2. 现在手臂越过了圆环。
3. 小心地向圆环转动。
4. 机器人向后移动，鱼钩抓住物品。

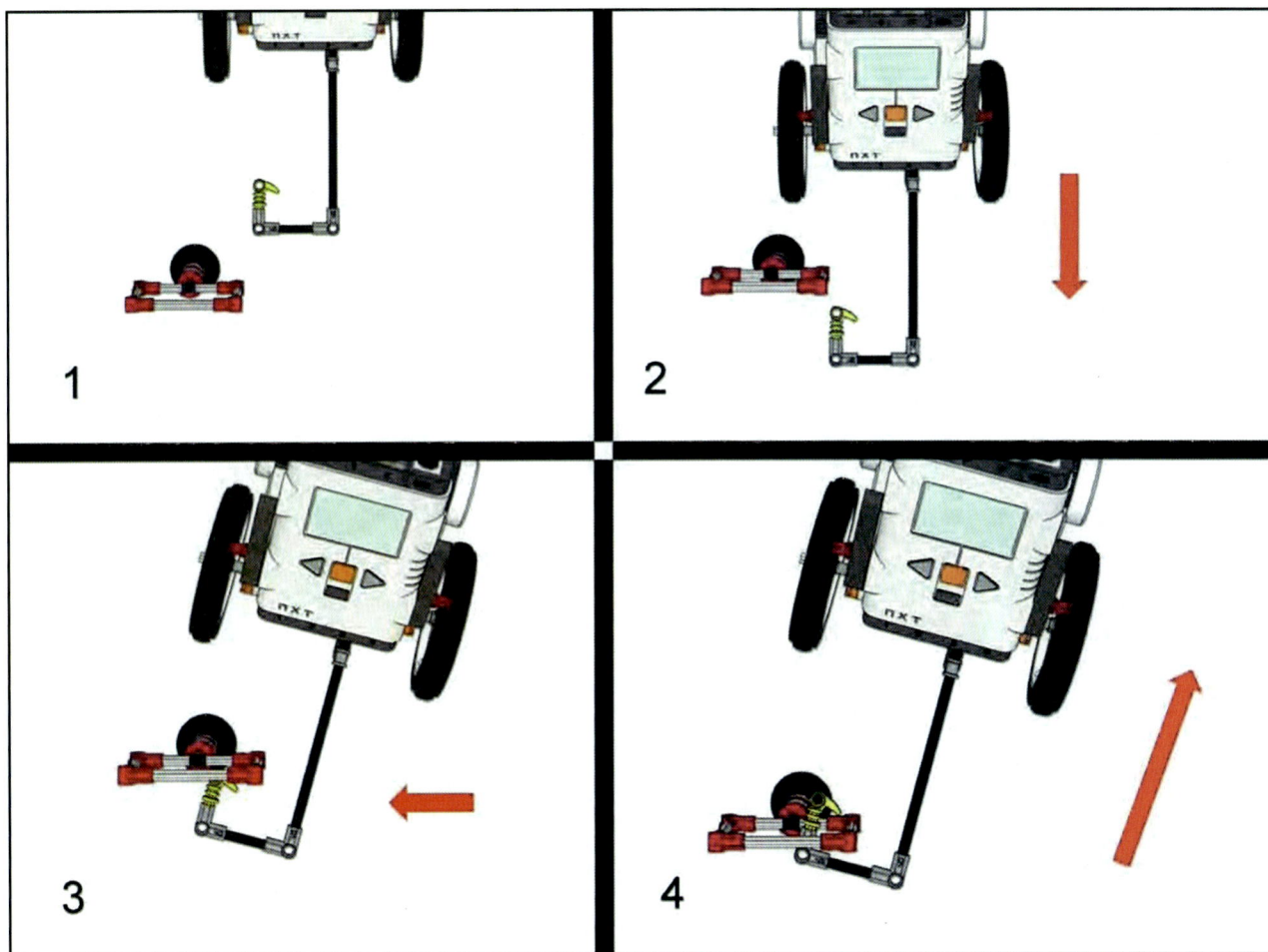

图8-6：使用鱼钩式手臂的机器人的动作步骤

勾环式

攀岩时使用的勾环有一个弹簧门，这个弹簧门只能向一个方向开启，勾环式手臂也是如此。机器人导航到任务物品处，强行将勾环放在任务物品上方，锁门打开，钩住任务物品。锁门关闭后，不会向相反的方向打开，因此将任务物品锁定在勾环上。

图8-7显示了圆环上方的勾环，勾环的锁门处于关闭位置。图8-8显示了手臂下降到圆环顶部，压力使勾环上的锁门打开。一旦圆环进入勾环内，锁门关闭，将圆环锁定在勾环内，如图8-9所示。

图8-8：勾环与圆环接触时，锁门打开

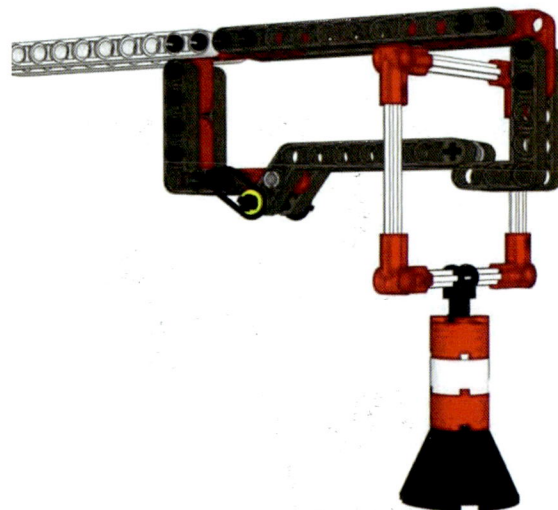

图8-7：勾环位于圆环上方，锁门关闭

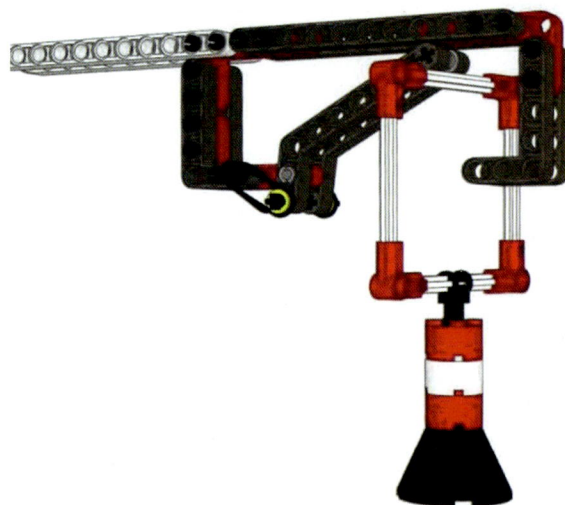

图8-9：现在锁门关闭，将圆环锁定

用乐高零件搭建这样一个勾环并不难，在锁门上要添加一根橡皮筋（乐高头脑风暴套装中有多种规格的橡皮筋），锁门的大小应足以让任务物品穿过，并且要留有一定的容错空间。开口不要太窄，否则机器人必须精准导航才能抓住任务物品。你需要对勾环进行反复修改，直到找出能无差错完成任务的结构设计，可能需要调整锁门的皮筋以增加或减少张力，或者需要调整整个勾环的尺寸大小。

叉子式

从技术角度讲，叉子式的设计并不完全是钩子型手臂，但是它在收集圆环时效果很好。无动力叉子手臂并不总是有效的，因为很多时候可能需要将收集到的圆环抬高，需要为手臂添加动力，我将在第9章中讨论有动力手臂。但是，只要你有创意，也可以设计出不需要动力的叉子式手臂，当叉子进入圆环时可以把叉子抬起来。图8-10显示了安装有叉子式手臂的机器人。

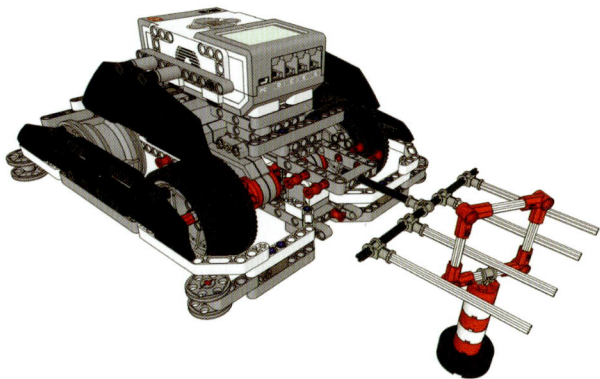

图8-10：有4个叉子的手臂插入了圆环中

这个设计与你在餐桌上使用的叉子相似，前方有一组叉子齿，机器人前进时，叉子齿插入到任务物品中。设计叉子式手臂时，你要留意任务物品的尺寸，因为任务物品要进入叉子的几个齿之间。叉子齿的数量也是需要留意的地方，叉子齿数越多，手臂的容错能力越强。但是，如果叉子太大了，带着任务物品返回基地时就可能会遇到麻烦。

可以考虑将鱼钩和叉子结合起来，在每个叉子齿的末端添加小倒钩，能在不抬起叉子的情况下避免任务物品滑脱。当然这要取决于比赛场地的设置和要收集的任务物品的类型。

倾倒型手臂

有些比赛任务需要机器人将一个或一组任务物品放置在另一个任务物品之上或背后，这时只把任务物品推送到比赛场地上就不够了，需要找到另一种不同的实现方法，这就是倾倒型手臂。现实生活中有很多能实现倾倒的机器，最明显的例子是自卸车，车厢可以升起，将货物倒出卡车。

我们先来看看自卸车的车厢是如何工作的：车厢的一端可以被抬起，将车厢里的物品倾倒出去。但是你现在使用的是无动力手臂，因此需要找到另外一种能完成倾倒动作的方法。设计这样的手臂时，要利用重力的作用。最简单的方式是搭建一个带有触发器的可倾斜车厢，车厢在装载位置可以被锁定，当触发器被推动时，车厢倾斜，上面承载的物品掉落下去。

这个可倾斜的车厢要足够大，可以容纳需要承载的物品。另外，车厢的表面要光滑，物品滑出时不能有太大的摩擦。开口也应该足够大，物品滑出时不能被卡住。

图8-11显示了一个可倾斜车厢。枢轴点的位置很重要，它应该足够远，当触发器被触发时，倾卸车厢要有足够的倾斜度，能将承载的物品倾倒出去。触发器的固定位置应该合适，触发器被推动后，倾卸车厢会变得不稳定并向下倾斜，如图8-12所示。

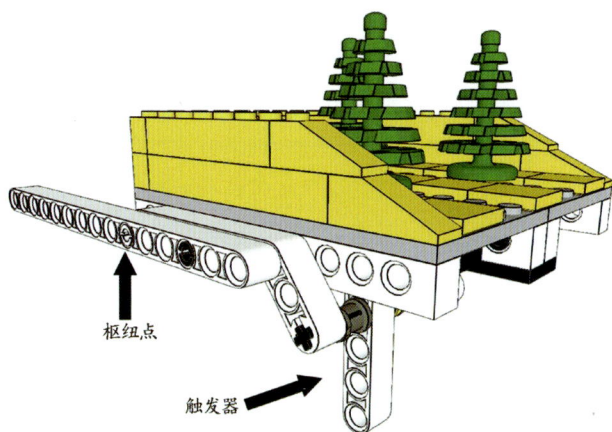

图8-11：一个装有小树的倾倒型手臂，当触发器处于现在的位置时，手臂不会倾斜

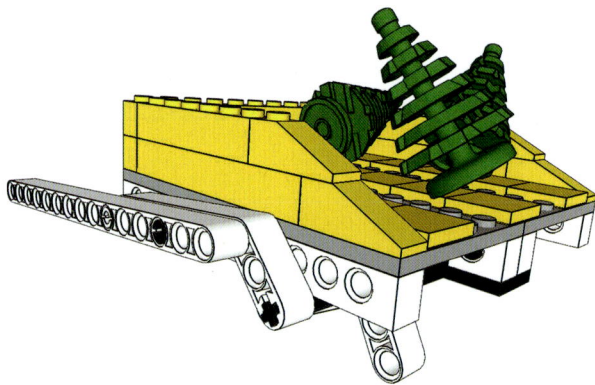

图8-12：触发器向后推，手臂向下倾斜，小树被倒出

可倾斜车厢在机器人底盘上的安装位置要足够高，这样当机器人移动到预定位置时才能将车厢里的东西倾倒在目的地。例如，在2009年FLL "气候影响" 比赛中，其中一个任务是向乐高砖墙后面运送一些物品，可倾斜车厢要有足够的高度，才能越过乐高砖墙，让任务物品落在适当的位置。

注意：势能是被储存于一个系统内的能量，它具有使物体回到低能量位的力量，这种力量通常被称为回复力。例如，当橡皮筋被向左拉长时，就有了让橡皮筋向右回到原来长度的力量。同样，当物体被举高时，重力将让它向下落。拉伸橡皮筋或提起物体的动作需要能量来完成，物体的能量被储存在重力场的高度上，拉伸橡皮筋的能量被储存在橡胶里。

可倾斜车厢通过杠杆或销的锁定储存了势能，而倾倒动作则利用了存储的势能。

将可倾斜车厢提高到适当位置的能量被储存起来，当起到固定作用的杠杆或销被推开时，储存的能量完成了倾倒的动作。可倾斜车厢的结构应该被设计成这样，当车厢不被杠杆或销钉固定时，它能快速返回到倾倒状态。移动枢轴点的位置可以调整可倾斜车厢的平衡，如果重力不足以让车厢倾斜，可以在车厢上添加皮筋起到弹簧的作用。车厢处于运送物品状态时，皮筋被拉长，触发器被触发后，储存在皮筋中的能量被释放出来，让车厢倒出装载的物品。

触发器的结构应能保证机器人到达倾倒位置时被按下。同其他无动力手臂一样，触发器的尺寸应有足够的容错能力，不能过小或难以激活，这样才能提高正确完成任务的概率。

现在，你的机器人可以完成运送任务了，在基地里将任务物品装进可倾斜车厢上，然后机器人导航到需要倾倒物品的位置，机器人向前移动，直到可倾斜车厢的触发器被推动，可倾斜车厢将装载的物品倾倒在正确的位置。

收集型手臂

还有一些比赛任务需要机器人在场地上收集任务物品并将其带回基地，或运送到场地的其他位置。之前讨论的钩子型手臂可以用于收集能钩住或锁住的物品，例如圆环或带有手柄的物品。而有时候任务物品无法被钩住，因此你需要考虑其他的收集方法。

单向盒

　　球可能是最难收集的物品之一，没有能钩住的地方，被推动时还会滚开。单向盒是很好的解决方案，盒子的3个侧面是固定的，第4个面是只能向一个方向打开的挡板，球进入盒子就不会再滚出去了。

　　有了这样的手臂，机器人可以推动单向盒沿着收集的物品的路径前进，收集场地上的物品，例如球或其他物品。盒子的开口的尺寸应能让被收集的物品进入，盒子的空间要足够大，当收集多个物品时，挡板不能被先进入盒子的物品挡住而打不开。

　　在图8-13中，机器人正在推动一个单向盒，盒子前面的挡板在重力作用下保持关闭，挡板只能向里打开（盒子上有一个止推器，防止挡板向外打开），任何进入盒子的物品都不会丢失。图8-14显示了球被推动并穿过挡板进入了盒子，即使机器人向后移动，球也会待在盒子里不会跑出来，如图8-15所示。

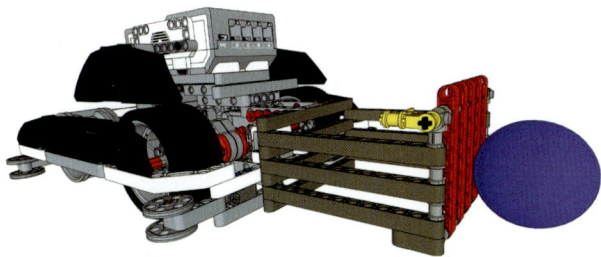

图8-13：安装了单向盒手臂的机器人接近球

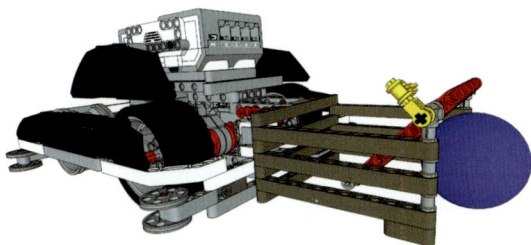

图8-14：机器人向前移动，球进入单向盒

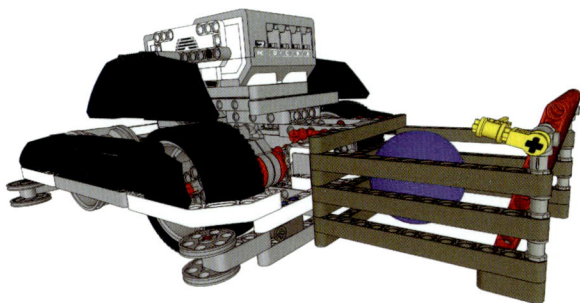

图8-15：球进入盒子，挡板向后摆动并关闭，将球锁定在盒子里

　　单向盒的挡板可以依靠橡皮筋或重力保持关闭状态。先尝试只依靠重力关闭挡板，如果物品进入单向盒后很容易"退"到盒子外面，可以在挡板上添加一根橡皮筋，加快挡板的关闭速度。但要注意皮筋的力量不能太大，否则会导致物品被挡板推开而无法进入盒子。

　　还有一种形式的单向盒，在盒子的前面没有安装挡板，而是在开口的下部安装了一根或几根轴。只要机器人持续向前滚动，进入盒子的物品就不会离开盒子，但是如果机器人快速或远距离地向后移动，盒子中的物品可能会掉出去。

旋转式

　　旋转式手臂的工作原理类似于单向盒，但在盒子的前面没有安装挡板，而是添加了一个更复杂的装置。这个装置类似于真空吸尘器，盒子前面有一组旋转的刷子或刀片，当机器人在比赛场地上前进时，被安装在盒子外侧的轮子带动刷子或刀片转动。

　　这种手臂非常适合收集那些容易滚动或很难用钩子钩住的小物品。大多数情况下，旋转式收集手臂的尺寸相当大，因此在搭建此类手臂时，请牢记机器人的整体尺寸不能超过限制。此外，这种类型的手臂需要反复测试和多次修改才能正常工作，但它们可以成为一次收集多种物品的好方法。

图8-16显示了安装旋转式手臂的机器人。当机器人向前移动时，车轮转动，并带动旋转刀片的齿轮，将物品推入手臂。

图8-16：用于收集场地上任务物品的旋转式手臂

如前所述，可以完成多个不同任务的手臂是最好的，因为它们可以节省比赛时间和精力。所以如果比赛中有很多在比赛场地上收集物品的任务，那么旋转式手臂可能是理想的解决方案。

弹力型手臂

很多时候，你可能需要一个有动力手臂，但你又不想在手臂上使用电机，在手臂上使用皮筋或弹簧可以让手臂获得动起来的力量。

试着拉长一根乐高橡皮筋，再松开一端，看看会发生什么？橡皮筋会穿过房间，飞到房间的另一端。这是因为当你把橡皮筋拉长时，能量就被储存在了橡皮筋里；当你释放橡皮筋的一端时，储存的能量被释放出来。图8-17中，几个简单的零件组成了很有力量的手臂，图8-18显示了这个手臂被场地的侧墙压缩，图8-19显示了机器人转向后，手臂打开并击中了任务物品。

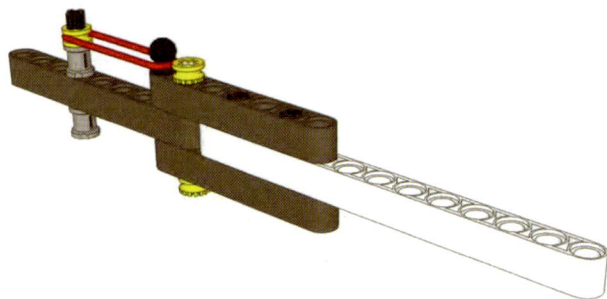

图8-17：可以被连接到机器人底盘，然后压缩、释放触发任务物品的手臂

图8-18：利用比赛场地的侧墙压缩手臂

搭建弹力型手臂时，你可以将手臂做成可折叠式的，在手臂上固定好橡皮筋，然后将手臂折叠起来，用触发器锁定。例如，有这样一个场地任务，需要机器人把任务物品从底座上打掉，弹力型手臂很适合完成这样的任务。机器人从基地启动，手臂已经被固定在底盘上，并用触发器

锁定了。然后机器人行进到任务物品的位置，用碰撞场地上特定物品（如场地的侧墙）的方式让触发器动作，触发器被释放，被储存在橡皮筋中的能量使手臂快速翻转并撞击任务物品。

图8-19：机器人转向，离开侧墙，手臂被释放

这种类型的手臂也有缺点，每次从基地出发后只能使用一次，因为手臂不能自动恢复，所以必须由团队成员在基地中手动复原。

无动力手臂的连接方式

你已经学会了很多种手臂的搭建方式，现在你需要将它们快速连接到机器人底盘上。安装和拆除手臂是比赛中对时间影响最大的部分，就像赛车比赛，当赛车进入修理站时，团队成员必须以最快的速度更换轮胎、添加燃料、清洁挡风玻璃。机器人返回基地时，你的团队也必须以最快的速度更换手臂。整个团队必须努力练习更换手臂的动作，而且手臂的设计应能轻松安装和拆除。

将电机的动力连接到手臂的系统非常重要。但使用无动力手臂时，手臂和机器人的连接方式可以非常简单，因

为你不必考虑电机。如果你在机器人上同时使用了有动力手臂和无动力手臂，那么可能需要设计一个能同时接受这两种类型手臂的连接接口。

固定销连接

用科技销将手臂连接到机器人底盘上是最常用的方法，使用效果好且设计简单。如果安装手臂时，要摸索很久才能将连接销和孔对正，这不是我们希望的方式，节省时间是我们的主要目标，所以连接销和对应的孔要暴露在外，易于看到和连接。你可以为所有手臂使用相同的连接销布局，创建出通用的手臂连接接口，如图8-20所示。使用通用的手臂连接接口会使更换手臂的过程更为流畅，设计新手臂时，团队中的每个人都不用再考虑手臂连接接口的问题，因为大家都已经知道这个部分应该是什么样子了，这大大减少了设计和练习更换手臂的时间。

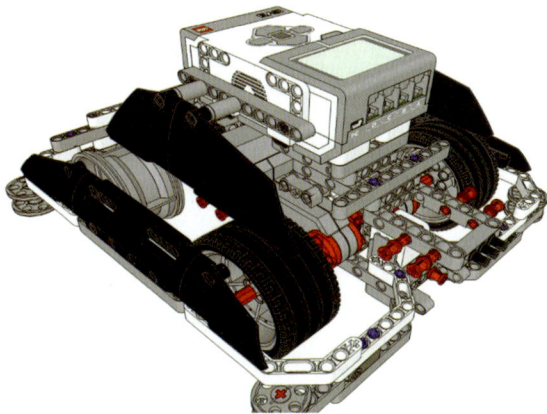

图8-20：一组前置的连接销，可以快速安装和拆除手臂

无销连接

还有一些手臂可以不采用固定销的连接方式，而是通过科技轴被固定在机器人底盘上的。你可以在手臂上固定科技轴，将轴插入到底盘的孔中，不使用任何零件对科技

轴加以固定，手臂本身的重量就可以让手臂固定住，安装和拆卸手臂快速简单。图8-21显示了一个保险杠式手臂，是使用科技轴被连接到机器人底盘上的。

轴固定手臂在机器人底盘上的位置，用磁铁连接手臂。图8-22显示了一对乐高磁铁。

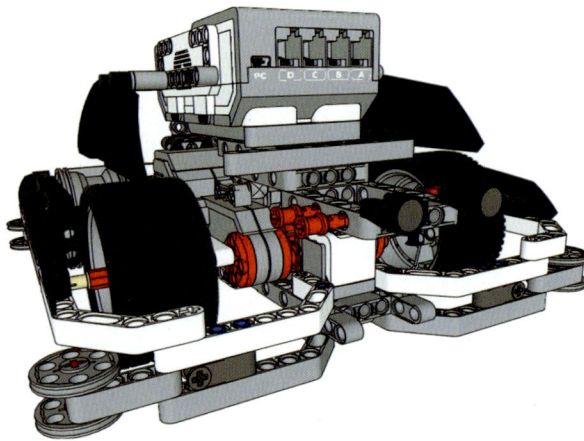

图8-22：DemoBot的前面安装了一对乐高磁铁

图8-21：将轴插入到梁的孔中可以将手臂快速连接到机器人底盘上

磁铁连接

乐高头脑风暴套装中并没有磁铁零件，你可以在乐高火车套装中找到它们（火车用它们作为车厢之间的连接器），它们也能成为机器人底盘和手臂的连接器。磁铁非常坚固，你可以根据手臂的大小单独使用磁铁。如果需要更多的支持，可以将磁铁和无销连接方式结合起来：用

总　　结

本章给出了无动力手臂的设计建议。每个手臂能完成多少数量的任务是没有限制的，你可以将各种类型的手臂设计混合在一起，多做尝试，能重复使用、快速安装和拆除以及完成任务可靠的手臂（有动力和无动力）就是好手臂。

第 9 章

■■■

有动力手臂

第8章讨论了为什么机器人需要安装完成比赛任务的手臂。虽然无动力手臂能起到很大的作用，但有时机器人手臂还是需要有动力的。为手臂添加了动力，机器人可以执行更多的动作，例如抓取、抬升、触发或推送。EV3程序块只有4个电机端口，大多数机器人将其中两个端口用于导航，只剩下两个可以用于驱动手臂的电机端口，你必须好好考虑如何使用这两个端口。和无动力手臂一样，设计有动力手臂时，能快速安装、拆除和使用通用连接接口也非常重要。可能有时候你需要用一个爪子式手臂完成任务，然后你又发现还需要一个手臂提起任务物品。这些手臂都需要连接到EV3电机上，要花费最少的时间快速切换。在本章的后面，我将讨论常见的连接接口设计。

在FLL比赛中，每只队伍只能将4个电机带到比赛场地上，所以你需要计划一下如何利用这4个电机。最有可能的使用方式是，两个电机用于驱动机器人，另外两个电机用于驱动手臂。其他机器人比赛的规则可能有所不同，因此请务必先确认比赛规则的要求。

手臂电机的安装位置

如果你决定使用有动力手臂，设计机器人底盘时就要考虑应该在哪里连接手臂以及手臂电机的位置。你不仅要为手臂电机留出空间，还需要考虑手臂电机对机器人重心和平衡的影响。手臂电机可以被安装在各个位置上——机器人的前部、中间或后部——这取决于手臂要做什么以及如何被安装到机器人上。

安装在前部

手臂电机最常见的安装位置是机器人的前部，对于大多数机器人来说，这个位置很合适。唯一要注意的是手臂电机对机器人平衡的影响，不仅要考虑机器人静止时的影响，还要考虑机器人运动中和停止运动瞬间的影响。如果手臂要抓取或收集物品，所收集物品的重量也要被考虑在内。如果机器人在无负载情况下拥有完美的平衡，但是收集任务物品后出现了不稳定，你对这种情况会感到头疼。前部安装了手臂电机的DemoBot，如图9-1所示。

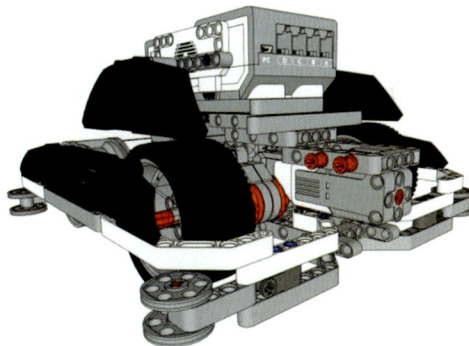

图9-1：DemoBot的前部安装了手臂电机

如果你还要在机器人底盘的前部安装保险杠或其他传感器，请小心不要让手臂电机对传感器产生干扰。此外还要注意机器人上的线缆，当电机和传感器的安装的位置较为靠近时，线缆的空间可能会比较紧张。

安装在中部

将手臂安装在机器人底盘的中部，可以更轻松地将机器人的重心保持在中心位置。如果将电机安装在中间，然后在电机两侧添加齿轮装置，可以为手臂创建多个传动路径，你可以从同一个电机上获得垂直运动和水平运动，无需切换任何零件。

图9-2显示的手臂电机被安装在机器人中部的侧面，传动路径是从前到后水平方向的，添加一对锥齿轮或齿轮箱就可以把运动路径变为垂直方向的，如图9-3所示。

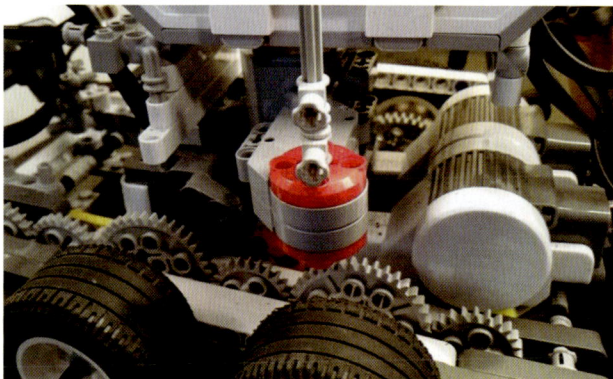

图9-2：手臂电机被安装在机器人中部的侧面

图9-3：在手臂电机上连接齿轮箱，改变了电机的输出方向

安装在后部

将手臂电机安装在机器人底盘后部的情况很少见，如图9-4所示。这种安装方式的最大优点是将手臂电机用作配重。如果你知道机器人在携带重物时会出现问题，那么使用后置手臂电机可以为机器人添加必要的配重，防止机器人向前倾斜。缺点是必须将手臂电机的转动部分向前连接到手臂上。

图9-4：后置安装的手臂电机有助于平衡前部过重的机器人

确定手臂的类型

考虑完成任务应该使用什么类型的手臂时，可以用自己的手模拟手臂的动作，是抓住物品还是把它抬起来更好？也许只需要轻轻地推一下。想好完成任务的动作后，再想想现实生活中能完成相同动作的机器，叉车或起重机可以拾取物品，有大型抓斗的挖掘机可以移动物品，这些都可以成为团队搭建有动力手臂的灵感。

抓物型手臂

抓物型手臂最基本的功能是抓住物品。通常有这样的比赛任务，需要抓住物品将其带回基地或送到场地的其他地方。机器人可以像你的手一样抓住物品，使用有动力手臂可以控制速度、旋转角度和抓握的力量，它比无法控制这些因素的无动力手臂更有优势。

爪子式

爪子式手臂是最常见的乐高机器人手臂之一。设计概念非常像现实世界中的利爪，想想螃蟹的螯，有两个相对的蟹钳和铰链点，当蟹钳彼此靠近时，它们会挤住中间的任何物体。这是一种奇特的方式。

机器人的爪子与此非常相似，由至少两个钳子状的零件铰接而成：两个零件都可以移动，或者其中一个可动、另一个固定。手臂电机从铰接点驱动可移动零件，让爪子抓住物品。

图9-5显示了由一组齿轮驱动铰接点的爪子。电机带动第一个夹钳的齿轮，再由第二个齿轮驱动另一个夹钳，两个夹钳的转动方向相反，从而使爪子张开或闭合。两个钳子零件向内转动时，爪子抓住任务物品。

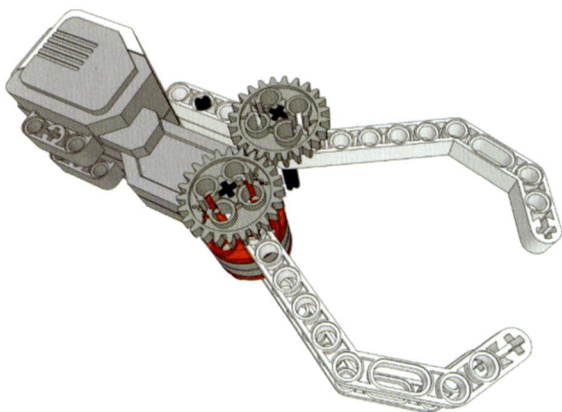

图9-5：爪子式手臂设计，夹钳由EV3大型电机驱动

EV3程序代码中需要添加指示爪子何时停止关闭动作的逻辑，大多数情况下可以使用时间参数。如果需要感知爪子何时抓住了物体，可以在爪子上添加触碰传感器（但对大多数乐高机器人来说，这样做可能没有必要）。

台钳式

台钳式手臂与爪子式手臂非常相似，但关闭夹钳的动作有很大的不同。爪子式手臂有两个夹钳，铰接到同一个枢轴点上；台钳式手臂的夹钳根本没有铰接点，它们以直线移动的方式完成开合动作。

观察一下被安装在工作台上的台钳，当主轴转动时，钳口靠得更近或离得更远。台钳式手臂也使用了同样的工作原理，如图9-6所示。你可以用一组蜗杆搭建出长螺纹主轴，当电机转动时，手臂的夹钳可以关闭或打开。台钳式手臂的夹钳的运动方式是线性运动而非转动，因此抓住物体时施加的力量更精确，挤压运动也更均匀，如果你想拿起有点精致或需要轻触的任务物品，那么台钳式手臂将是更好的选择。

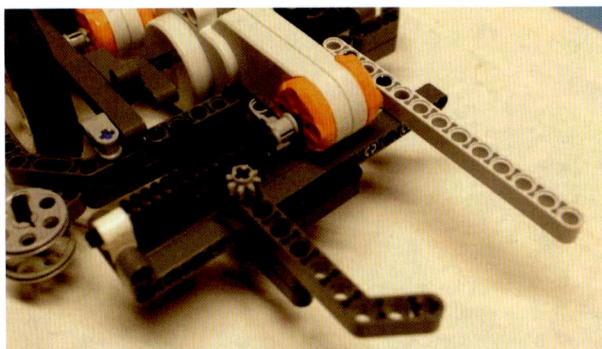

图9-6：台钳式手臂

为台钳式手臂编写程序时，知道被抓取物品的大小是有帮助的，你可以预先设定电机转动的旋转角度参数。由

于台钳式手臂用蜗杆作为主轴，所以会产生很大的扭矩，导致手臂结构破碎。你可以在这里使用第2章中讨论过的离合齿轮，即便手臂电机运行角度或时间多了一点点，也不会危及到手臂和任务物品。

笼式

另一种抓住任务物品的方法是将其围住。当棒球运动员用手套接球时，教练会告诉他另一只手要迅速围过来，把球围在手套中，否则球可能会再次掉落。你可以用相同的方式制作机器人手臂。机器人移动到场地相应位置后，打开笼子围住任务物品，然后转动电机关闭笼子，把任务物品留在笼子里。

这种笼式手臂不仅可用于抓住任务物品，还可用于运送它们。此外，它与爪子式手臂和台钳式手臂不同，可以抓住多个任务物品。笼式手臂可以是一个用电机控制其打开和关闭的大盒子，能不费力地将各种不同大小和形状的任务物品聚集起来。图9-7和图9-8显示了一个从中间打开的笼式手臂，这个手臂与无动力手臂不同，无动力手臂只能围住任务物品，但无法在需要时释放它们，所以有动力手臂在运送物品时更有帮助。

图9-7：可抓住各种尺寸、多个物品的笼式手臂

图9-8：笼式手臂将任务物品围住

如果计划使用笼式手臂抓住多个任务物品，请确保笼子的空间足够大，以便抓住后面的物品时，已经在笼子里的物品不会产生妨碍或跑出去。

提升型手臂

在许多比赛中都需要使用多种类型的手臂才能完成全部任务，所以尽管抓物型手臂能起到很大作用，但你可能也需要把任务物品抬起来。很多时候，任务物品位于其他场地物品之内或之后，因此要取回这些物品，你需要小心地将它们从所在位置抬起来，不能破坏或损伤周围环境。

对于乐高零件来说，有时"温柔"很重要。只将任务物品的一部分带回基地是不可能获得分数的，你需要带回整个物品。2014年FLL"食品安全"比赛就是这样，其中一个任务是取回各种大型鱼类，但不能让鱼宝宝离开场地上的标记，这就要求机器人取回大鱼时要"温柔"。

提升型手臂也有几种变体，我将介绍一些基础设计，但不要把你的想法限制于此。多看看日常生活中的工具和机器，研究它们的工作方式，这些设计都可以被放入乐高手臂中。另外，请务必记录你的灵感来自哪里，这是裁判喜欢听到的东西。

杠杆式

最简单的提升手臂是被安装在EV3电机上的杠杆。这个设计很简单，但也非常有效。请记住，对于乐高机器人而言，复杂并不总是最佳选择，简单也很好。

杠杆式手臂是将某种类型的抬升臂连接在电机上，手臂做旋转运动，因为我们只需要手臂抬高，所以你必须小心控制电机的旋转角度参数，否则手臂会尝试着转动一整圈。

此外，由于手臂的抬升是依靠旋转运动实现的，所以被抬升起来的任务物品不能因为手臂的角度变化而从手臂上掉下去。从图9-9中可以看出，抬升角度不同，物品被举起后的角度也会改变，设计手臂时要注意这一点，因为手臂上的物品在返回基地前掉落下去是很令人沮丧的。

图9-9：用于抬升物体的杠杆式手臂

叉车式

叉车式手臂的设计思路来源于现代仓库中的叉车。叉车式手臂的抬升运动与杠杆式手臂不同，它是垂直运动，能让被抬起的物品保持平衡，并能防止物品掉落。

垂直运动也有助于不受干扰地抬升被藏在其他物品后面的任务物品。在2009年FLL"气候影响"比赛中，需要从一个窄小的孔中取出一个圆环。如果你使用杠杆式手臂取回圆环，则会发生圆环断裂的情况，因为杠杆式手臂的旋转运动使圆环压向孔壁。使用垂直运动抬起圆环，圆环不会受到孔洞本身的压力，不会出现断裂的情况。

叉车式手臂的结构与本章前面讨论的台钳式手臂的结构相类似，只是从水平运动变成了垂直运动。用乐高蜗杆制成的主轴很理想，蜗杆不仅能让机器人抬起重物，而且蜗杆的平稳运动可以保持任务物品平衡。图9-10显示了可用于叉车式手臂的齿轮结构。

图9-10：叉车式有动力手臂，当蜗杆转动时，根据电机转动方向的不同，叉头将升高或降低

推送型手臂

除了抬起和抓取物品之外，机器人可能还需要推动物品。我们在第8章中了解到，无动力手臂可以轻松实现推动动作，例如机器人底盘前部的保险杠。然而，有时候你不一定希望由机器人的前进完成推动动作，如果机器人是静止的，则与机器人移动相独立的推动动作可能会更好。此外，可能需要在与机器人不同的方向上进行推动，很多时候机器人会到达任务目标旁边，需要从侧面推动物体。

无论什么情况，你都可以搭建一个将EV3电机的旋转运动转换为直线运动的有动力手臂，这被称为执行机构。你已经在台钳式手臂和叉车式手臂上看到了将旋转运动转换为直线运动的例子。现在，我们来看看可以用来推动物体的各类型执行机构，或者是能抓取物品的执行机构。

乐高执行机构

乐高推出的线性执行机构（见图9-11）可以在FLL比赛中使用，该执行机构可以伸长5个乐高单位。它的内部有扭矩传动系统，可防止过度伸长，需要转动大约26圈才能完全伸出。任何乐高头脑风暴套装都不包含这个零件，因此你需要单独购买。

图9-11：乐高执行机构

将EV3电机安装到执行机构的后部，电机正向旋转，执行机构就会伸长，如图9-12所示。电机反向旋转，执行

机构就会缩短。乐高执行机构具有很大的优势，我相信它在FLL比赛中将会越来越受欢迎。

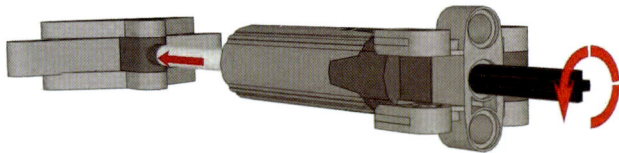

图9-12：后部的轴转动时，乐高执行机构会伸长

用乐高执行机构驱动手臂对完成缓慢而精确的运动很重要。执行机构转动26圈只伸长4cm，这个4cm与26圈的比例说明这是一个缓慢的动作，适合完成需要平稳缓慢推动的任务。2011年FLL"生命科技"比赛中至少有5个任务可以通过推动来完成，其中一些任务需要缓慢地推动。机器人的保险杠不易实现缓慢精确的推动，但是你可以将机器人导航到任务物品附近，然后用执行机构根据需要缓慢地推动物品，完全可以控制速度和力度。

在第8章中被讨论的钩子也可以添加到乐高执行机构的末端，用于抓取靠近机器人的物品。需要更为精巧地抓取物品时，这种方式会更准确一些。

乐高还出品了一种迷你线性执行机构，工作方式相同，适合于更紧凑的结构设计，伸出长度要短一些。根据你的机器人设计，可以考虑使用。

自制执行机构

用乐高头脑风暴套装中的零件也可以搭建出自制的执行机构。另外，如果你需要一个伸出长度更长或动作更快速的执行机构，就必须自己搭建。

只需将齿轮和一组齿条组合起来就可以轻松组装出方便的执行机构，把齿轮连接到电机上，在执行机构上安装齿条，齿轮的转动可以向前或向后驱动齿条。齿条向前运动时，执行机构伸长，反之，执行机构缩回。图9-13显示了自制的执行机构。

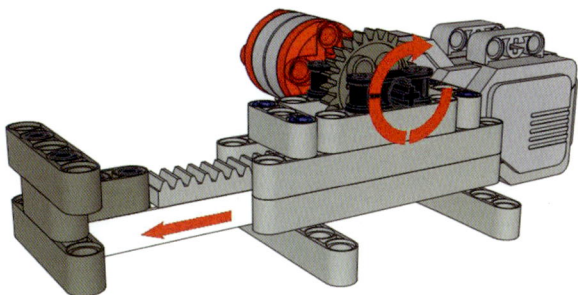

图9-13：在自制的乐高执行机构中，转动的齿轮将安装了齿条的梁推出

自制执行机构的速度和伸长长度完全取决于你使用的齿轮大小以及执行机构的长度。如果你需要一个速度快的、能立即到达目标的执行机构，可以使用较大的齿轮来驱动齿条。但需要当心不要让执行机构的伸长长度超出限值，否则可能会让整个手臂掉到比赛场地上。

如果你担心这个问题，可以在执行机构上搭建一个止推端，以防止手臂伸长超出范围。然后用离合齿轮代替普通齿轮，到达止推端后，电机不会继续强行推动执行机构。图9-14显示了一个带有止推端和离合齿轮的自制执行机构。

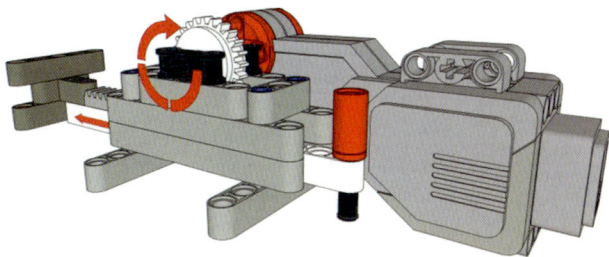

图9-14：自制的乐高执行机构，使用了离合齿轮，梁的端部安装了止推挡块，防止梁过度伸长

动力连接

第8章曾讨论过，团队在比赛中要花费大量的时间安装和拆除手臂。比赛时间只有2.5min，如果你总共花费了60s的时间来更换手臂，那么用来完成任务的时间不会太多，也就不太可能获得很高的比赛分数。

第8章讲述的手臂连接方法也适用于有动力手臂。有动力手臂有额外的电机元件，因此，手臂不仅要能与底盘连接，还要考虑如何与电机连接，可以将手臂直接连接到EV3电机，或通过某种形式的驱动系统连接到电机。

直接连接

最常用的方法是将手臂直接与安装在EV3电机上的轴或销相连接。许多团队使用这种方法，但这种方法并不总是最有效的，因为从电机上安装和拆除手臂需要花费时间，通常情况下，直接被连接到电机的任何东西都很难拆除，要么是因为电机的安装位置，要么是因为连接方式。

试着将手臂电机安装在机器人易于进入的位置，队员可以迅速把手伸进去，连接线缆或其他部件不会受到阻碍。这样可以大大减少将手臂直接连接到电机的时间。

此外，使用易于拆卸的科技销，如图9-15所示的带止推端的长销可以帮助你更快地拆除手臂，因为队员更容易抓住长销端部的轴套。

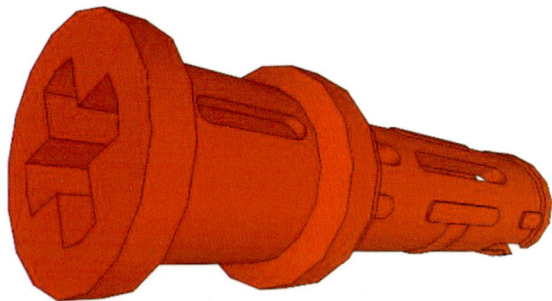

图9-15：带止推端的科技长销

图9-16所示的手臂就是用这种长销与EV3电机直接连接的，拆除手臂时更加方便快捷。

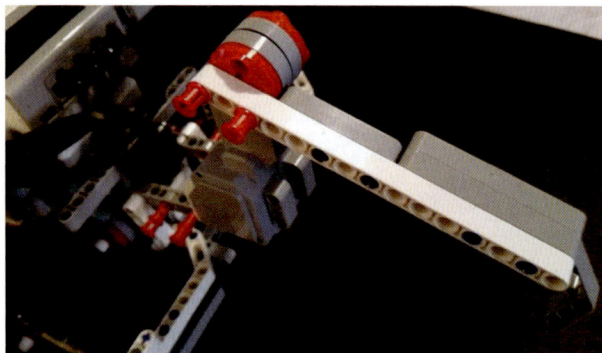

图9-16：两个带止推端的技术长销可以快速安装杠杆式手臂

齿轮连接

用齿轮将手臂连接到电机可以快速安装和拆卸手臂。使用齿轮时，不必直接连接手臂和电机，只要将手臂和电机上的齿轮正确啮合即可。

一种方法是将齿轮暴露在外。简单来说，就是将一套齿轮连接到电机上，根据你的设计，可以使用单个齿轮也可以使用一组齿轮；在手臂上还要配置相应的齿轮，当手臂被连接到机器人上时，两套齿轮相啮合。

你仍然需要将手臂连接到机器人上，第8章中提出的任何方法都适用于有动力手臂，唯一的区别是，现在连接手臂的方式要保证将电机的动力传输到手臂上。

图9-17给出了一个示例，用一组连接销将手臂连接到机器人底盘，当手臂连接到位时，手臂上的齿轮与机器人上的齿轮对齐。这是一种快速而有效的有动力手臂连接方法，更换手臂时不需花费大量时间。

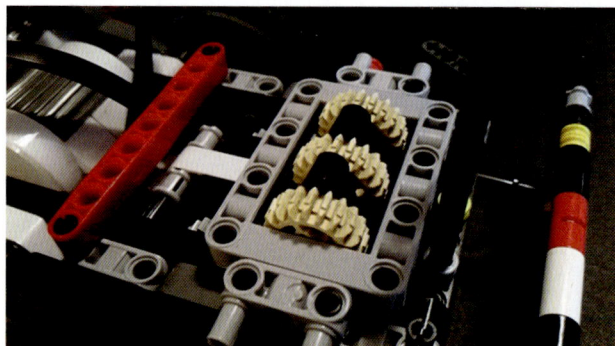

图9-17：这个齿轮接口可以快速地将电机和手臂连接起来

传动轴连接

传动轴连接方式与齿轮连接方式相似，在机器人上留出由手臂电机驱动的轴，任何连接到这根轴的东西都能获得手臂电机的动力。农用拖拉机的后部就有这样的驱动轴，第一天农民可以在驱动轴上连上割草机，第二天可以连接上耕耘机，更换驱动轴上连接的附属设备，拖拉机可以处理不同的工作任务。机器人采用的也是一样的方式。

将手臂驱动轴添加到机器人上非常简单，关键是要确保轴的位置对于手臂来说比较通用，与其他有动力手臂的连接接口一样，驱动轴要放在容易接近、不受阻碍的地方，可以毫无困难地连接和拆除部件。

图9-18显示了通过驱动轴连接的有动力手臂。当轴向左旋转时，手臂张开；当轴向右旋转时，手臂关闭。

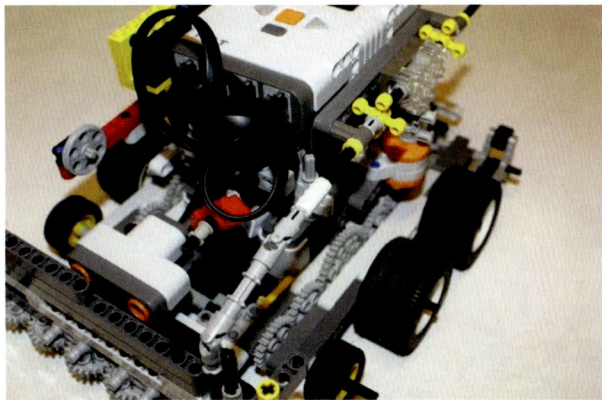

图9-18：驱动轴将动力传输给手臂

总　　结

手臂连接接口的设计目标是能够快速安装和拆除手臂，节省更换手臂的时间。在比赛中，所有团队都觉得时间不够用。

值得注意的是，拆除手臂比安装手臂更容易。当你设计比赛策略时，机器人第一次离开基地时应该安装尽可能多的手臂，在机器人完成任务返回基地时将这些手臂拆除，比赛开始时安装在机器人上的手臂越多，越能节省时间。在你完成所有任务的手臂设计后，请考虑如何精简设计，看看是否可以把某些手臂组合起来，甚至重新进行设计，用单个手臂来完成多个任务。

我知道，当一个团队一起工作时，很容易搭建出大量的手臂，因为不同的小组在为不同的任务设计手臂，每个小组的手臂都有着和其他小组的手臂不同的特点。现在，整个团队可以有机会一起合作，重构自己的设计了。

第 10 章

■ ■ ■

气 动 力

许多机器人团队觉得气动力非常神秘。由于很多人不了解气动力的潜力，甚至可能不知道它的存在，因此气动力很少被应用到乐高机器人上。气动力技术指的是用加压气体（在乐高世界中，气体是指空气）产生机械运动。

除了乐高EV3伺服电机之外，气动力技术为机器人提供了另一个动力源。有的团队有时会需要一个不用电机提供动力的有动力手臂，也许是因为伺服电机被用到了其他手臂上，或者它在机器人上的位置不适合团队对于特定任务的想法。

乐高公司的气动力组件可以为团队提供额外的动力源。乐高的气动力组件很强大，用齿轮传递动力的机械式手臂能完成的任务，如举起重物，用气动装置完成更加容易。

气动力装置并不是对所有人都适合，我反对仅仅为了在机器人上使用而选择它。如果你使用气动装置，一定要明白自己为什么选择它，并能向裁判做出解释。本章将讨论每个组件在气动系统中的工作原理。

气动系统示例

乐高的气动系统使用压缩空气推动气动执行器打开或关闭。气泵将空气压缩后充入气罐，然后气动开关将压缩空气释放到大气中，或送入气动执行器中。压缩空气迫使气体执行器打开或关闭，这取决于空气流入的方向。

图10-1显示了空气流动引起执行器打开。该气动回路的步骤如下。

1. 气泵将空气推入气罐。
2. 开关打开，将空气释放到管路中。
3. 空气迫使执行器打开。

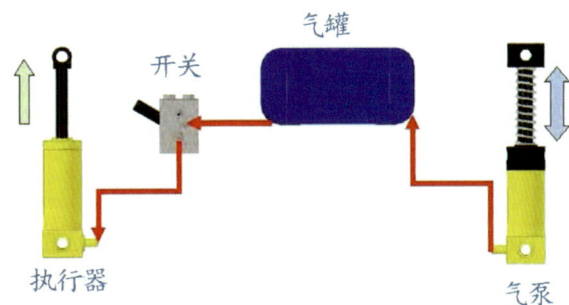

图10-1：乐高气动系统典型的空气流动示例

关闭执行器的过程是相同的，但从开关释放出的空气并没有进入执行器的底部，而是被释放到执行器的顶部，从而关闭了执行器。将软管连接到执行器的打开端口或关闭端口就可以用空气控制执行器的打开或关闭。但并不是所有的乐高气动执行器都有关闭端口，有些执行器只能用气流打开，关闭时只能通过手动方式完成。

气动零件

乐高公司出品了多种气动零件，气罐、软管、气动开关、T形接头和气动执行器等。虽然这些零件的颜色和尺寸各有不同，但它们的工作方式是一致的。

你可以在乐高教育套装中找到乐高气动零件，有些第三方供应商也在互联网上销售旧的乐高气动零件。请确保你使用的气动零件是由乐高制造的，图10-2显示了常见的乐高气动零件。

图10-2：常见的乐高气动零部件

气泵

气泵是气动回路中主要的空气来源。有两种类型的乐高气动泵：一种是大的手动泵，活塞易于压动、有弹簧；另一种是小泵，手动操作时稍微费点儿劲，但是可以连接到一个EV3伺服电机等动力源上，成为自动气泵。大多数比赛机器人没有必要使用自动气泵，因为一般只有几个任务会使用气动系统，气罐就能满足要求，机器人在基地时充满气罐即可。图10-3显示了大型气泵和小型气泵。

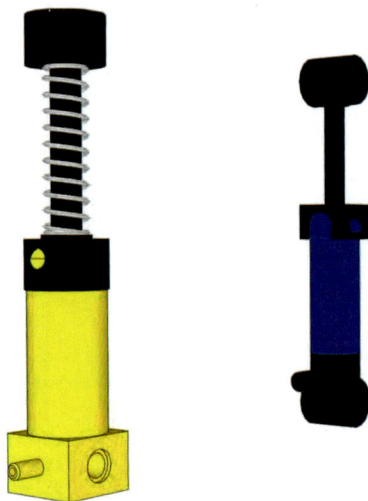

图10-3：大型乐高气泵（左）和小型乐高气泵（右）

气罐

气罐可以储存空气供以后使用，气泵将空气压缩后储存在气罐中。可以用乐高气压表判断气罐是否被充满，但多数情况下你可以通过压动气泵的阻力做出判断。气罐两端都有软管接头：一个用于连接气泵，另一个是连接到空气开关的输出口。图10-4显示了标准的乐高气罐。

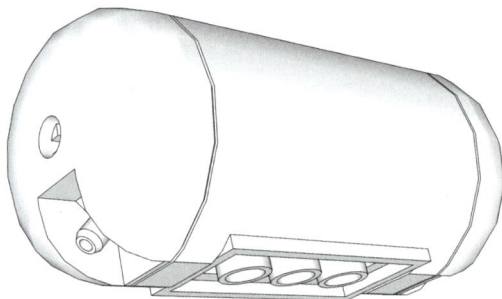

图10-4：乐高气罐

气动开关

乐高气动开关也有两个版本，这两个版本的工作方式相同，只是拥有不同的外壳，连接到机器人底盘上的方式有所不同。开关上有3个接口，还有一根控制各接口间空气流动方向的科技轴。图10-5、图10-6和图10-7显示了不同开关位置下的接口状态。当接口打开时，空气可自由流入或流出；当接口关闭时，空气不能流出也不会进入接口。空气可以在打开的接口之间流动。

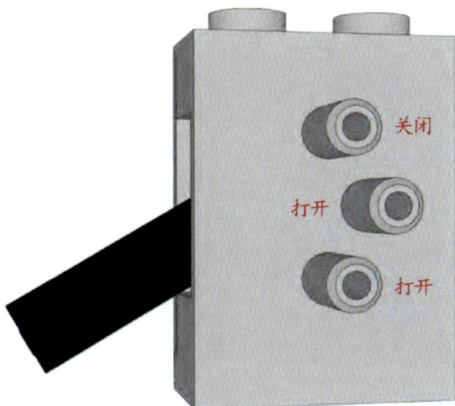

图10-7：开关处于向上位置，中间和上部接口打开

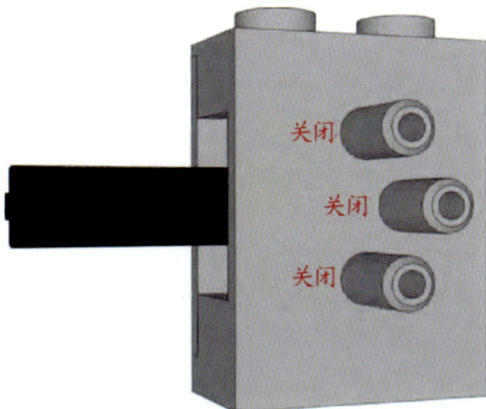

图10-5：开关处于向下位置，中间和下部接口打开

气动执行器

气动执行器是使用压缩空气的部件，空气流入执行器使其伸长或缩短。气动执行器有多种版本，有的只有一个输入接口，其他的在顶部和底部各有一个输入接口，如图10-8所示。黄色和红色执行器只有一个空气输入接口，空气流入会让执行器伸长，空气流出或释放压力会让执行器松开，但只有用手动的方式或通过某种类型弹簧的作用压下活塞才能让执行器关闭。蓝色的执行器有两个输入接口，向底部接口输入空气，执行器会伸长；向上部接口输入空气，执行器会关闭。

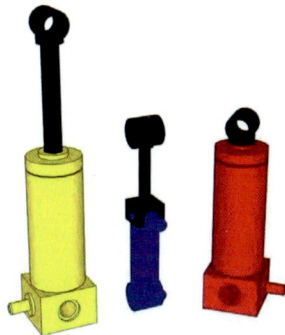

图10-6：开关处于中间位置，所有接口关闭

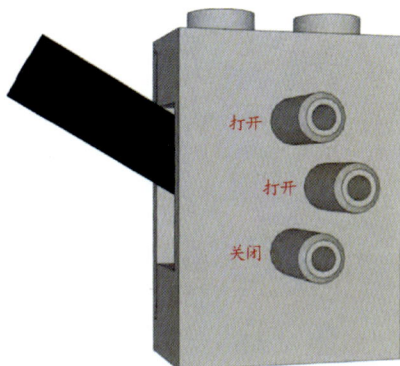

图10-8：乐高气动执行器

T 形接头和软管

如图10-9所示，T形接头可以将两条管路的气流组合为一条，或将气流从一条管路分成两条。如果需要更多方向的气流，可以组合使用多个T形接头，为气流创造更多的流动方向。

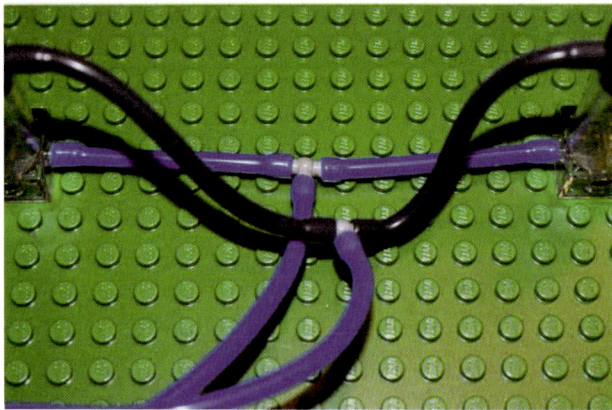

图10-9：气动T形接头连接软管

乐高软管是FLL比赛允许修改的少数乐高零件之一，大多数比赛都允许你将软管切割成所需的长度。在气动手臂测试成功之前，最好不要切割任何软管，因为软管一旦被切断，就不能再重新使用。你在比赛中使用的软管必须是乐高公司出品的。

气压表

气压表（见图10-10）也是乐高气动零件之一，它有一个输入接口，仪表盘读数介于0 ~ 60 psi之间。大多数乐高气泵只能达到35 ~ 40 psi。气压表不是机器人手臂的必备零件，但是要确保气动手臂已经储存了足够的压缩空气，还是应该使用气压表。

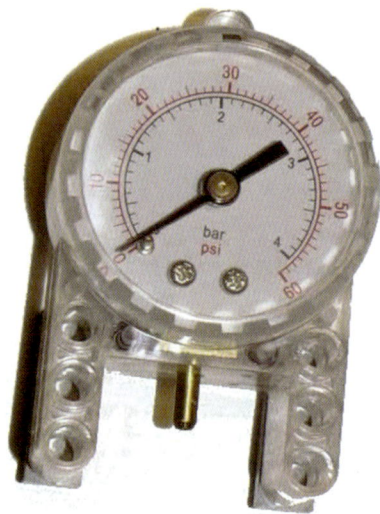

图10-10：乐高气压表

气动系统与EV3机器人集成

乐高气动零件体积小、重量轻，是乐高机器人很好的补充。与EV3伺服电机系统相比，气动执行器相当轻巧，不会为机器人添加较大的重量。此外，由于执行器相对较小，因此在机器人底盘上占用的空间不大，且柔性软管易于固定。

乐高气动系统也非常有力。执行器伸长或收缩时的力量取决于你为气动系统施加了多大的气压。使用气动手臂时，无须担心齿轮打滑的问题，但是你需要注意不要让气动零件超压，否则可能导致软管接头脱开而失去空气压力，导致气动系统无用。

搭建气动手臂时，需要注意空气开关与执行器之间的距离。当开关靠近执行器时，气缸反应的速度要快一些。这是因为开关之前的软管充满了压缩空气，而从开关出来的软管是空的，当开关触发打开阀门时，空气必须首先充满软管才能到达执行器，从而使响应时间更长。

启动

在比赛中有两种方式可以充满空气罐：自动气泵系统充气或手动气泵充气。手动气泵充气更为常用。

一些具有竞争力的机器人团队会使用自动气泵系统充气。他们用EV3电机来运行气泵，这使得在机器人上使用气动系统的优势化为乌有，使用气动系统的目的是为机器人增加一个动力源，而不是用一种动力源交换另一种动力源。当然，这并不是说不能使用自动气泵系统，我只是说使用这样的系统并不是常见的做法。

使用手动气泵系统的团队必须以手动的方式为气动系统填充、压缩空气，这可以在基地中被完成，或者在规则允许队员触摸和处理机器人的地方进行。

如果机器人仅使用气动手臂做一些小的事情，那么使用单个气罐就很好。但是，如果你认为需要更多的空气，那么在机器人上添加多个气罐将是很好的选择。但要记住，你使用的气罐越多，为气罐充满空气的时间就越多，而时间是你在比赛中总觉得不够用的东西。

许多团队将气动手臂做成可拆卸的，一名队友可以在安装手臂之前将气罐充满，然后再安装手臂执行任务。请不要过早充满气罐，因为乐高气动零件会有一点点泄漏，如果太早充满气罐，在手臂完成任务时气动系统的压力可能会有所下降。

你还可以这样使用多个气罐：当机器人返回基地时，快速连接软管，切换气罐，这需要非常灵活的操作。

触发

当机器人离开基地准备用气动手臂完成任务时，如何打开气动开关将气动动作需要的空气释放出来呢？这个问题没有简单的答案。多数情况下，机器人需要通过与场地物品进行交互来打开气动开关。气动开关必须以这样的方式被安装：当机器人导航到位时，场地上的某些东西，如赛台的侧墙会触发空气开关、启动气动过程。

很多时候，你可以让机器人在场地物品旁边擦过，或者触碰场地上固定的物品。触发空气开关所需的力量很小，所以你不需要快速地驱动机器人或让机器人用很大的力量撞击场地上的物品，轻轻碰上即可。

搭建气动手臂

气动手臂的处理方式与其他手臂相同，应确保气动手臂可以快速与机器人底盘连接和拆除，连接方式越简单，安装手臂时就越不容易出错。许多用于有动力手臂的设计也可被用于气动手臂，如抓物型、抬升型和推送型手臂。

图10-11显示了连接到DemoBot底盘上的气动抬升手臂。手臂上包含了全部气动零件，气泵、气罐、气动开关以及执行器都是手臂的一部分。这有助于快速安装和拆除手臂，在比赛时你很有可能没有时间连接和断开软管。

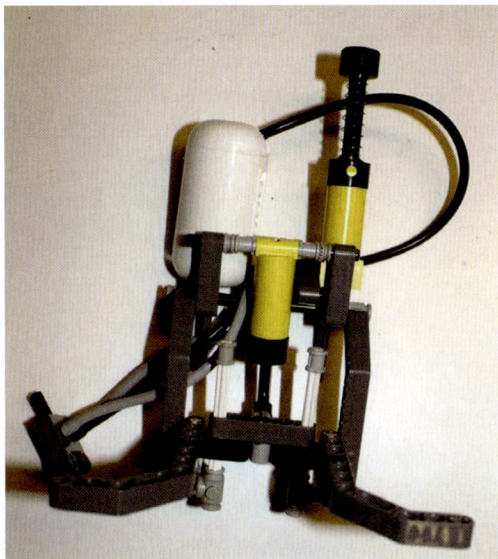

图10-11：使用气动系统的抬升手臂

总　结

　　大多数机器人可能并不需要气动系统，但多了解一些总是好的。也许有一天，你发现自己可能需要再增加一个有动力的手臂，而且这个手臂必须重量轻、动力强劲，可以创建直线运动。如果你目前没有任何乐高气动零件可用，我建议你购买一些，让你的团队获得一些使用气动零件的实践经验。当把这些气动零件连接在一起，并了解了它们的工作方式，你会对自己产生的创意感动惊讶。

第 11 章

■■■■

主 程 序

在比赛中获得胜利的机器人不仅拥有奇特的底盘和很酷的手臂，程序对机器人的表现来说也至关重要。大多数团队要编写一系列程序来完成任务，比赛中的一部分时间要用来完成各个程序之间的切换。即使乐高EV3程序块上有一个漂亮的程序切换界面，但为找出下一个任务的程序而搜索程序列表也很耗费时间。

为了加快程序切换的速度，你可以使用主程序。就是说，将每个任务的程序保存为子程序，即EV3中的"我的模块"，然后编写一个主程序，按照你需要的顺序调用每个子程序。

简单一点的主程序可以在每个子程序运行完毕后或特定的事件发生时循环，例如按下触动传感器，一个接一个地循环运行子程序。你还可以编写更高级的主程序，不仅能自动转入下一个子程序，还可以由用户浏览子程序列表，根据需要运行某个特定的子程序。主程序可以简单也可以复杂，这取决于你的团队需要什么和想要做什么。

我建议你使用主程序来加快程序选择的速度，这可以为比赛节省宝贵的时间。此外，你的团队是否有主程序可能是技术答辩时裁判对程序部分最为关注的地方，如果你有主程序，一定要向裁判做出说明，并解释它是如何工作的以及你为什么要使用它。

我 的 模 块

使用主程序时，每个任务程序都要被保存为"我的模块"。"我的模块"是真正的子程序，可以被其他EV3程序访问。在任务程序能够按照你的愿望运行之前，不要急于将任务程序放入"我的模块"中，当任务程序依然只是EV3程序而不是子程序时，调试和测试程序要容易得多。但是你也不需要担心，即使将任务程序转换为"我的模块"，你也可以将其作为单独的程序运行，进行调试。

定义开始和结束事件

在主程序中编写任务程序的一个关键点是确保它们定义了开始和结束事件。启动事件将是程序中的第一件事，所以当你最初创建程序时，这个部分很容易完成。但是，团队并不总是定义结束事件。许多时候，团队让机器人无数次返回到基地，当机器人穿过基地的边界线时，其中一名队员抓住机器人，然后在EV3程序块上停止程序运行。如果想让任务程序在主程序中运行良好，就不能按下EV3程序块上的停止按钮，因为这样做实际上会停止主程序的运行，而不仅仅是停止当前运行的"我的模块"。任务程序应当以一个传感器事件结束，例如按下触动传感器时结束，或达到特定的持续时间时结束（如电机转动多少圈）。

示例代码

DemoBot的后部安装了触动传感器（见图11-1），因此当机器人返回基地撞到赛台侧墙时，程序知道机器人已经到达基地。所以，当触动传感器被按下时，程序就知道应该让机器人停止了。图11-2显示了运行一系列任务的EV3程序，然后机器人返回到基地，当机器人检测到墙壁时，程序知道机器人已经到达基地并让其停止移动。这样的程序才会成为一个好的"我的模块"。

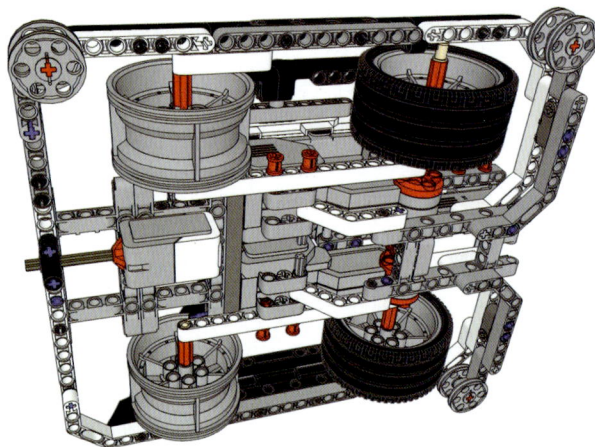

图11-1：后部安装了触动传感器的DemoBot

图11-2：任务的EV3示例代码

简单的顺序式主程序

最常见和最易于编写的主程序是简单的顺序式程序，这种主程序以预先设置好的顺序运行子程序。通常情况下，它可以满足大多数团队的需求。但是在比赛中需要紧急更改子程序的运行顺序时，如你需要重新运行某个子程序，这个主程序的缺点就会变得很明显。如果队员无法在主程序中浏览各个子程序，就只能被迫退出主程序，用EV3程序块的"File（文件）"选项卡搜索子程序，从而浪费掉宝贵的比赛时间。

尽管这个简单的主程序有一些限制，但依然是个很好的开端。一旦你的团队掌握了它，你们就可以继续添加新功能，例如程序导航、选项显示，甚至程序运行状态等。

在本章更多的高级主程序中，我将讨论这些概念。

假设案例说明

让我们假设一个需要用到主程序的例子。比赛有9个任务，机器人必须在2.5min内完成这些任务。某团队已经编写了5个程序来完成这9个任务，这意味着有的程序处理的任务不止一个。组合程序是节省时间的第一步，一个团队将多个任务组合成单一的程序，可以更有效地利用时间和资源。

在这个假设的例子中，团队每次比赛时都会按照相同的顺序运行5个程序，这5个示例程序的名称如下：

1. Collect Scientist Minifigs（收集科学家人仔）。

2. Gather Core Sample & Stray Ball（采集岩心样品和零散的球）。

3. Deliver Simple Machine & Scientist Minifigs（运送简单的机械和科学家人仔）。

4. Deliver Car & Pallet of Power（运送汽车和能量平台）。

5. Go to Final Parking Place & Deliver Package（到结束位置并运送包裹）。

注意： 为程序命名时，可以在名称中对程序内容进行描述。像Program1或者MyProgram这样的名字不会让人了解程序实际上可以做什么。

从程序列表中，你可以看到某些程序必须以特定的顺序运行。例如，"收集科学家人仔"的程序需要在"运送简单机械和科学家人仔"之前运行，因为必须先收集科学家人仔才能运送它们。其他程序可能不依赖于其他程序的运行结果，所以它们的顺序并不重要。重要的是，你按顺序一次又一次地练习运行机器人，每个程序运行结束时，机器人返回到基地。然后，你为机器人添加新的手臂，并选择下一个程序，以便让机器人再次离开基地，完成其他任务。

如果你已经使用过EV3程序块上的"File（文件）"选项卡，你会知道EV3按照"先进后出（FILO）"的原则加载程序。也就是说，当你将程序加载到EV3程序块中时，第一个加载的程序是程序列表中的最后一项。

每次机器人返回到基地时，你都要按照逆顺序寻找下一个要运行的程序，这可能非常耗费时间。一个简单的顺序式主程序能帮助你解决这个问题。

创建我的模块

在这个例子中，我们需要做的第一件事就是将每个程序都转换成"我的模块"，请确保每个程序都定义了结束事件，所有程序都不应该用按下EV3程序块上停止按钮的方式终止运行，因为这种方式不仅停止了"我的模块"的运行，还会停止主程序的运行。

将任务程序转换为我的模块时，要在EV3编程界面上选中整个程序，要确保所有的模块和数据线都被选中了。然后，从"工具"菜单中，选择"我的模块生成器"，为新的"我的模块"起一个名字，让大家不需要看到代码就可以了解它的功能。理想情况下，用户应该能从"我的模块"的名称上了解程序的目的。你还可以在模块中加入对它作用的描述，我建议你为程序写一个简要的说明，让其他用户更好地了解代码中包含了什么。

创建序列

现在你已经为每个任务程序都创建了一个"我的模块"，并且知道要运行这些程序的顺序，接下来可以创建一个简单的顺序式主程序按一定顺序运行它们。在EV3代码中，你需要用一个Counter变量来跟踪序列的位置以及控制切换模块在每个子程序之间进行切换。我们用EV3程序块中心的灰色按钮触发子程序之间进行切换，每次机器人返回基地时，队员只需按下灰色按钮，主程序中的Counter变量加1，然后切换模块用Counter变量的值确定下一个要运行的"我的模块"。这个过程比在EV3文件选项卡中找到下一个程序要快得多，它也消除了程序选择错误的可能。

代码示例

我们来看看图11-3中的代码。在代码的开始部分，将Counter变量设置为0。如果你有5个程序，它们将用Counter值0～4表示。代码中使用循环模块来轮换子程序，并在循环模块中使用了Counter的值，在后面的章节中，你会发现Counter的值更为有用。

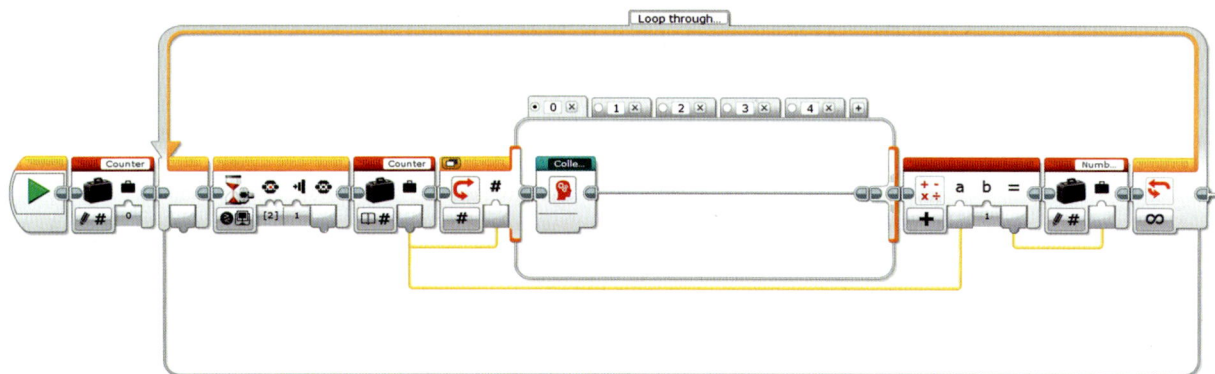

图11-3：一个简单的顺序式主程序

程序进入循环模块后，将在等待模块处停止下来，等待按下EV3程序块的中心按钮。当深灰色按钮被按下时，代码开始运行切换模块，切换模块与Counter变量相连接，根据Counter变量的数值执行相应的"我的模块"。图11-3显示的代码是切换模块的第一个选项卡，选项卡中的"我的模块"要完成收集科学家人仔的任务。位于切换模块中的"我的模块"被执行完成之后，数学模块将Counter变量增加1，新的数值被保存回Counter变量中。

这个程序还可以做一些改进。例如，向用户提供某种形式的反馈，让用户了解当前正在运行哪个子程序，以及

某种让用户按下程序块中间深灰色按钮的提示。对用户做出反馈很重要，这样用户才能清楚地知道机器人下一步将做什么。

在图11-4中，等待模块的后面被添加了声音模块，所以按下程序块的中央按钮时，会发出一个声音，让用户知道程序已经知道按钮被按下了。此外，你会注意到，在等待模块的前面添加了显示模块，将Counter的值显示在EV3屏幕上，这样用户就能知道当前运行的子程序是第几个了。

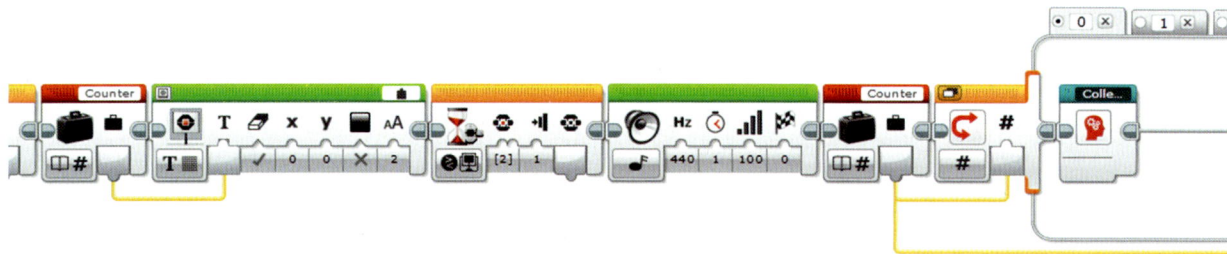

图11-4：简单的顺序是主程序，它可以向用户做出反馈，如铃声和显示

复杂的主程序

顺序式主程序非常简单：主程序运行子程序，并等待用户给出运行下一个子程序的指令，各子程序的运行顺序是被预先设置好的。在机器人大赛上运行一系列程序时，顺序式主程序可以大大节省时间，但是如果你需要在最后一分钟更改一下程序运行的顺序，需要在进入下一个子程序之前再运行一次当前的程序，该怎么办？例如，在第一个"收集科学家人仔"子程序中，也许机器人错过了一个人仔，而在第二个任务中，需要用到全部人仔，你希望再次运行第一个子程序，把错过的人仔带回基地，但是在简单的顺序式主程序中，只能继续运行第二个子程序。这个例子说明，程序中有一些更高级的功能是有用的，如程序导航。

程序导航

简单的顺序式主程序用Counter变量的值来控制运行哪个子程序，如果有一种方法能增加或减少Counter变量的值，那么就可以更好地控制子程序的运行顺序。在上面的例子中，你想要重新运行"收集科学家人仔"的子程序，需要做的就是将Counter变量的值恢复为0，因为这个子程序是程序序列中的第一个。图11-5显示了一个带有等待模块的新线程，这个等待模块正在等待EV3程序块的左按钮被按下。这里要使用"碰撞"状态，而不是"按下"状态，这个设置很重要，因为如果你将等待模块设置为"按下"，Counter变量的值将连续递减，直到按钮被释放它才会停止。因此，要设置为当左按钮被"碰撞"时，Counter变量的值减1，在这个例子中，Counter变量的值返回到0，也就是重新运行程序序列中的第一个程序。

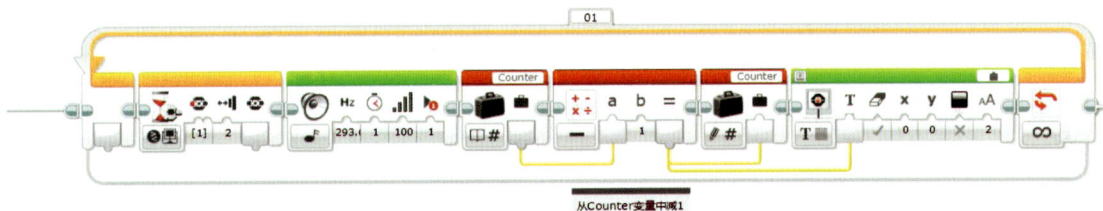

图11-5：EV3代码将程序序列导航到前一个程序

这段代码中还添加了一个新的显示模块，用户可以看到下一个要运行的子程序的序号。按照这个概念，你可以为程序添加第三个线程，用EV3程序块的向右按钮增加Counter变量的值，让子程序的运行顺序向前移动。例如，如果需要跳过其中一个子程序，向前跳过运行顺序会很有用。图11-6显示了这部分代码。

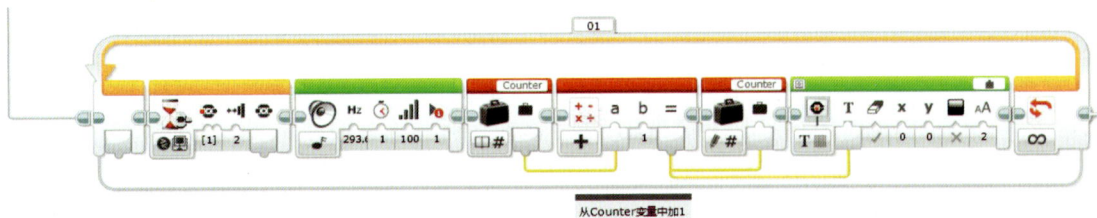

图11-6：向前跳过程序序列的代码

111

滚动序列

在上面的代码示例中，Counter变量值超过序列中的子程序的数量或转到负数之前不需要很长时间，我们需要添加一些代码防止Counter变量的值低于0或高于实际的子程序数量。

我们为代码添加一个新的"我的模块"，这个新的模块用数学的方法进行处理，控制Counter变量的值不超出范围，在此示例中，序列范围为0～4。新的"我的模块"被命名为SequenceMath，代码如图11-7所示。这个新模块的逻辑如下。

1. 将当前序列值输入Sequence变量。

2. 用Increment逻辑变量控制递增或递减Sequence

变量值，如果Sequence变量值递增则输入True，如果Sequence变量值递减则输入False。

3. 如果Sequence变量值递增，则执行切换模块的"True"分支，否则执行切换模块的"False"分支。

4. 在"True"分支中，将Sequence变量加1。

5. 检查Sequence变量值是否大于4。

6. 如果Sequence变量的值大于4，则将Sequence变量的值指定为0。

7. 在"False"分支中，从Sequence变量中减去1。

8. 检查Sequence变量的值是否小于0。

9. 如果Sequence变量的值小于0，则将Sequence变量的值指定为4。

10. 输出Sequence变量的值。

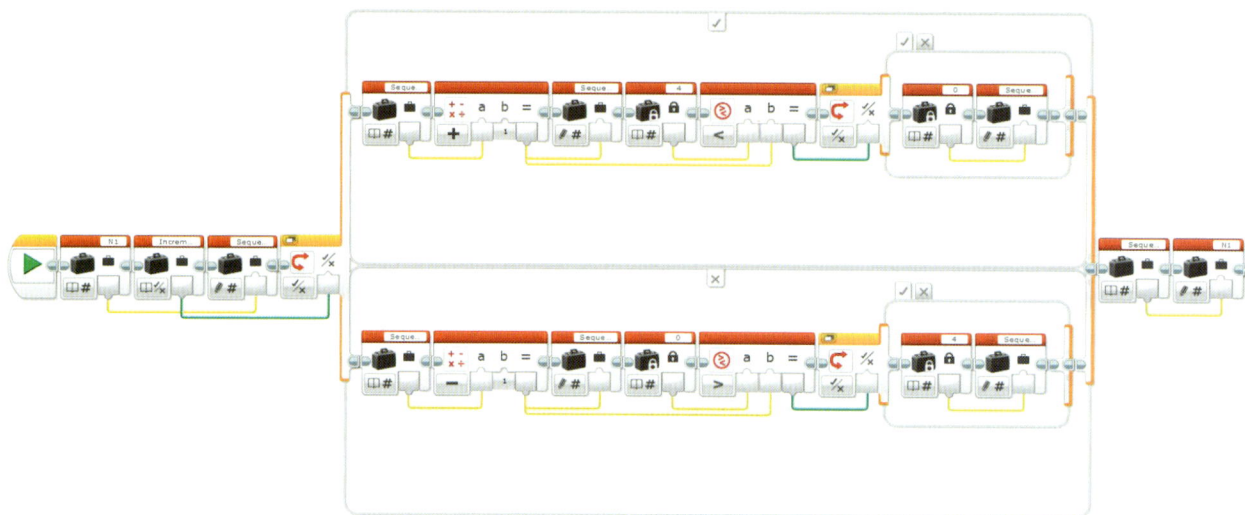

图11-7：EV3程序，当子程序序列的计数值超出范围时，使其从头滚动

现在从头解释一下这段代码（见图11-8），你可以在N1变量值中输入Counter变量的当前值，接下来是一个名为Increment的逻辑变量。Increment变量告诉程序是否要增加或减少Sequence变量的值。将N1变量分配给

Sequence变量的原因是，当你将这个程序变为"我的模块"时，N1变量和Increment变量将成为新模块的输入参数。

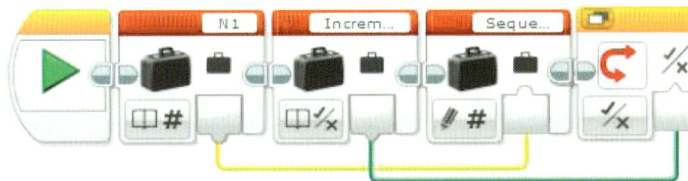

图11-8：设置输入参数

接着将Increment变量值传递给切换模块，如图11-9所示。在"True"分支中，将Sequence变量值加1。

在"False"分支中，从Sequence变量值中减去1。

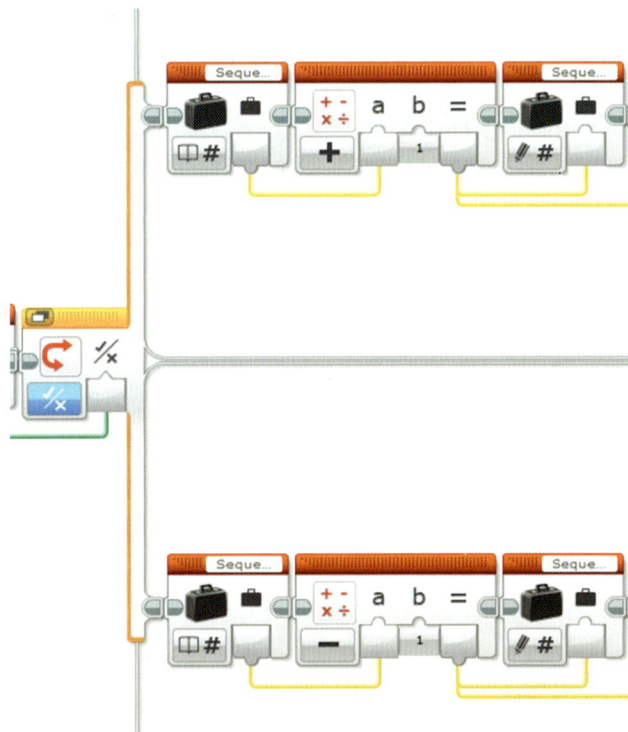

图11-9：切换模块，用于测试从Sequence变量值中进行加或减

在对Sequence变量的值进行运算之后，要判断Sequence变量的值是否超出了范围，然后用切换模块将超出范围的Sequence变量值转换回范围之内，如图11-10所示。程序中Sequence变量值的范围是0～4。

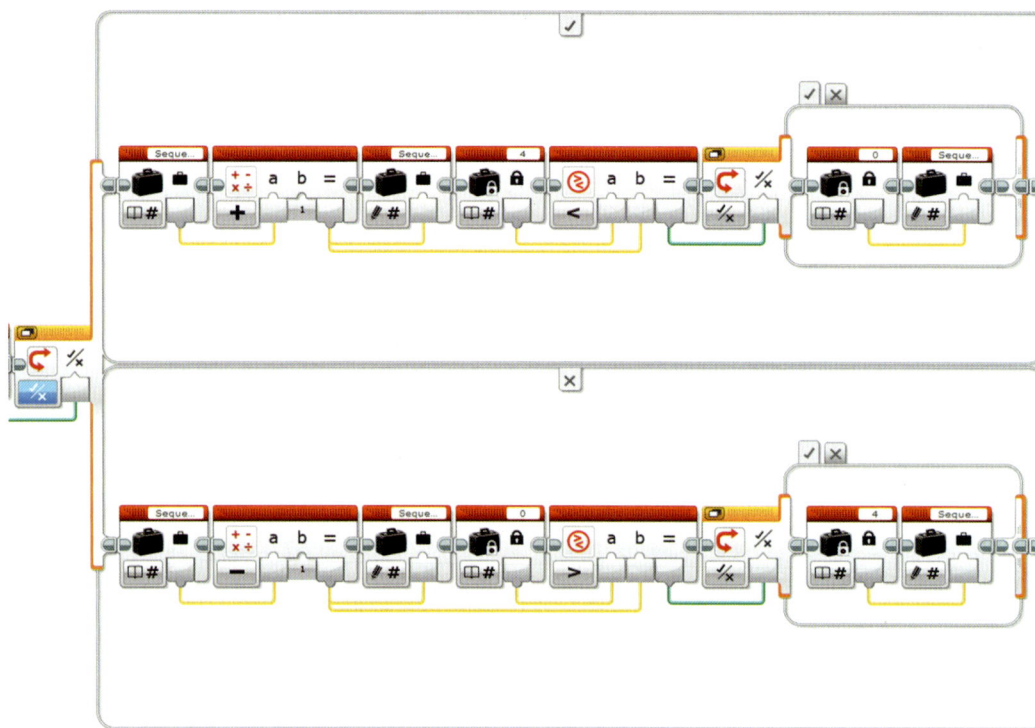

图11-10：检查Sequence变量的新值是否超出了上限和下限的范围

如果Sequence变量的值超出了范围值，只需简单地为Sequence变量重新分配反向限制值。例如，如果当前的Sequenc变量的值为4，经过加1计算，则Sequence变量的值现在等于5，超出了所需的范围，因此要将Sequence变量的值设置为该范围的最低值0。反之也是如此，如果Sequence变量的值低于最低限值0，则将Sequenc变量的值重置为最高限值4。

将这个程序转换为名为SequenceMath的"我的模块"后，新的"我的模块"将有两个输入参数（Sequence In和Increment）和一个输出参数（Sequence Out），如图11-11所示。

图11-11：从代码创建的SequenceMath"我的模块"

现在，你可以使用新的SequenceMath模块替换程序中的数学模块，程序不会再将子程序的序列值置于范围之外了。如果程序的范围发生变化，那么你需要调整SequenceMath模块中的两个常量。图11-12显示了被修改后的主程序。

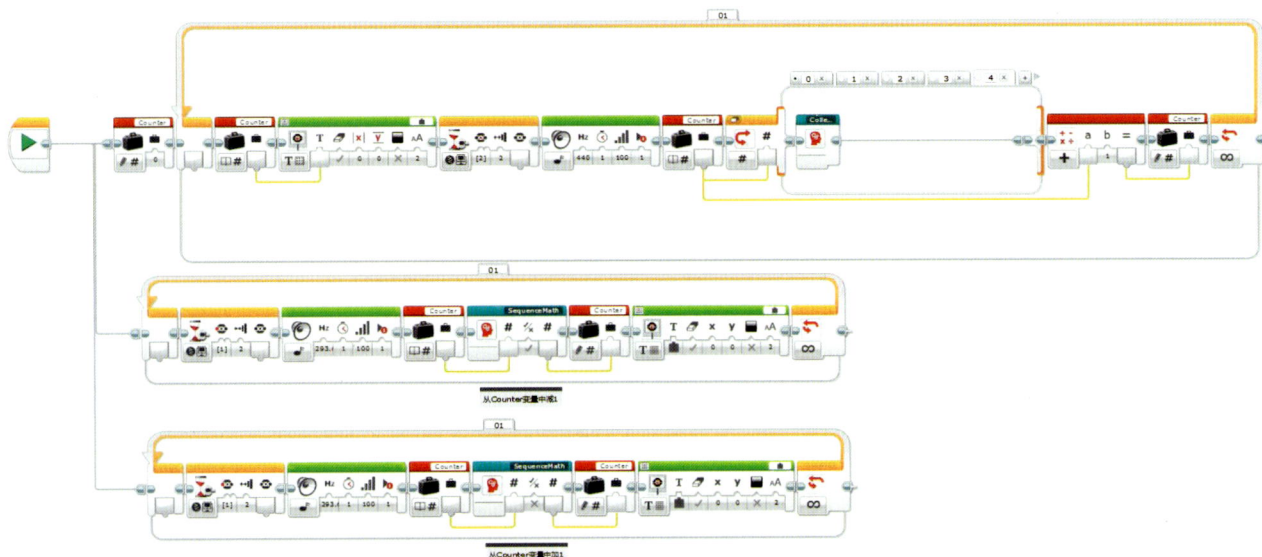

图11-12：修改后的主程序包含了新的SequenceMath模块

当子程序的序列值达到范围上限时，你也许不希望序列值再次回到最低限值，而只是想让它停止递增，不超出最高限值。要做到这一点，只需在序列值达到最大时，将Sequenc变量的值重置为最高限值4，而不是重置为0。

创建高级主程序

用前两个版本的主程序为基础，你的团队可以在界面上添加一些不错的用户信息，在任何机器人比赛上都会有良好的表现。如果你想为程序添加一些额外的功能，可以在程序中添加一些额外的功能来实现更高级的操作。

程序显示

如果你记住了子程序的顺序，就可以在EV3屏幕上显示子程序的序列号，并且知道当在屏幕上看到0时，是"收集科学家人仔"的程序正在运行。但是，如果在你的团队中不是每个人都知道这一点，或者你更改了子程序的运行顺序，而一个队员忘记了0现在是否代表"运送汽车和能量平台"程序，该怎么办？当你在有限的比赛时间内紧张地运行机器人时，依靠子程序的序列号可能会让人感到困惑，事情应该尽可能地简单。

显示程序名称而不是程序序列号的方式会让主程序具有更加友好的交互性。图11-13显示了这样一个程序，

Sequence变量的值被传递到切换模块，在切换模块中的不是子程序"我的模块"，而是文本变量。对应每个序列值，都要将一个文本值写入Text 1变量，这个文本值是常量，所以如果子程序的顺序发生了改变，这个切换模块也要随之改变。一旦你把这个程序变成"我的模块"，你只需要对代码进行一次更改，它会使主程序中所有使用"我的模块"的位置全部更新。现在，程序的最后一步是将Text 1变量的值写入ProgramName文本变量。

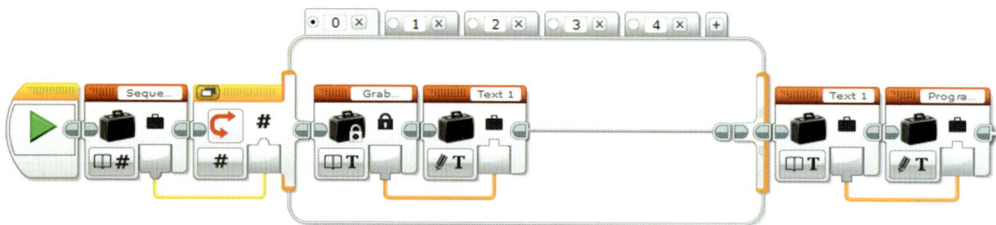

图11-13：将子程序序列值转换为程序名称的EV3程序

现在将这个程序转换为"我的模块"，命名为Sequence To Program Name，选择除第一个变量模块和最后一个变量模块之间的所有模块，如图11-14所示。新的"我的模块"将有一个输入参数和一个输出参数，如图11-15所示。

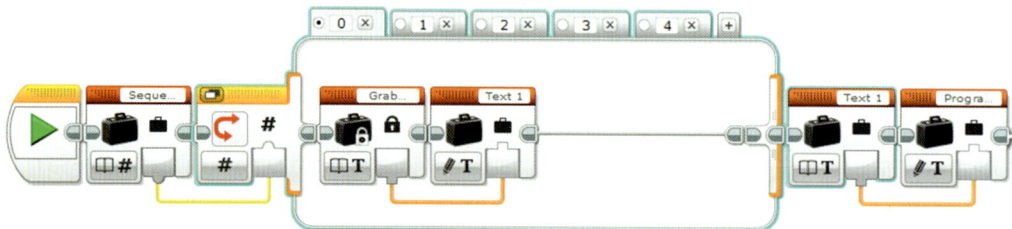

图11-14：制作Sequence To Program Name模块时需选中这部分代码

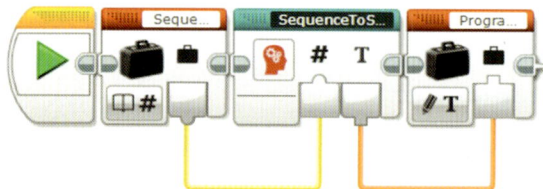

图11-15：Sequence To Program Name模块

现在返回主程序，并使用新的模块将子程序序列号替换为文本。图11-16显示了这部分代码，当前主程序有3个位置使用新的模块。

图11-16：在程序中使用Sequence To Program Name模块

保存状态

主程序越来越高级了：它能按顺序保存子程序，可以顺畅导航子程序，甚至能显示正在运行（或即将运行）的子程序的名称。如果主程序意外关闭怎么办？当你再次启动程序时，子程序序列将从头开始。这不是一个太大的麻烦，你可以用导航按钮移动到想要运行的程序上。但是，如果因为过于紧张忘记了下一个程序是什么，该怎么办呢？如果EV3能记住主程序停止前运行的子程序序列岂不是更好？

记住序列中位置的过程被称为保存状态。你可以在EV3程序块上保存一个文件，用文件存储当前序列顺序的值。每次更改序列顺序时，更新这个文件，将序列顺序值写入该文件，每次主程序启动时，可以读取该文件并找回程序上次运行的最后的位置。

图11-17显示的代码在程序启动时从文件读取了数值，并将数值传递给Number1变量；然后开始运行循环模块，等待EV3深灰色按钮被按下，每当深灰色的EV3按钮被"碰撞"时，变量N1将递增1；然后保存状态值的文件将被删除，通过将新数值写入文件的方式来重新创建文件；最后在循环重新开始之前，关闭文件。读取、写入、删除和关闭文件都是使用EV3文件读写模块完成的。

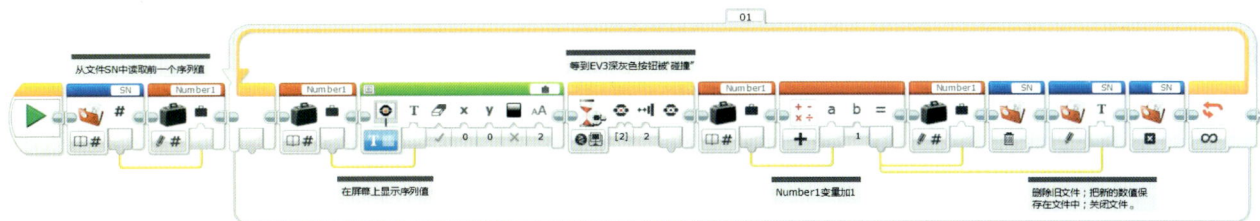

图11-17：用于保存序列位置的EV3代码示例

将这样的逻辑添加到主程序不需要太多的努力。可能没有必要这样做，但是如果你发现自己需要保存序列的状态，这样的过程将会很有效。

总　　结

主程序并不是必需的，但是大多数较高级别的获胜队伍都会使用某种类型的主程序。它不仅能让团队更有效地利用比赛时间，而且还向裁判显示了团队能够使用高级编程概念。如果你使用这样的程序，请确保自己清楚为什么使用它，以及它的工作原理是什么。

我在本章中显示的例子只是基础。建立成功的主程序有许多不同的方法，所以不要让自己受限于本章给出的想法，所有的示例都能扩展为功能齐全、界面友好、拥有快速使用说明的主程序。

第 12 章

■■■

程 序 管 理

现在你的机器人已经搭建完成，并且程序也已经编写好了，如何让EV3程序处于你的控制之下？程序应该被保存在哪里、应该如何命名，团队中的每个人都有自己的想法；一个队员需要更改另一个队员的代码时又该怎么办呢？你如何知道是谁做出了更改？如果某些需要保留的代码被删除了，又该怎么办？

软件和固件又该如何升级呢？ EV3软件经常更新，你的团队应该使用最新的版本；EV3程序块上运行的固件也是如此，保持更新机器人的固件非常重要，在编程时能避免一些不必要的问题。

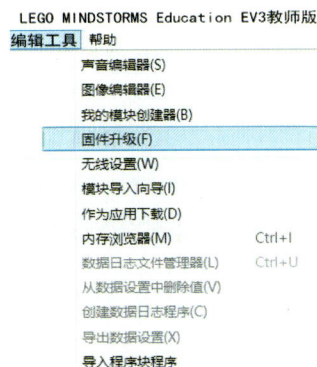

图12-1：EV3固件更新的菜单项

EV3更新

在EV3程序块上安装最新的固件非常重要。新的固件通常可以在互联网上找到，它包含修复错误的程序、优化程序空间和执行新的算法。

注意： 固件是被存储在EV3程序块只读存储器中的软件，它告诉EV3如何与硬件和加载的程序进行交互。例如，它告诉EV3如何在屏幕上显示信息，或者如何通过USB线与计算机通信。

为EV3程序块更新固件时，要在计算机上启动EV3软件，连接计算机和EV3程序块，并打开EV3程序块。然后从工具菜单中选择固件更新，如图12-1所示。屏幕上（见图12-2）将显示当前的固件版本，并允许你连接乐高教育网站，以检查更新的版本。

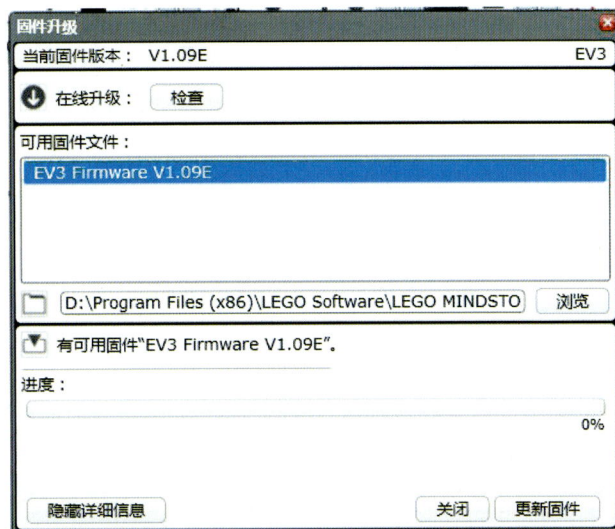

图12-2：固件更新对话框

提示： 请在比赛赛季开始的时候更新固件，并且在整个赛季中都使用这个版本的固件，除非这个版本的固件存在已知的错误。固件的更新会改变机器人的行为，在比赛的前一天更新固件可能会造成毁灭性的灾难。此外，如果你的团队使用了多个机器人，请确保所有机器人的固件版本相同。

图12-2所示的屏幕截图显示了计算机上已有的固件版本，这是以前被下载的，或者是随EV3软件一起被安装的。

要检查是否有更新的固件版本，请执行以下操作：

1．确保计算机与互联网连接。

2．单击对话框的"在线升级"窗格中的"检查"按钮。

如果有更新的固件版本，它会自动下载并保存在计算机的乐高EV3软件的engine\ Firmware目录中。更新的固件版本现在将显示在"可用固件文件"窗格中。

要下载更新的固件文件到EV3程序块中，请执行以下操作：

1．将EV3程序块连接到计算机。

2．选择要发送到程序块的固件文件。

3．按"更新固件"按钮。

在程序块上选择"设置"选项卡（小扳手图标），然后选择"Brick Info（程序块信息）"选项，可以检查EV3程序块上的固件版本，Brick FW值显示了当前的固件版本。

乐高教育网站上还包含EV3软件的更新。软件的更新不如固件的更新频繁，但是，为了确保你拥有最新版本的软件，还是应该每隔一段时间检查一次。

管理源代码

整个团队一起为机器人编写代码有时会成为一项挑战。无论是大家共同用一台计算机来编写程序，还是每位团队成员各自用计算机来进行编程，都会面临管理源代码的挑战。

所有的程序作为项目（Project）文件的一部分被保存为.ev3文件。在项目文件夹中，你可以找到每个程序、我的模块和其他技术文件。单击屏幕左上角的扳手图标可以看到项目查看器，你可以在此对项目进行注释，还可以加入图片和音频文件，帮助你记录团队的解决方案，如图12-3所示。

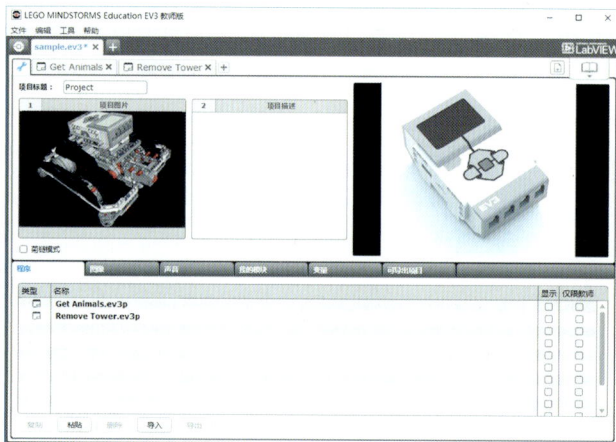

图12-3：EV3程序的备份文件

使用单台计算机

如果你的团队共同使用一台计算机为机器人编程，只要团队成员之间加强沟通，程序管理就不是一个大挑战。但最好还是设置一位程序管理人员，负责跟踪程序变化并保护代码的安全。我所说的"安全"是保持及时对程序进行备份，如果你发现程序更改之后比原来的运行效果更差，这是很令人沮丧的，当出现这种情况时，有一个以前版本的程序备份是很令人高兴的。

维护程序备份是程序管理员的工作，其他的职责还包括对哪些人在哪些程序上工作进行管理，并尽量避免大家对程序做出不必要的更改。很多时候，一个队员认为程序出现了错误而对程序进行了修改，但他并没有意识到自己对机器人的设置是错误的或使用了错误的附件。因此，程序管理员需要熟悉所有代码的更改，并能在进行任何更改之前与团队进行讨论。

每次团队会议后备份程序是个好方法。默认情况下，程序将被保存在当前用户 "我的文档" 文件夹中。例如，在我的计算机上，路径是C：\ Documents and Settings \ jtrobaugh \ My Documents \ Lego Creations \ MINDSTORMS EV3 Projects。

如果需要恢复以前的程序，只需将文件从备份用的U盘中复制到原始位置即可。不要尝试直接从U盘打开程序，应该始终使用在默认位置的程序，否则你会损坏备份程序。此外，你应该从EV3程序编辑器外部备份你的文件，不要使用 "另存为" 的方法将文件复制到其他位置，这可能会导致程序中 "我的模块" 链接不正确。

多台计算机网络共享

如果多名团队成员使用多台计算机同时在不同的程序上工作，则所有计算机都可以使用单个网络共享位置来保存程序。但要做到这一点，你必须付出一些额外的努力才能确保所有内容都保持同步。

注意： 如果将所有文件都存储在共享网络位置，请考虑以下事项：当你参加比赛时，很可能没有网络可供使用。只有在非常罕见的情况下，你才能访问学校或家中的共享网络驱动器。如果你需要在比赛中访问你的程序，那么你需要将本地的程序副本移动到随身携带的计算机上，并且必须修改settings.ini文件以指向本地位置。

U 盘

另一种常见的方式是将程序存储在U盘上。每个团队成员都有自己的U盘来保存程序，每个U盘映射到计算机上相同的驱动器路径，因此无论谁插入U盘，存储路径都是相同的。

除了各自的U盘之外，还要有一个主U盘，程序管理员用它存储最新版本的程序，这将是你参加比赛时使用的U盘。要了解这种方法的更多信息，我建议你访问TechBrick官网，网站上有一篇介绍这种方法的非常好的文章。

注意： 小心不要丢失U盘，不使用时请把U盘保存在安全的位置。每天都对程序进行备份也是个好注意。

文件命名

在你用EV3编程时，可能很乐意给程序起一些愚蠢的名称，例如Amy Grabber Thingy，或者用首字母缩略词，例如AGT。这些名字对于起名字的人来说可能是有意义的，但是团队中的其他人不会知道它的含义。

每个团队应该提出一个标准的命名约定。由于文件名是在EV3程序块屏幕上显示的，因此不要太长或太混乱。文件名应该表明程序是干什么的，可以采用名词+动词的形式，像GrabRings（抓环）这样的名字就很好，但是如果赛台上有多个环，这个名字就不是那么贴切了，将其改为GrabRedRings（抓红色环）可能更好些。现在，看到这个文件名的人不需要打开程序就能知道它是干什么用的。如果你将多个任务组合在一起，可以根据任务名称命名程序，例如ZoneOneMission（区域1任务）或DeliverGoodsMission（运送任务）。

尽量不要使用运行顺序来命名程序，例如FirstProgram或ProgramTwo这样的名称根本没有帮助，因为你运行程序的顺序可能会改变，而这些名称真的不会告诉操作者程序的设计目的。

当你跟踪程序的变化过程时，添加版本号也是很有用的。如果你的文件夹中有多个程序，如图12-4所示，可以看到有两个名为PushCarToBase10和PushCarToBase11的程序，你可以从文件名上立即知道程序是做什么的、哪一个是最新版本。

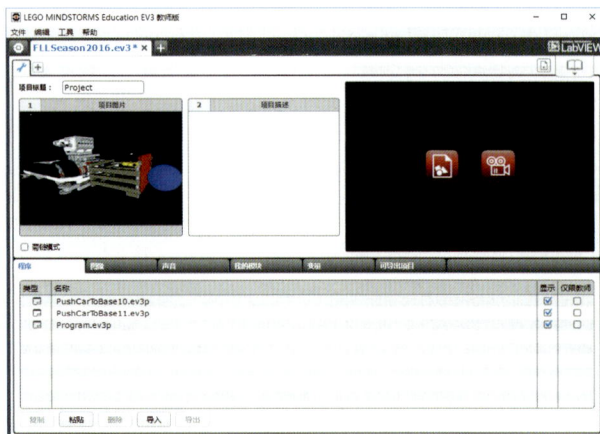

图12-4：EV3文件对话框

总　结

正确的程序管理对机器人团队赢得比赛至关重要。尽管机器人的设计和程序很重要，但如果程序管理不能做到井然有序，那么整个团队很快就会混乱并拖延进度。从一开始就实施良好的程序管理很重要：确保你使用的代码是最新版本，保留文件备份，并使用正确的命名方式。

第13章

技术档案和技术答辩

技术答辩是FLL比赛的一部分，你的团队要在技术答辩中向裁判解释自己的机器人。如果你的团队无法解释机器人的工作原理以及为什么这样做，那么你已经失去了乐高机器人的意义。实际的机器人性能只是机器人比赛的一小部分，比赛最重要的组成部分是团队从过程中学到的东西。这也是技术答辩时裁判想要听到的，他们需要看到并相信整个团队在机器人上所做的工作，并在此过程中学到了一些东西。

你的团队要向裁判展示你们学到的一切以及遵循的思想过程，这是通过团队的机器人记录来展现的。详细的文档不仅可以帮助你打动评委，还可以帮助团队记录本赛季中的所有工作。

程序文档

跟踪程序对团队来说总是一场斗争。编写代码、测试代码，然后再进行下一部分，这并不困难。编写程序时，很容易记住它们的操作，但是在几个星期之后，记住每个程序的内容就有点儿困难了。因此，趁你脑海中还清楚地记着程序逻辑的时候，把程序记录下来很重要。

当其他团队成员需要更改程序或者了解每个程序在机器人上能做什么时，这个文档也将有所帮助。即使并不是每个人都参与编程工作，但是所有团队成员都应该熟悉程序。

程序注释

记录程序最简单的方法是在编写代码时添加描述性注释。EV3软件中的注释工具可以为程序添加注释，在EV3工具栏中可以找到"注释"工具按钮，如图13-1所示。

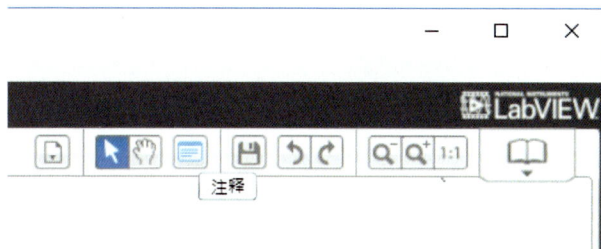

图13-1：EV3的注释工具

当你单击"注释"工具按钮时，屏幕上会出现一个文本框，你可以在其中输入文字。你创建的文本框将成为代码窗口中的另一个对象，可根据需要调整文本框的大小和位置，并可重新组织文本框中的内容。

看看图13-2中的代码。如果不查看每个代码模块，你很难理解这段代码是什么意思，原始代码的作者也会很快忘记这段代码的细节。再看看图13-3，代码中有了注释文字，理解代码的意思是不是容易多了？你甚至不需要了解每个模块就能快速理解程序中的逻辑流程。

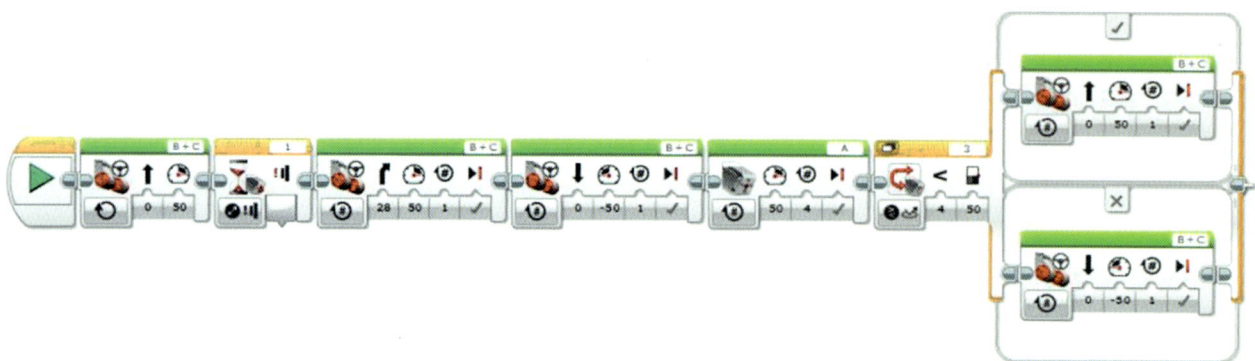

图13-2：没有被注释的EV3代码很难理解程序流程的逻辑

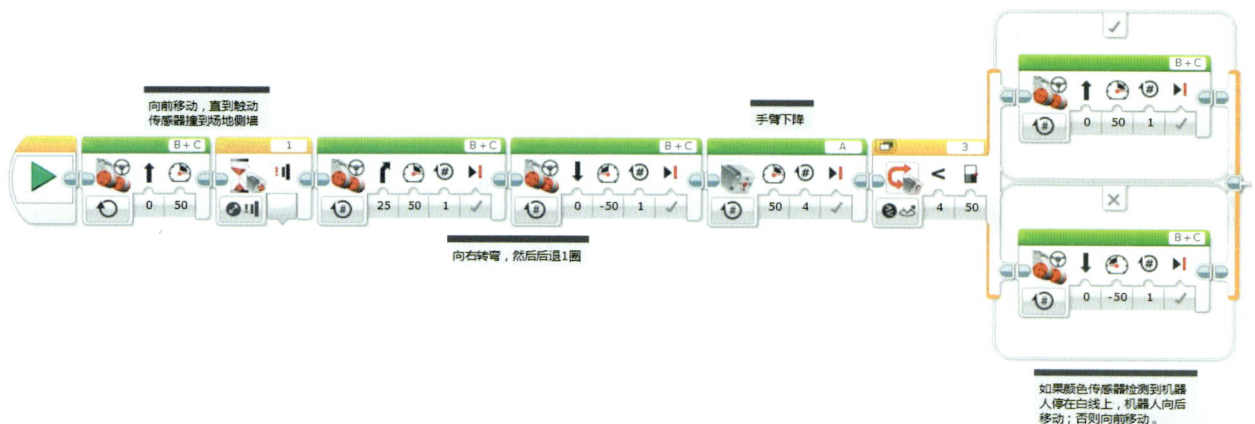

图13-3：有注释的EV3代码更容易理解

为"我的模块"命名时，使用描述性名称也很重要，这样的模块名称具有自我描述性。

你还可以使用注释模块，注释模块可以像其他模块一样被插入到代码中，当你在代码中添加或删除其他模块时，它能与代码一起移动，而注释文本框只能手动移动。

为程序添加注释的目的是让任何人，编写代码或阅读代码的人能快速掌握代码是做什么的。你添加的注释越多，你和其他用户就能更好地了解代码内容。但是，请小心不要太过分，如果这些注释太长，大家肯定就不想阅读了。注释的内容要准确，如果你觉得需要进一步做出解释，可以将其放入单独的文档中。

打印的程序副本

如果你丢失了所有的电子版本的代码，打印版本的代码可以作为一个安全备份。当你需要回顾以前的代码逻辑时，如果你经常打印程序，就有了一份很好的历史记录。

必要时，打印程序可以帮助你重新编写程序，希望你的团队不会出现这样的情况，请记住要定期备份你的代码。

你可以将机器人设计和程序的打印版本放入团队技术档案。这份档案不仅可以在技术答辩时起到辅助的作用，而且还能帮助团队将这些文件收集在一起。

在对机器人做出显著更改之后，你应该更新技术档案中的程序副本，注明打印副本的日期，这样你就会知道哪个版本是最新的。我一般不会立即扔掉旧的版本，但你可能希望将它们移到其他地方。不用担心技术文档的内容过多，你永远不知道什么时候需要它。

如图13-4中的"EV3打印"对话框所示，你能看到代码打印的多个选项。

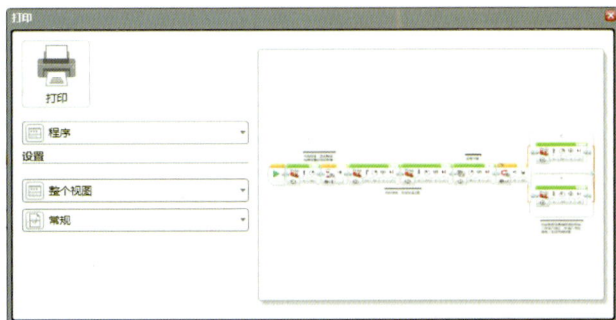

图13-4：EV3打印设置对话框

直接用被连接到计算机的打印机将程序打印出来是最简单的方法。在设置对话框中，你可以指定打印整个视图或可见区域，预览窗口让你看到程序被打印出来的样子。

机器人设计文档

有关于机器人设计的文档和代码文档一样重要。机器人设计文档可以帮助你向其他人演示和介绍你的机器人。

如何创建文档取决于工作量和团队能使用的时间。互联网上有很多免费的乐高CAD（计算机辅助设计）应用程序。本书中的很多图和搭建说明使用了从IDraw网站下载的软件，这个网站不仅包含各种各样的设计应用程序，还包含大量的教学文档，你可以从中学习如何重新创建虚拟的乐高机器人。

提示： 无论你如何记录机器人设计，请务必将生成的文档放入技术档案中。

用CAD程序创建机器人需要大量的时间和耐心。如果这两样你都没有，也可以使用详细的照片记录机器人设计。当然，同时拥有CAD文档和照片也没什么坏处。

记录底盘设计

除非你拥有大量的零件可以搭建出备用的机器人，不然在机器人出现问题的时候，机器人设计文档将起到很大的作用。当你把机器人运到了赛场，却发现装机器人的箱子里多出了一个零件，但你又不知道应该把这个零件安装在机器人的什么位置，这种情况很糟糕。更糟糕的是，如果机器人掉到地上（是的，这是会发生的）并且碎成了几块，你不知道如何把它们重新组在一起。这时，为机器人提供某种形式的图像或说明可能变得至关重要。

另外，在整个赛季中记录机器人设计的演变过程也是必要的。如果你需要恢复以前的设计，这些记录很有帮助。而且技术答辩时裁判喜欢看到你的设计的演变过程，你可以向他们描述自己所做的改变以及为什么要改变。

如果你选择拍摄机器人底盘的照片，请确保从各种角度进行拍照。如果你必须记住底盘底部的驱动系统是如何连接齿轮的，那么只有一张机器人轮廓的图片并不会很有帮助。在图13-5中，你可以看到技术档案中一些描述机器人设计的示例照片。

图13-5：在技术档案中被使用的机器人设计照片

手臂设计及说明

记录机器人在比赛中使用的手臂也很重要，手臂的照片或其虚拟搭建图能帮助你修复或复制手臂。文档还会帮助团队记住不同的手臂被用于执行什么任务，因此除了记录手臂的设计之外，还应在文档中加入每个手臂的描述以及要完成的任务。

记下哪些程序要使用手臂也是有帮助的。例如，你有一个名为DeliverBallsToBase的程序要用到箱形手臂。在描述箱形手臂的页面上，你应该注明DeliverBallsToBase程序需要使用这个手臂。同时，你可以在代码文档中对此加以备注。

技 术 答 辩

机器人文档不仅能帮助团队顺利准备比赛，还可以帮助团队进行技术答辩。在大多数乐高机器人比赛中都有技术答辩的环节，团队要向裁判解释机器人的作用以及为什么这样做。最有可能的是，你还要展示自己的机器人。有一份记录团队在赛季中进展情况的技术档案不仅会使团队成员思路清晰，而且会让裁判看到整个团队付出的努力。

描述你的解决过程

裁判在一天中会看到很多机器人，所以你的团队需要让自己脱颖而出。能让裁判眼前一亮的并不是机器人的性能，而是你向裁判展示的方式。突出显示机器人的优点，谈谈你的团队在搭建机器人时学到的东西，不要害怕提及失败的任务和从失败中学到的东西，裁判们对你的团队在实际中学到的知识同样感兴趣。

你还需要描述团队提出机器人解决方案的过程。在本书的开头，我提到了如何集思广益设计机器人底盘以及整个团队如何完成最后的设计。告诉裁判，机器人设计是整个团队从最初的想法经过努力得来的。技术档案中的笔记可以帮助你记住设计过程，裁判们也会发现你的一些另类设计很有意思，如果有人问你，请准备好分享给他们。

介绍你的技术档案

技术档案是保留设计过程的有效方式，是记录团队工作的良好方式。如何组织技术档案的内容取决于你的团队，一些团队更愿意按照任务对每个部分进行分类，其他团队可能将内容分成为软件和结构两个部分。你要做的就是按照一定的分类保存记录，选择哪种分类方式并不重要。技术档案中通常包含以下内容：

- 机器人设计说明
- 任务清单
- 机器人的图表或图片
- 手臂及其用途的图片
- 打印的程序副本
- 练习的成绩记录表

总之，任何你认为能帮你解释机器人和设计步骤的东西都应该被放入技术档案，但内容也不能过多，否则重要的内容可能会被忽视。

与裁判交谈

每个比赛的答辩方式都有所不同，有些裁判喜欢演示的方式，有的裁判只会问你们问题，你要为这两种情况做好准备。我对团队的建议是准备好一套能表明机器人的独特之处或特别经验的谈话要点，有了这些谈话要点，你可以用它们向裁判们介绍演示。即使不需要演示文稿，你也能用这些要点来回答裁判提出的问题。

模拟答辩演练可以帮助团队准备技术答辩，除了教练之外，请父母、老师或其他人向你提出问题，我甚至请其他队伍的教练对我的团队进行模拟答辩，就像我对他们的

团队一样。这样的练习做得越多，团队就会更加自信。

另外，不要依靠一两个队员回答所有的问题，团队中的每个人都应该参与答辩过程。如果团队成员不知道某个问题的答案，他们也可以提供自己知道的信息，让其他团队成员做进一步解释，毕竟谁都不可能成为全面的机器人专家。

在大多数团队中，一部分人会偏重于编程工作，而另外一部分人则更偏重于结构设计工作，关键是让大家都知道机器人的作用，并对整个过程有基本的了解。各团队成员互相交流，编程与结构设计能力变得更强，大家也变得更为自信。

进行技术答辩时，一定要避免大家一起发言。如果一个团队成员在说话，即使你认为他说错了也不要打断他；你可以重新回答某个队员已经回答过的问题，但是不要指出他不知道问题的正确答案。

发言清晰、自信，尽量避免"嗯""啊"这样的词或沉默。回答要直接，不要过于详细，除非裁判想听更多的细节。你和裁判的时间是有限的，所以以要尽可能多地介绍机器人的各个方面，而不是停留在机器人某个特定的功能上。

总　　结

赢得比赛的机器人涉及多个步骤，包括良好的设计、良好的编程和适当的组织。做好团队会议的记录，记录团队工作的整个过程，这样的文件不仅能展示团队在这个项目上的艰苦努力，还会向裁判证明，你的团队真正完成了这些工作，并从中吸取了经验教训。任何拥有良好技术文档的团队都会发现，他们的答辩非常容易。

附录 A

■■■

搭建 DemoBot

    以下是本书的许多示例中使用的DemoBot机器人的搭建说明，以图片的形式分步骤显示了搭建过程，每张图片都有一个标注框，显示了该搭建步骤所需的零件。

    所有零件均出自EV3核心套装和EV3扩展套装。

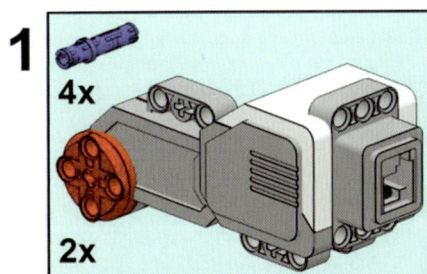

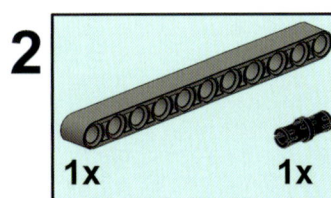

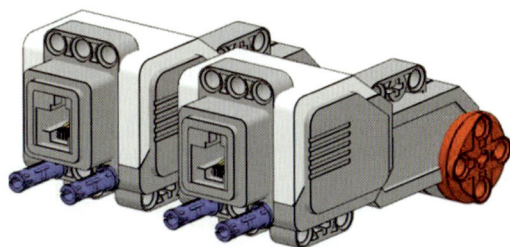

3

2x

4

1x 2x

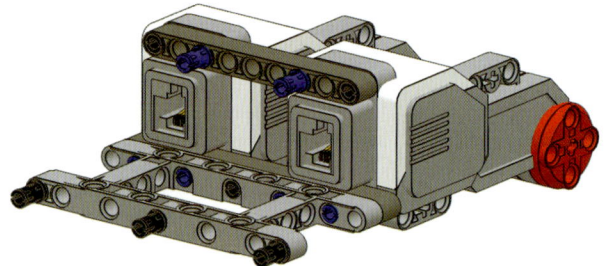

5

3x

1x

6

1x

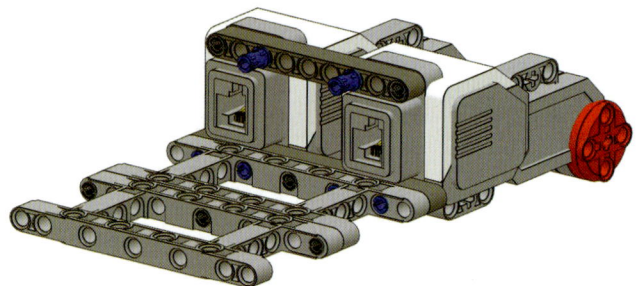

7
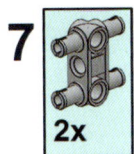
2x

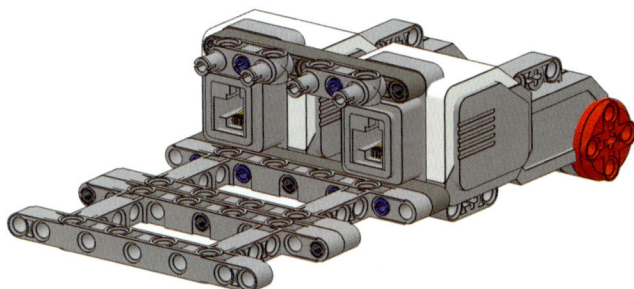

9

2x   2x

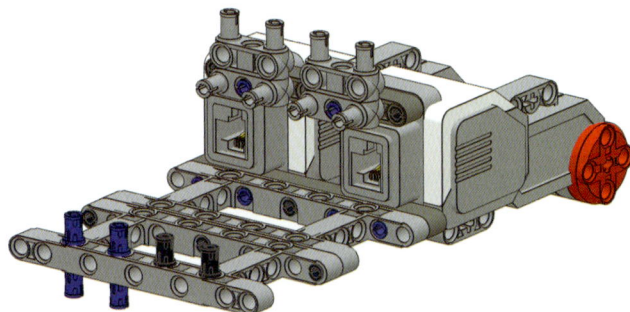

8
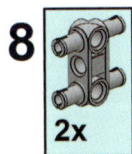
2x

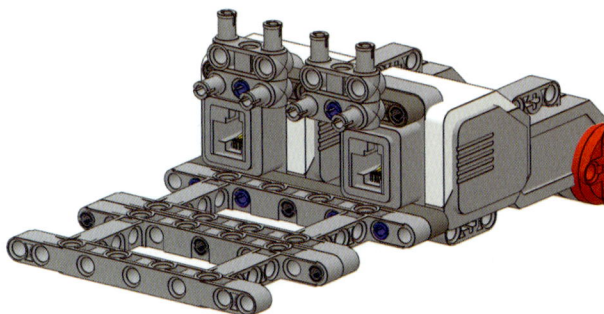

10
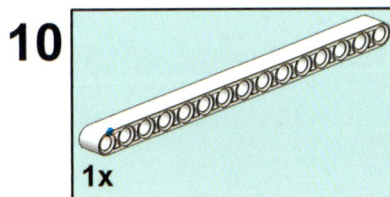
1x

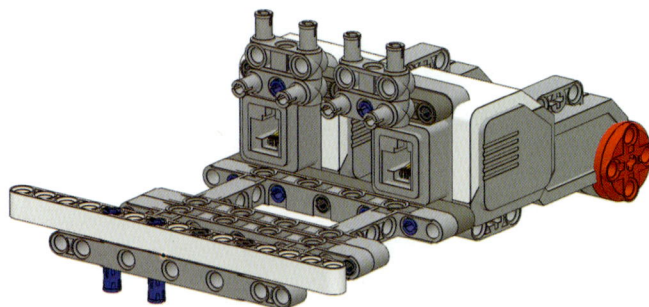

11

2x

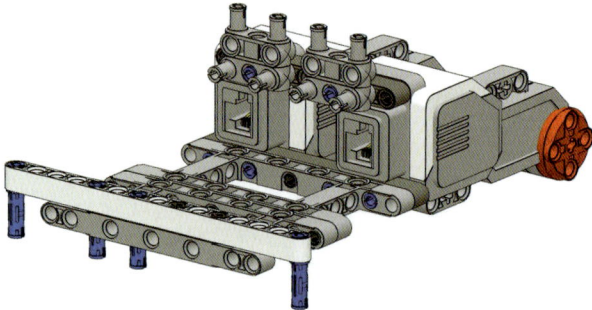

13

1x

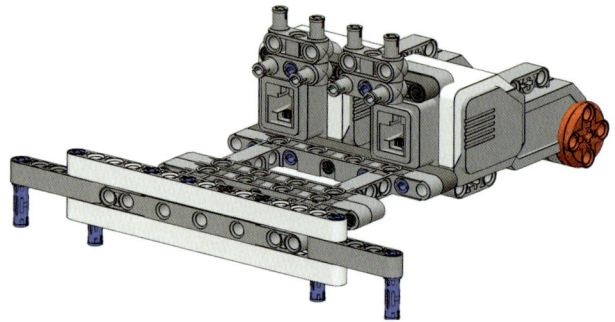

12

4x

2x

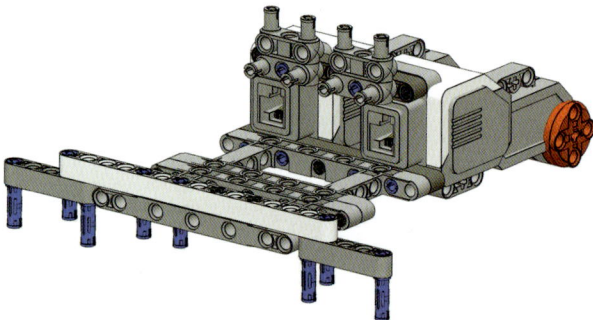

14

2x

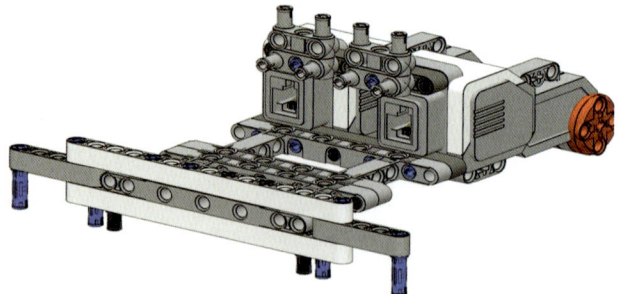

15

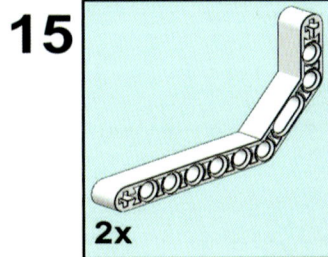

2x

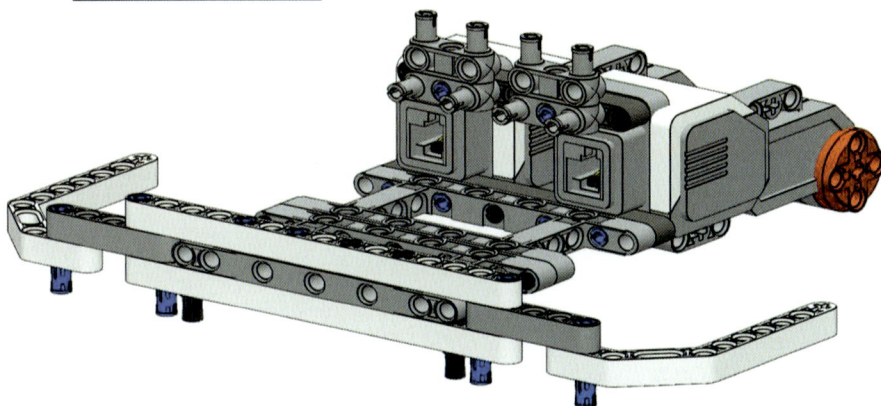

16

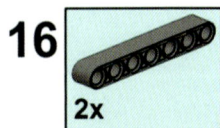

2x

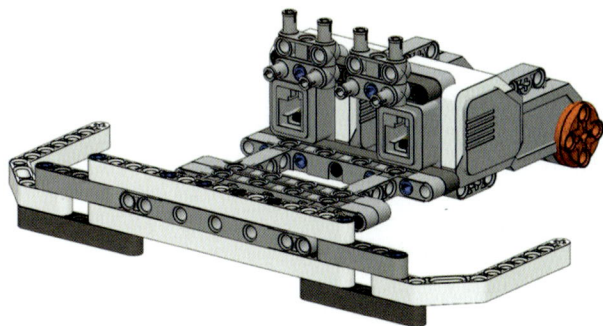

17

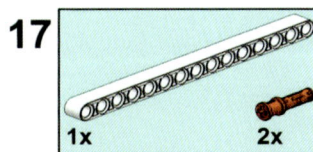

1x　　**2x**

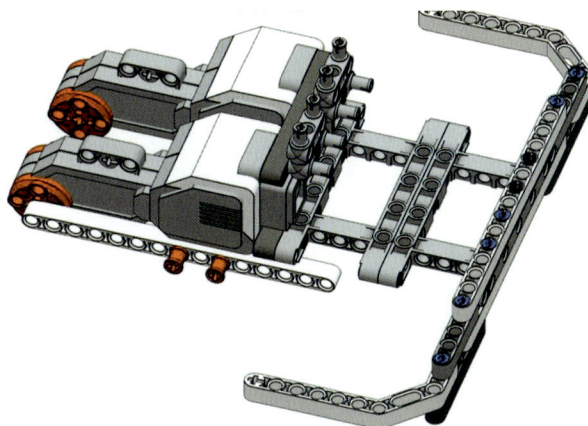

18

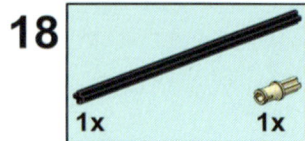

1x   1x

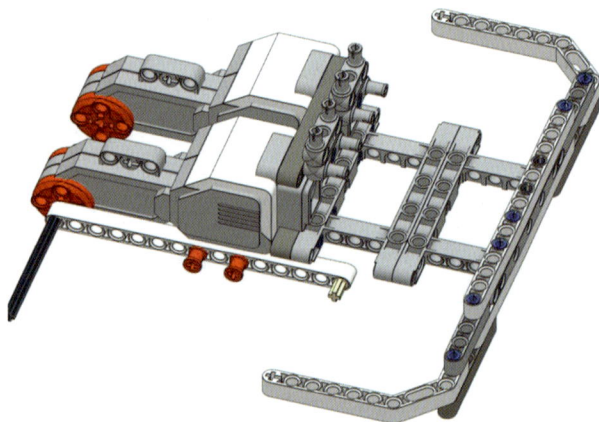

20

1x

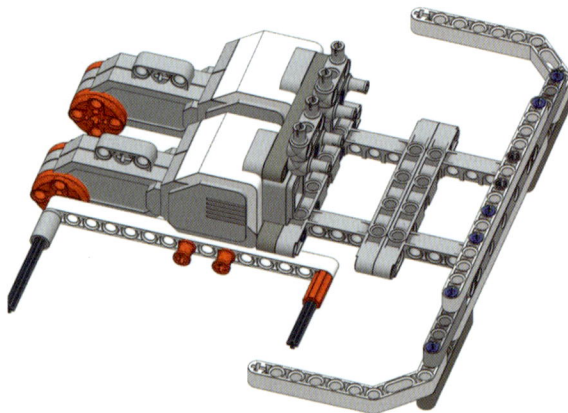

19

1x   1x

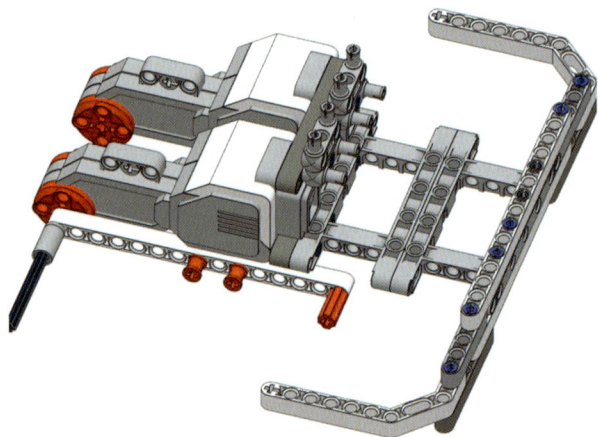

21

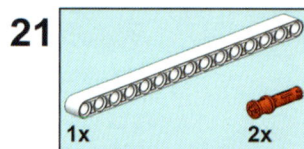

1x   2x

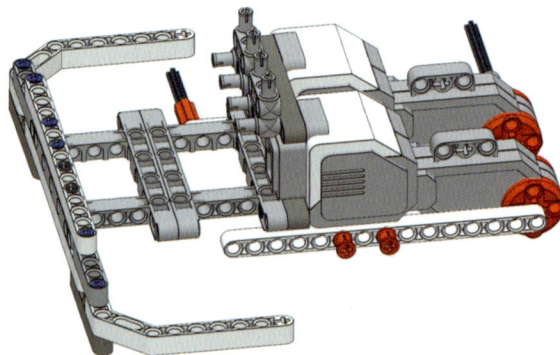

22

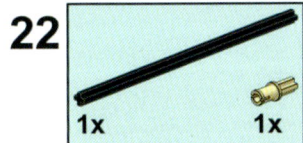

1x 1x

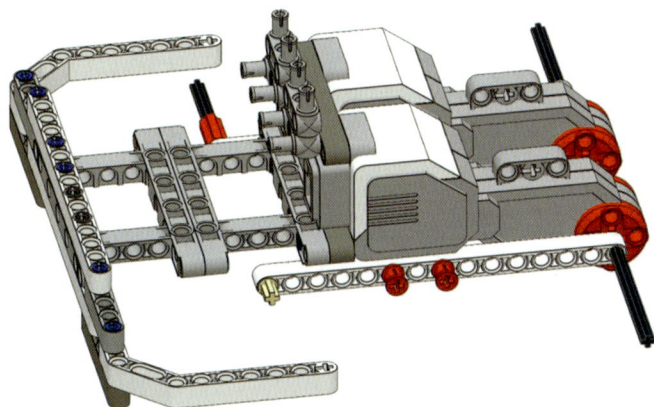

24

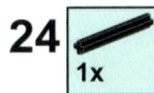

1x

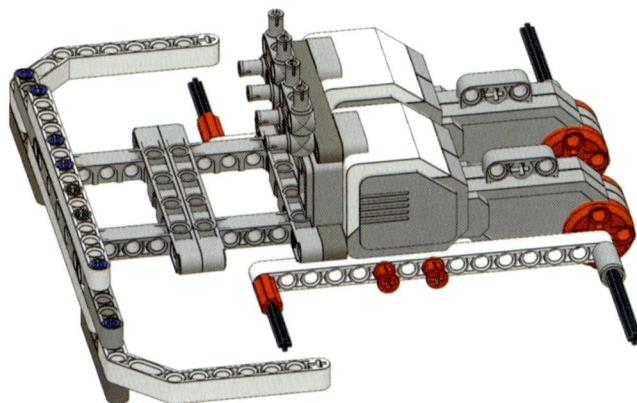

23

1x 1x

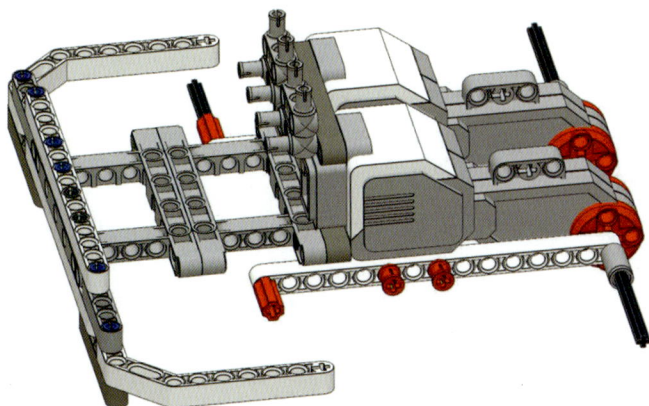

25

2x

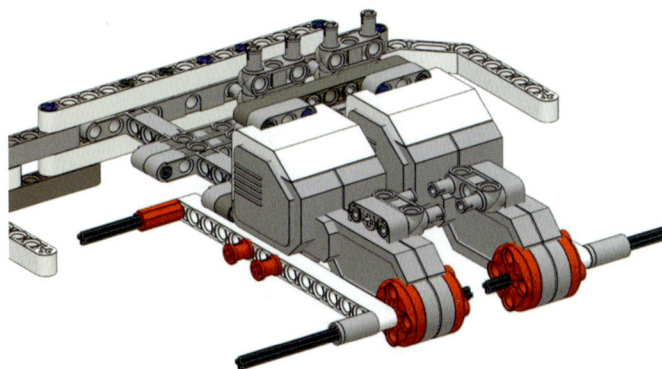

26
4x

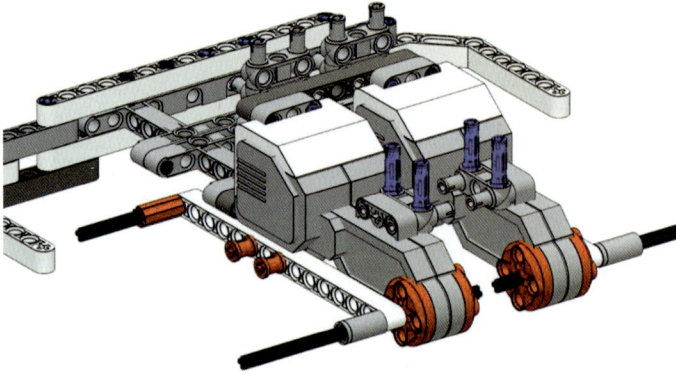

28
1x

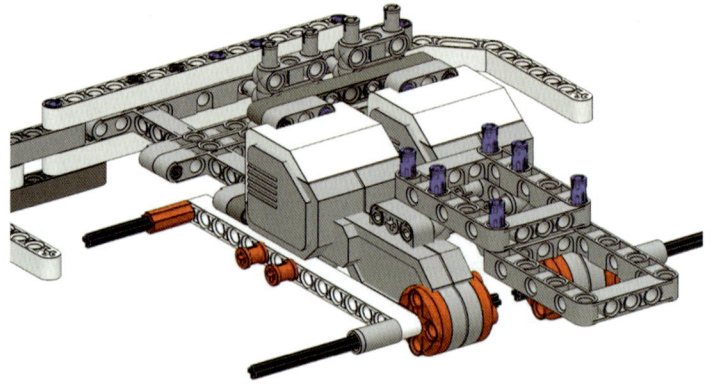

27
1x   2x

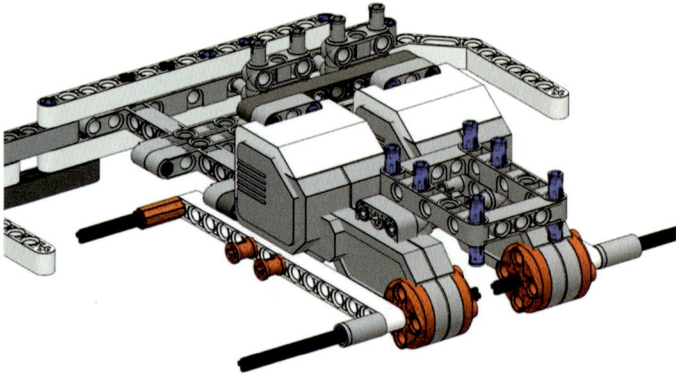

29
1x
1x

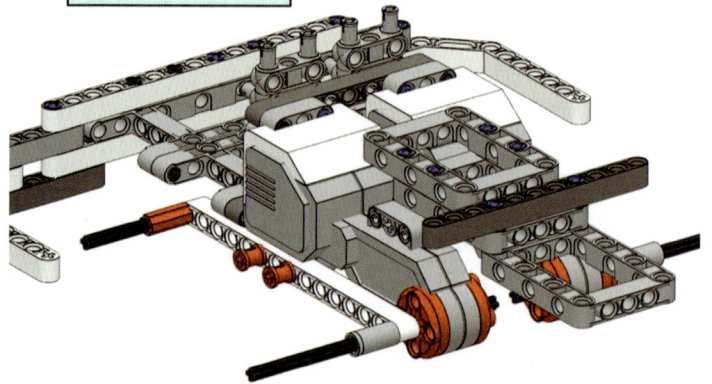

30 2x

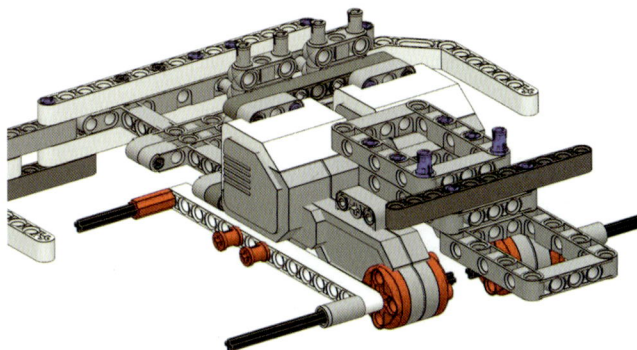

31 1x

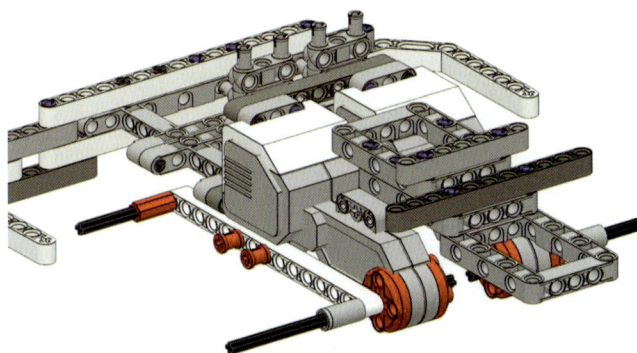

32 4x

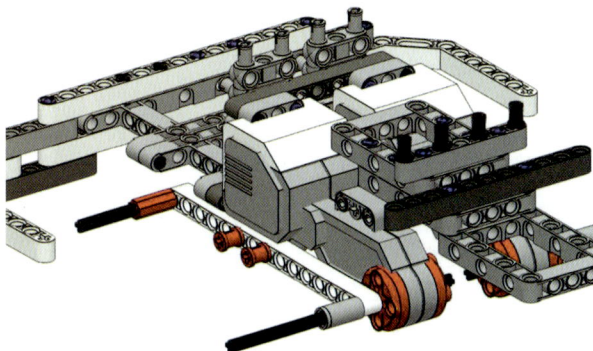

33 2x

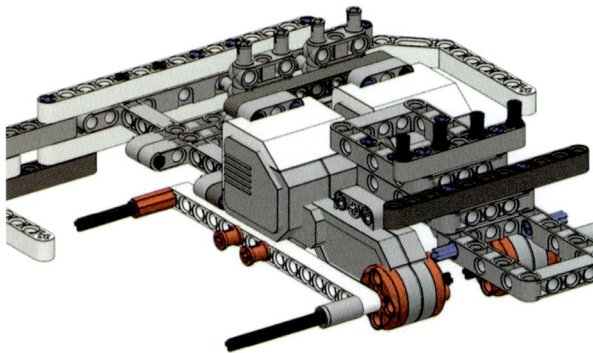

34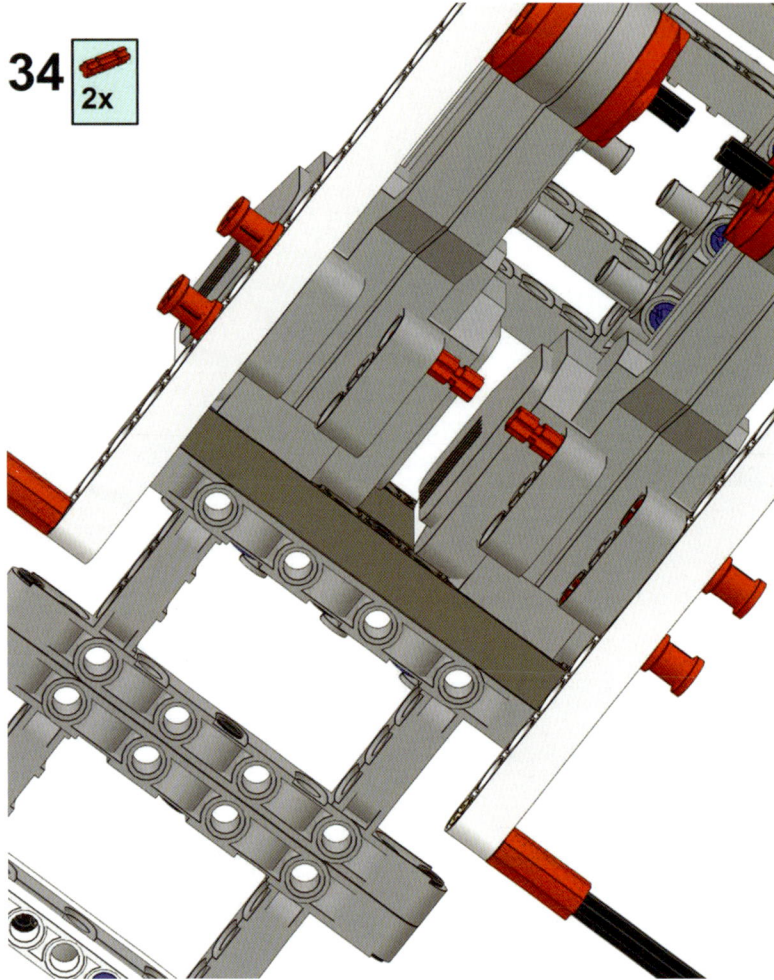
2x

35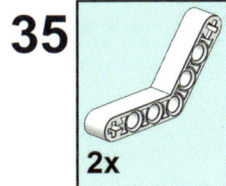

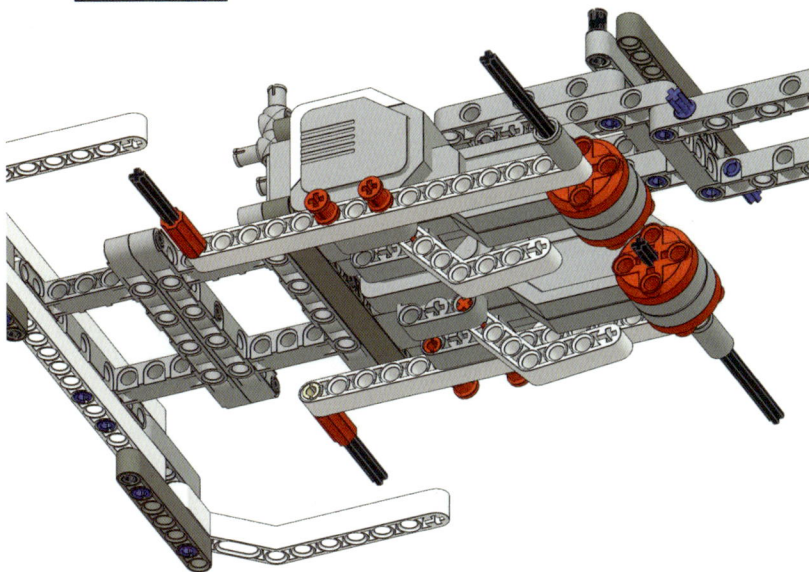

36

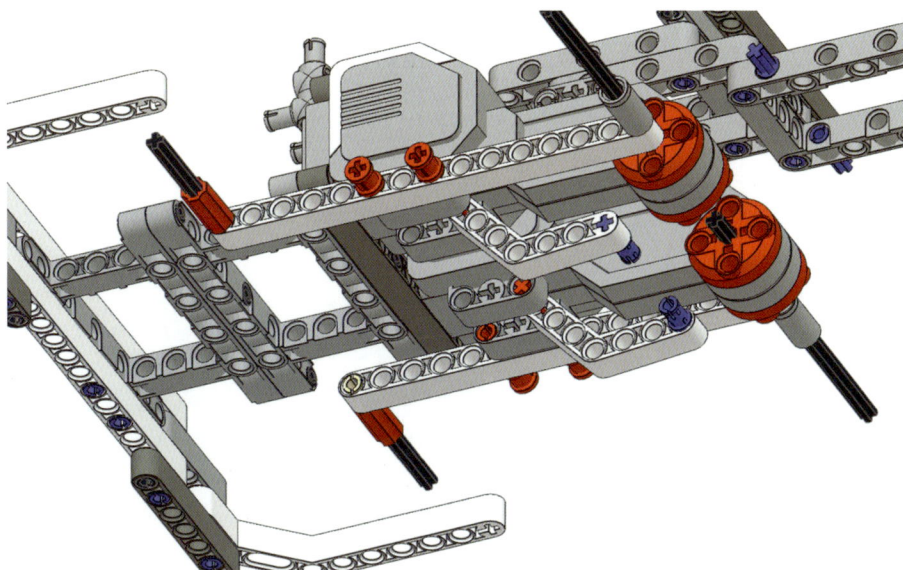

37

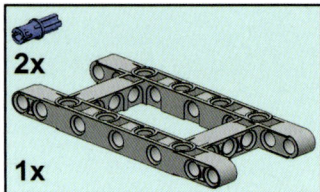

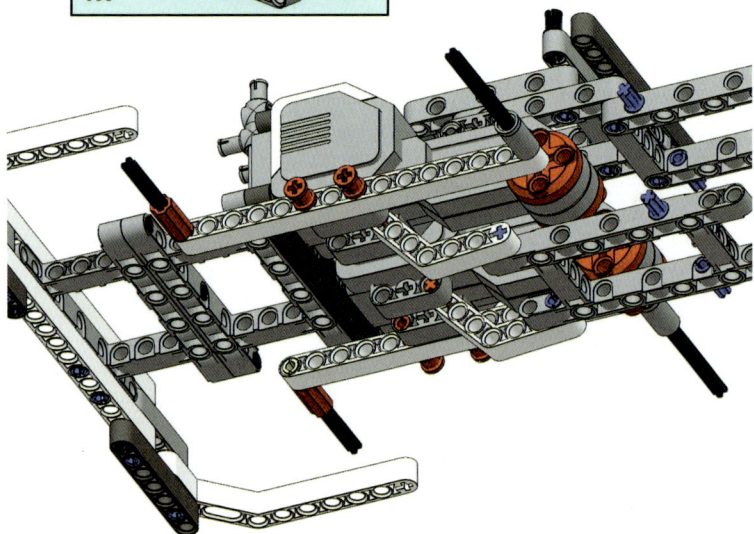

38

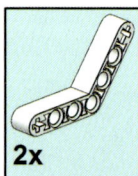

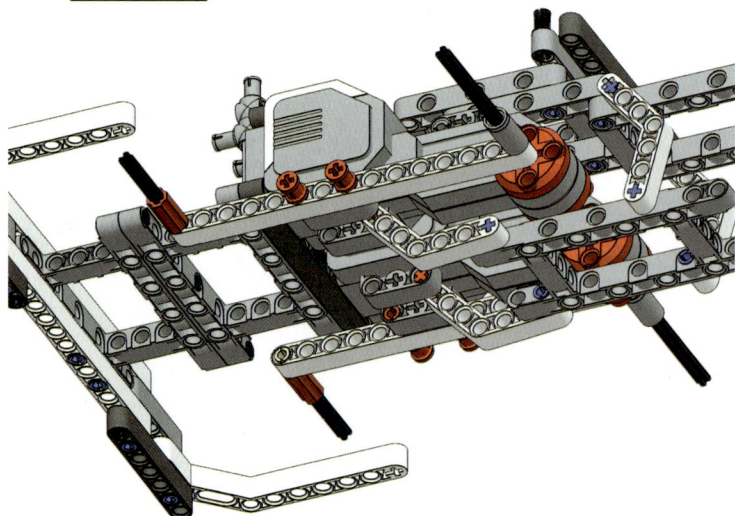

39

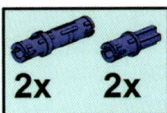

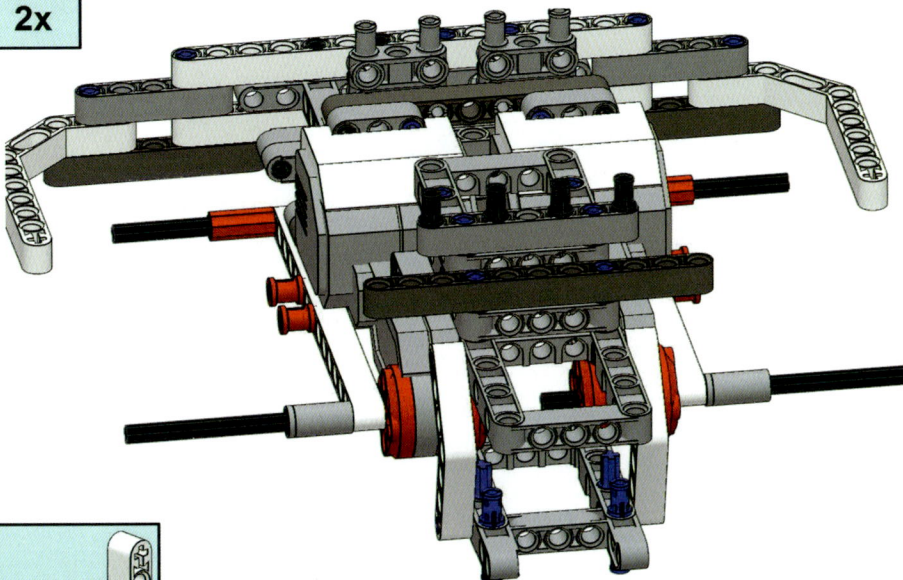

40

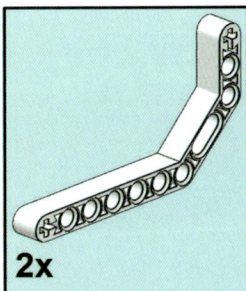

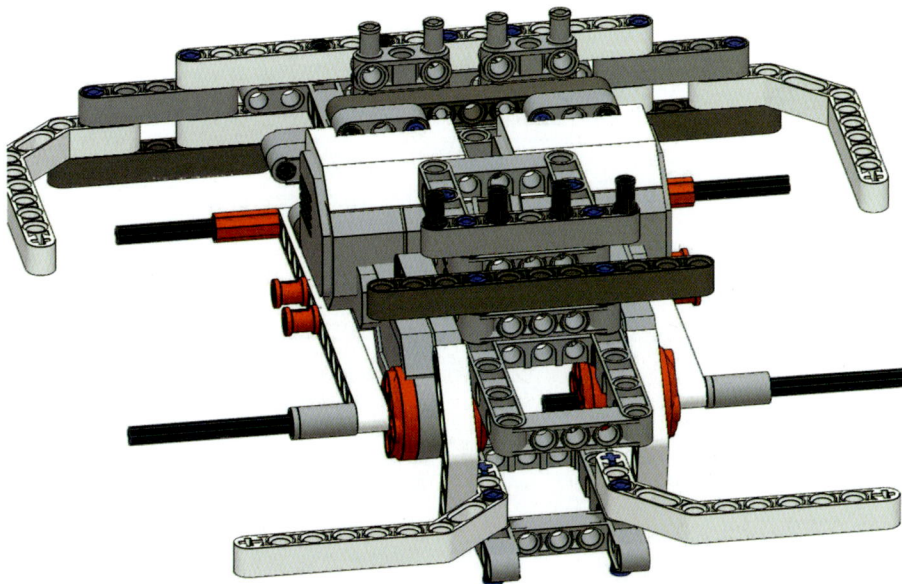

41

4x

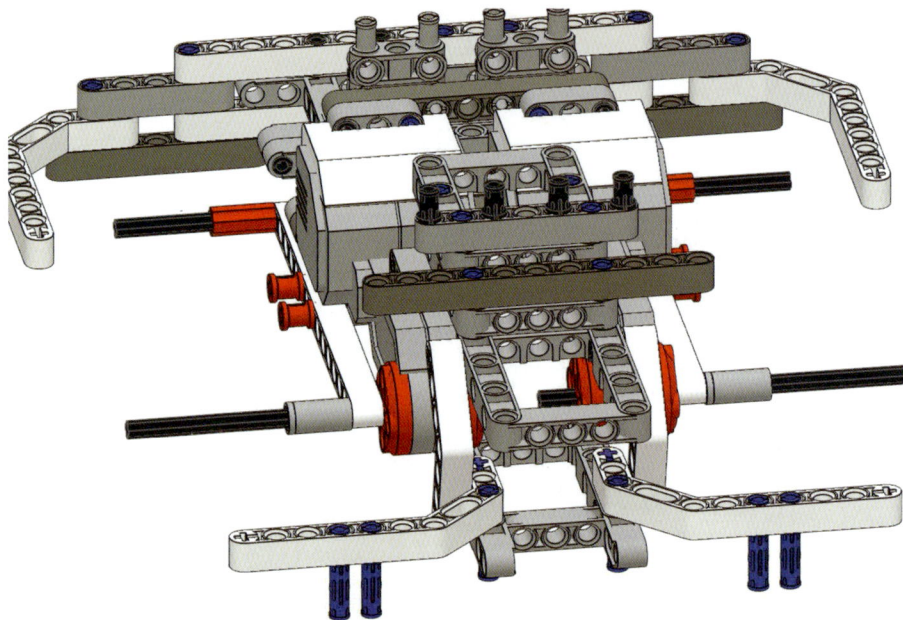

42

2x

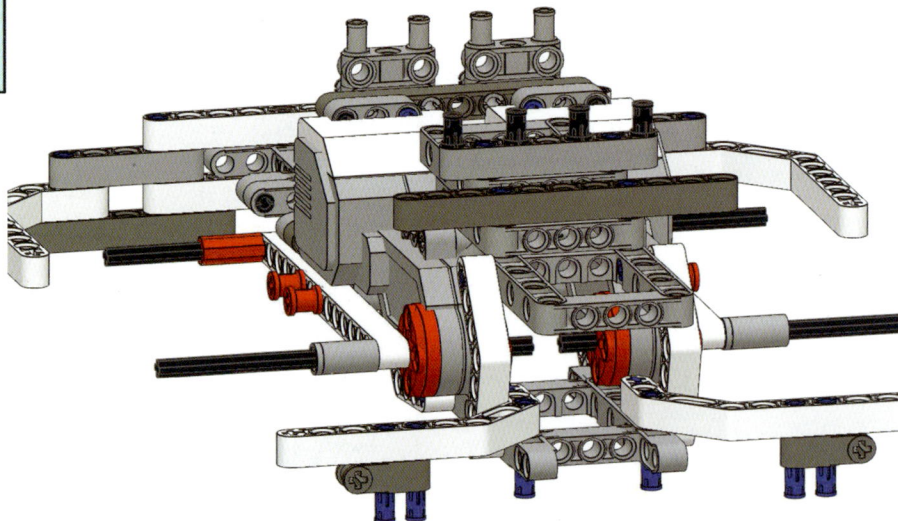

43

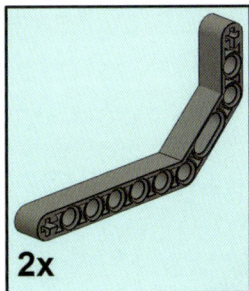

2x

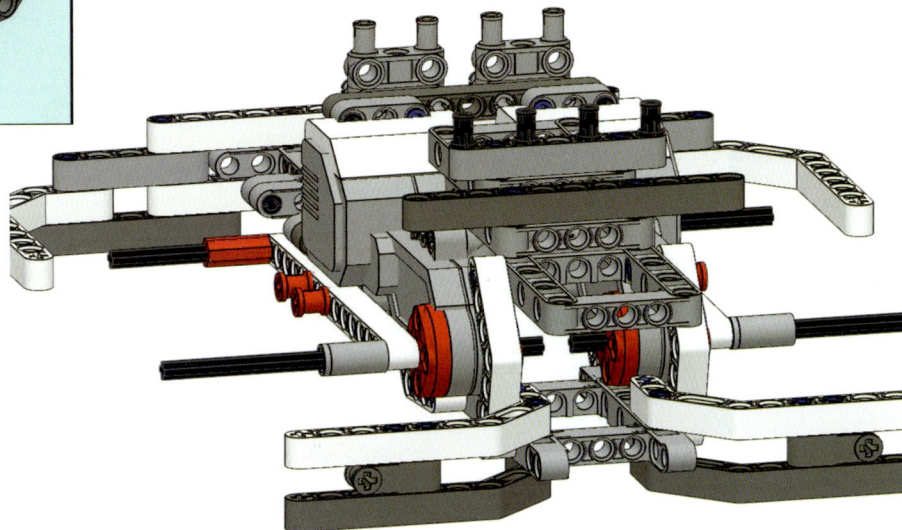

44 2x

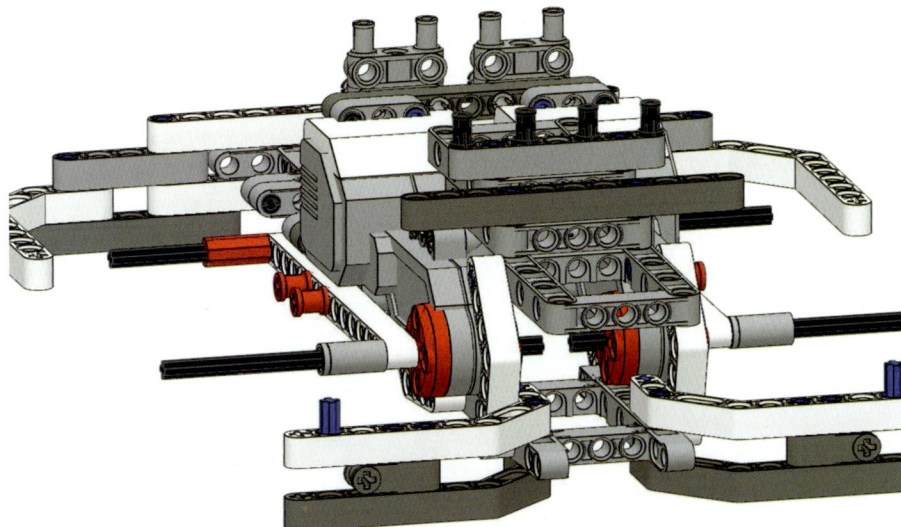

45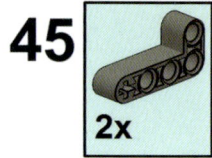

2x

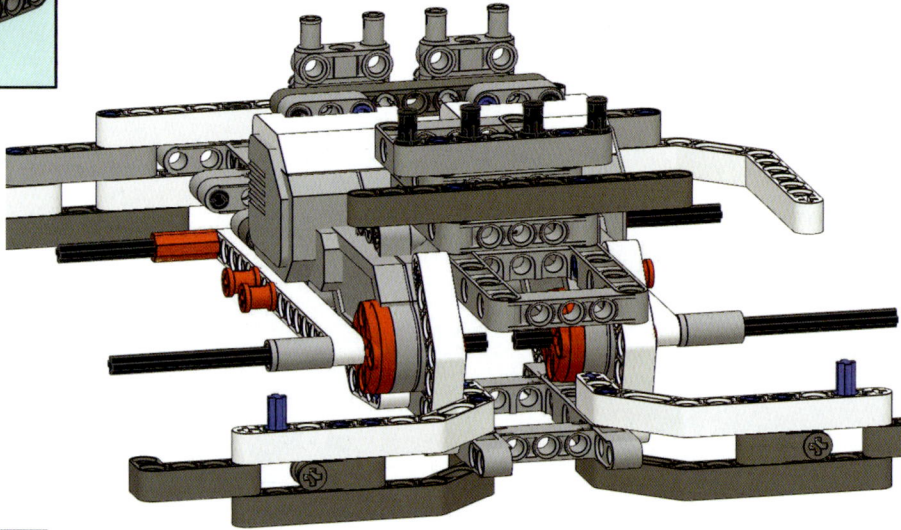

46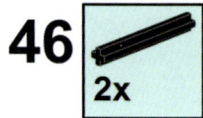

2x

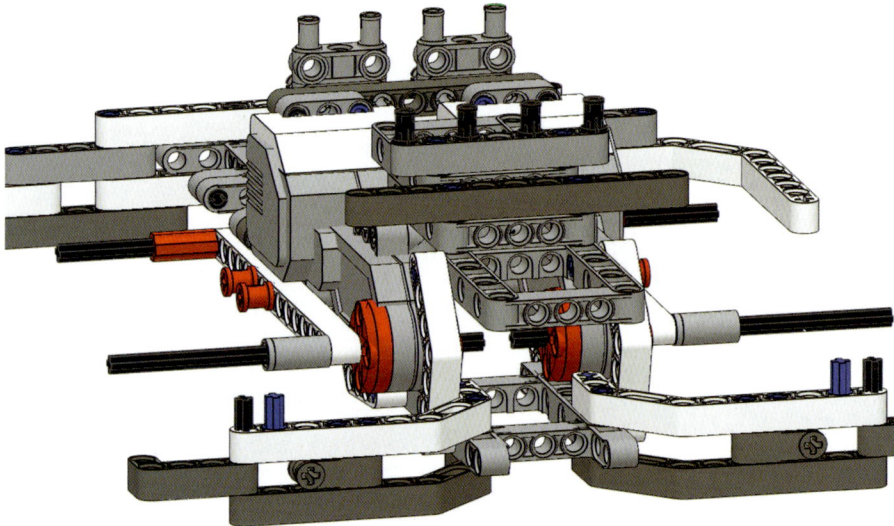

47

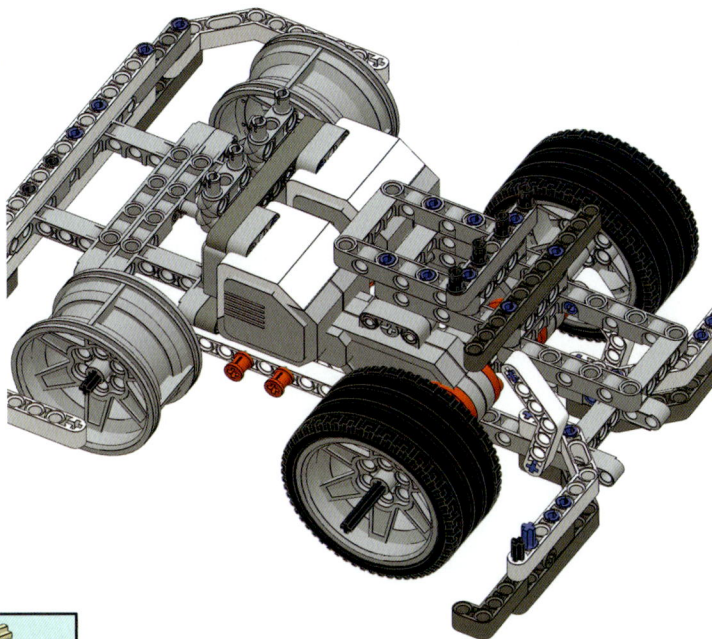

48

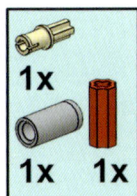

1x

1x   1x

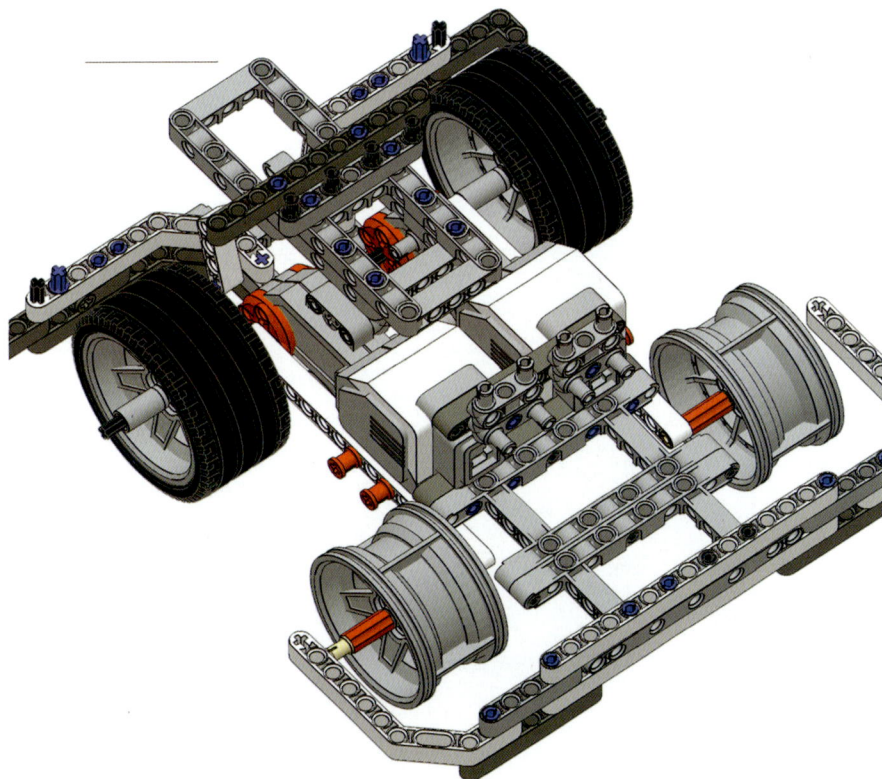

49

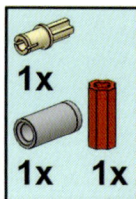

1x
1x 1x

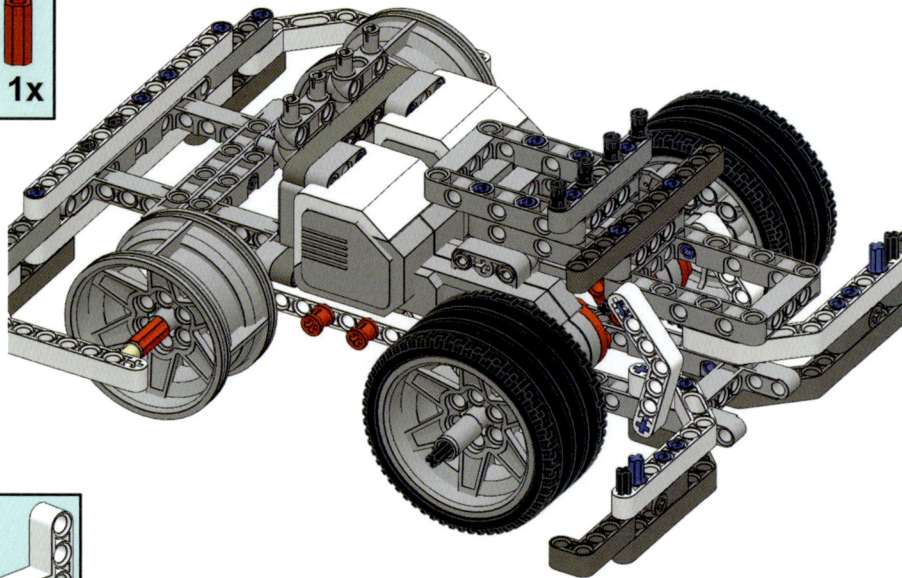

50

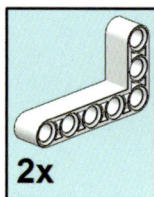

2x

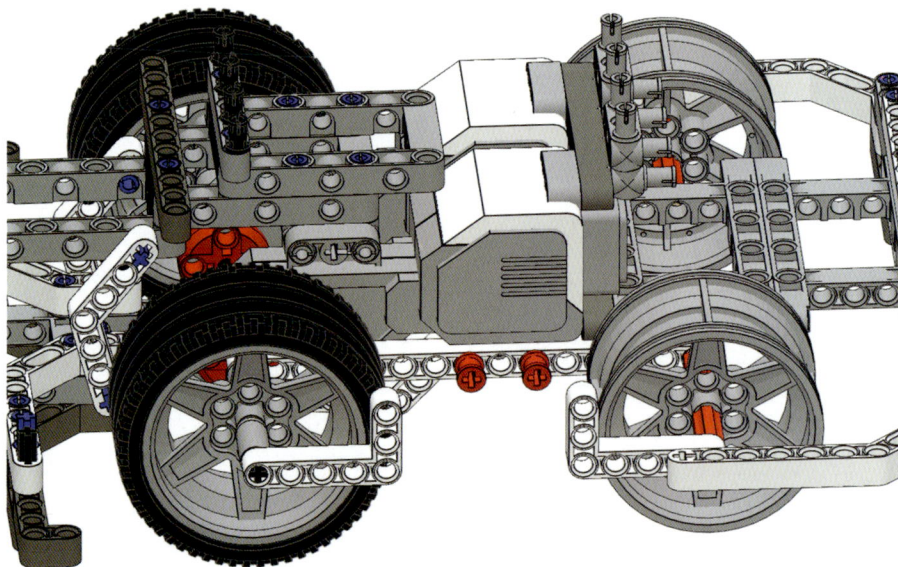

51

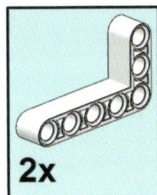

2x

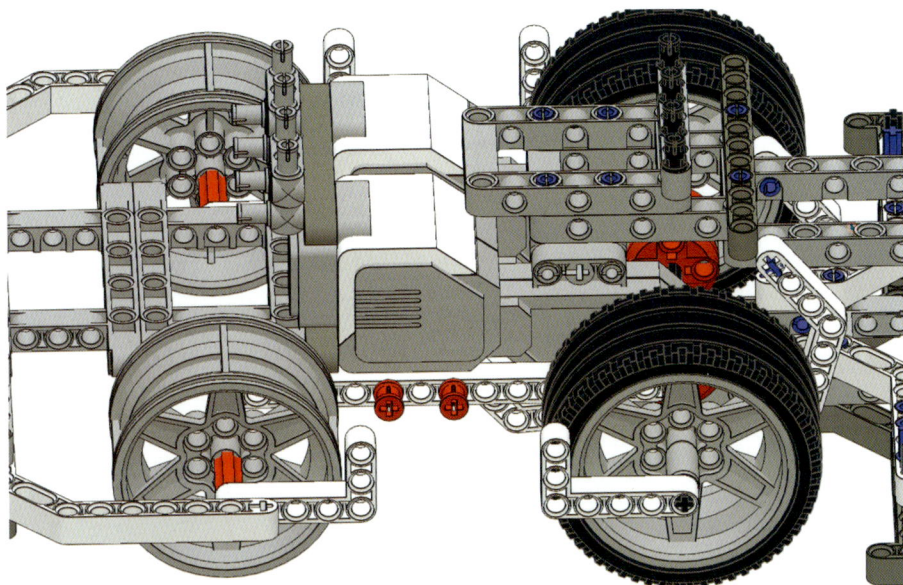

52

6x

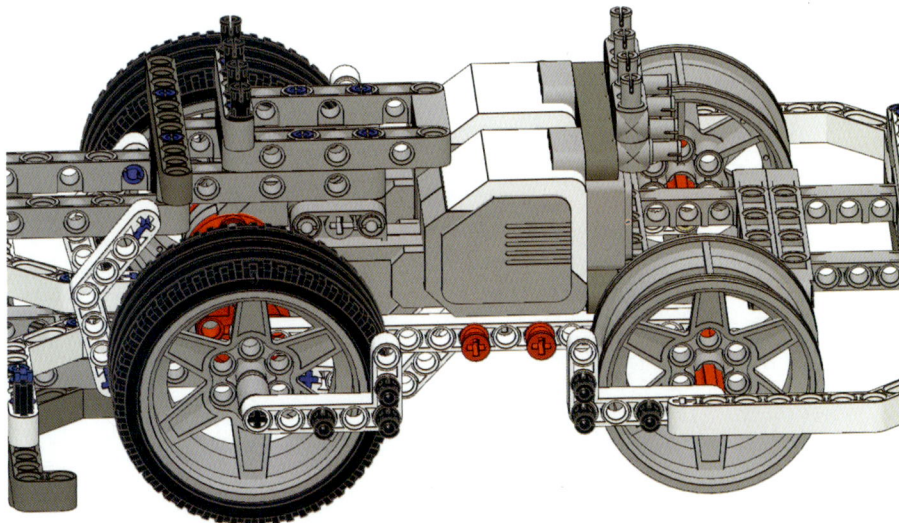

53

54

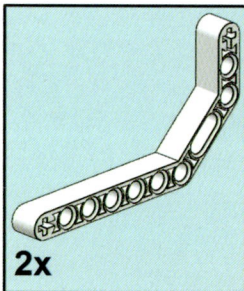

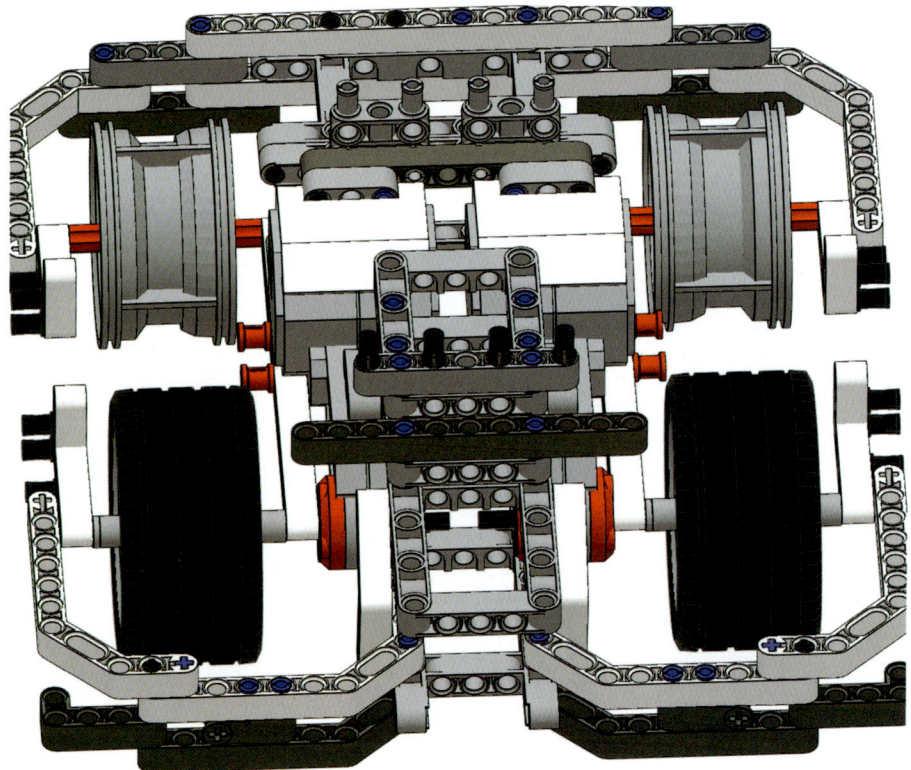

55 2x

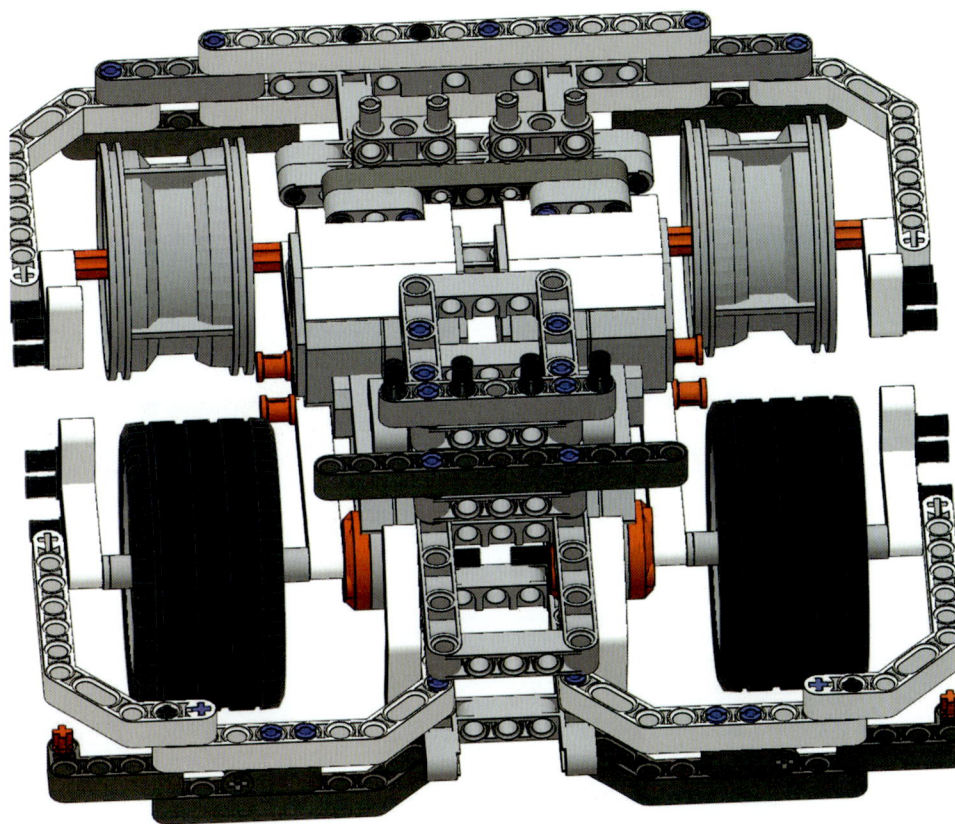

56

4x

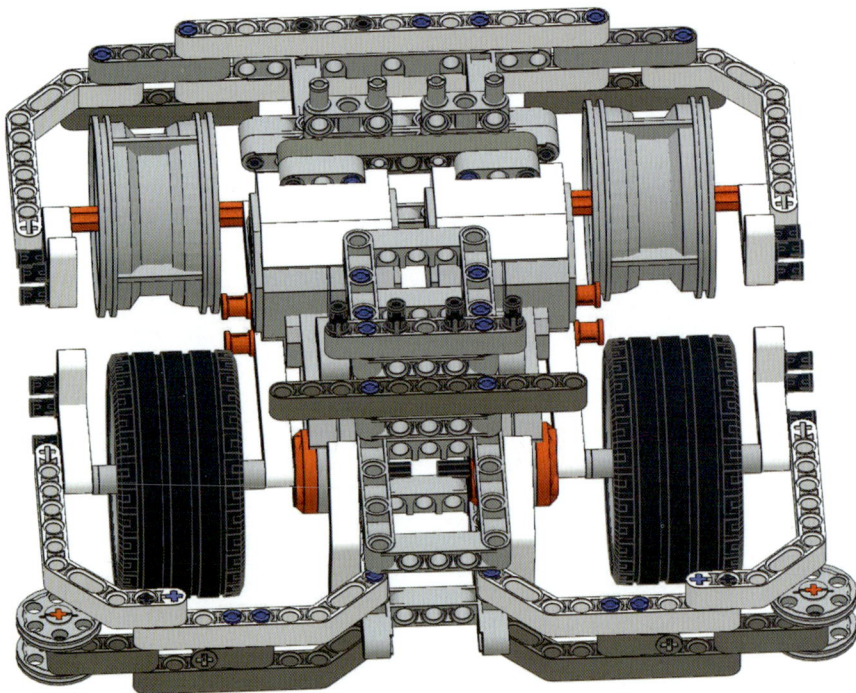

57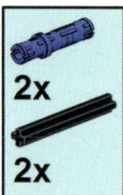

2x

2x

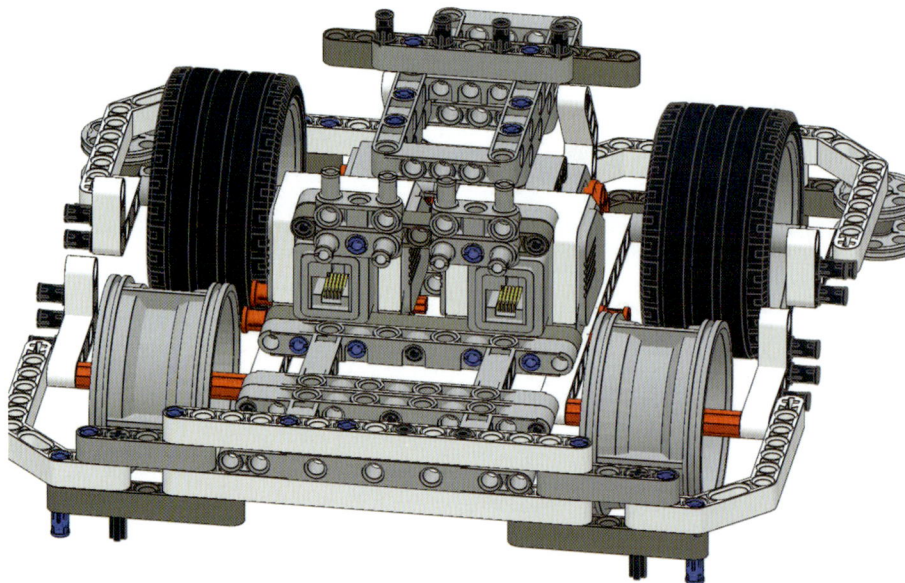

58

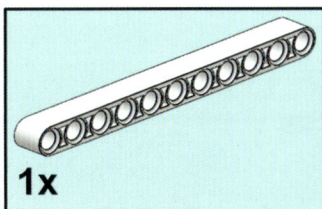

1x

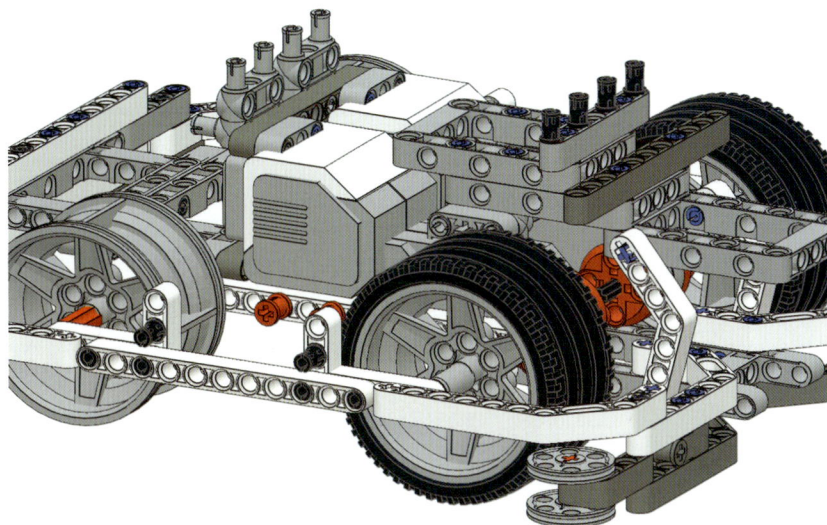

59

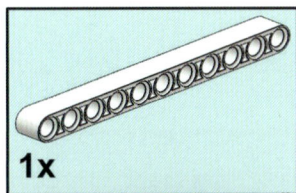

1x

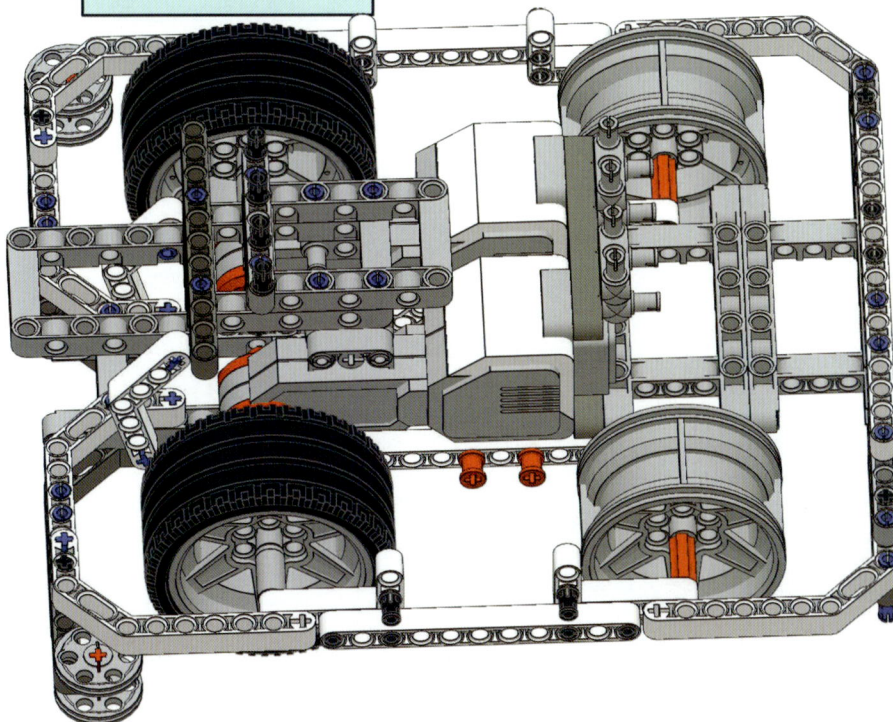

60

2x

2x

61

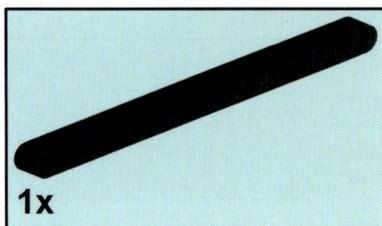

1x

62

2x

2x

63
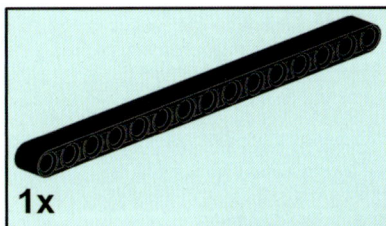
1x

64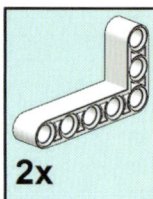
2x

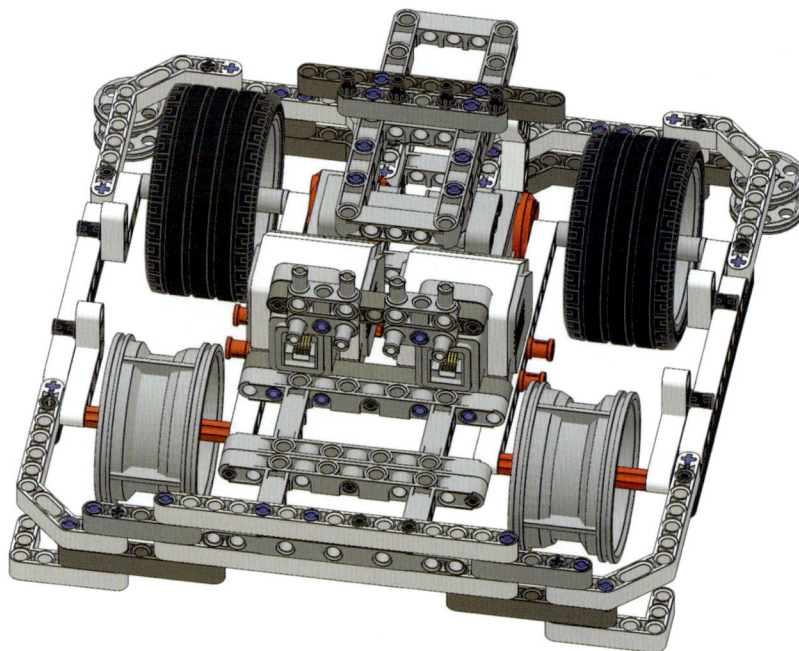

65
2x

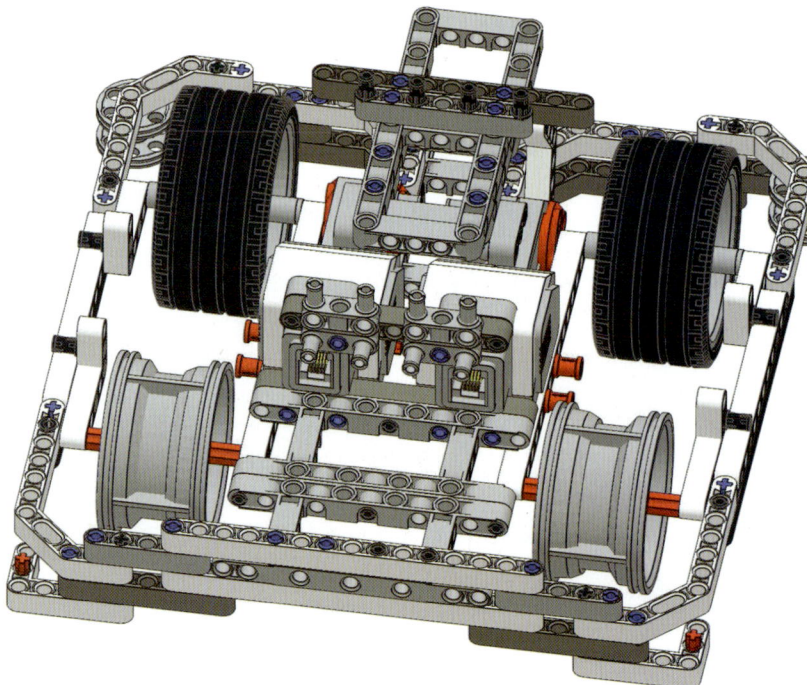

66
4x

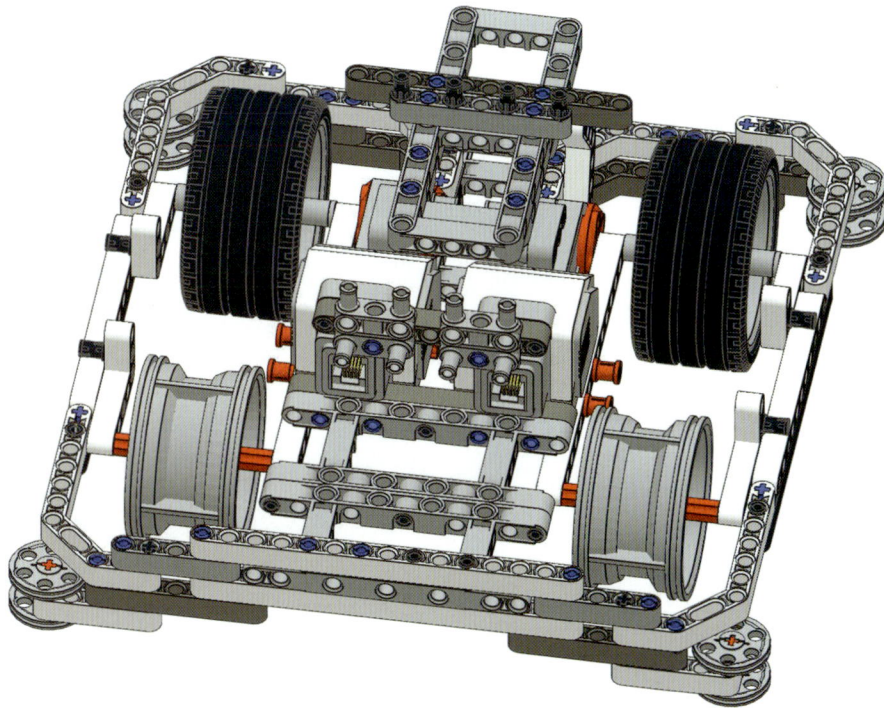

67
4x

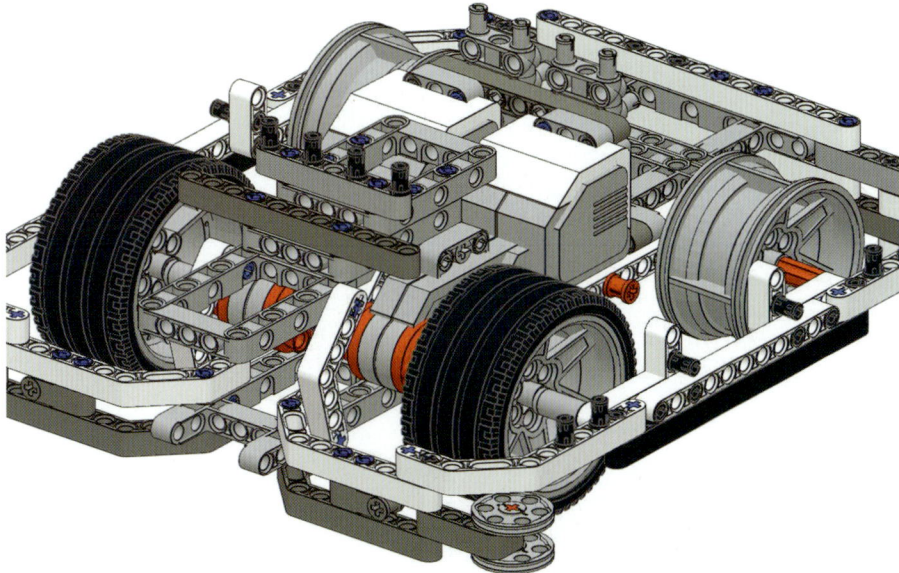

68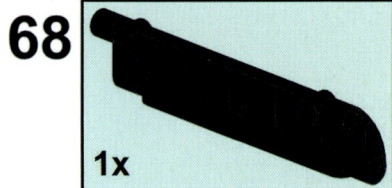

1x

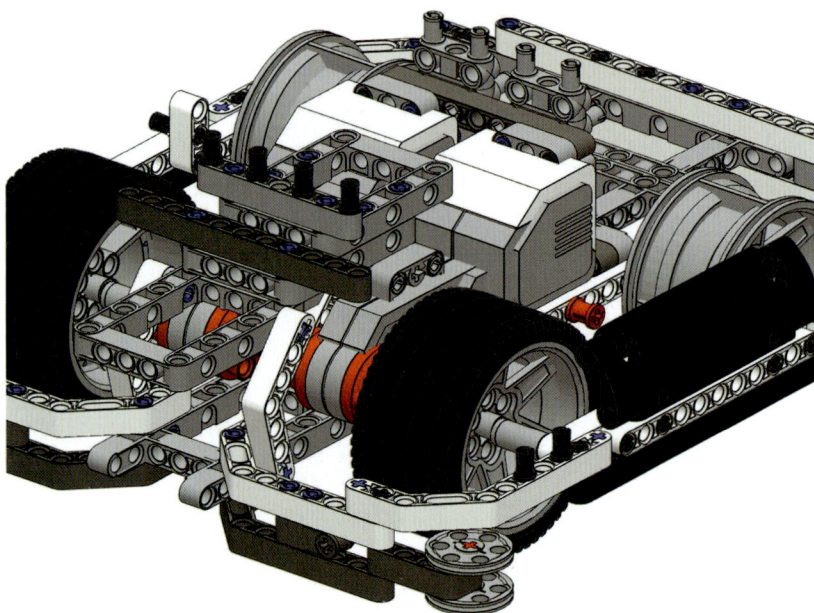

69

4x

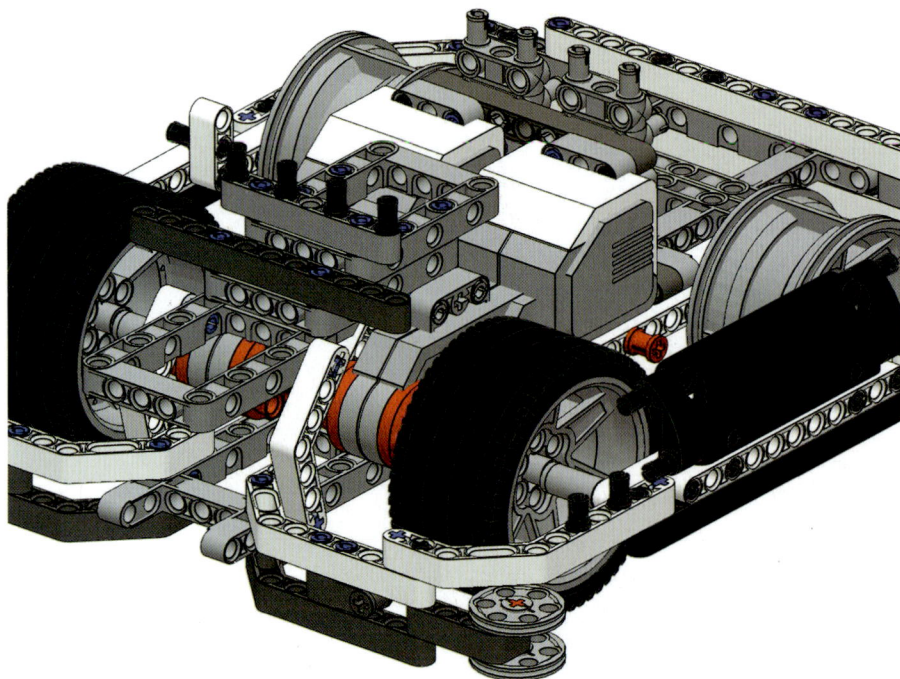

70

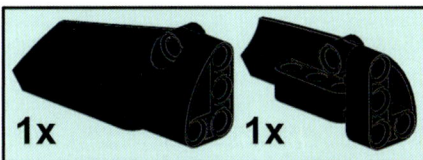

1x   1x

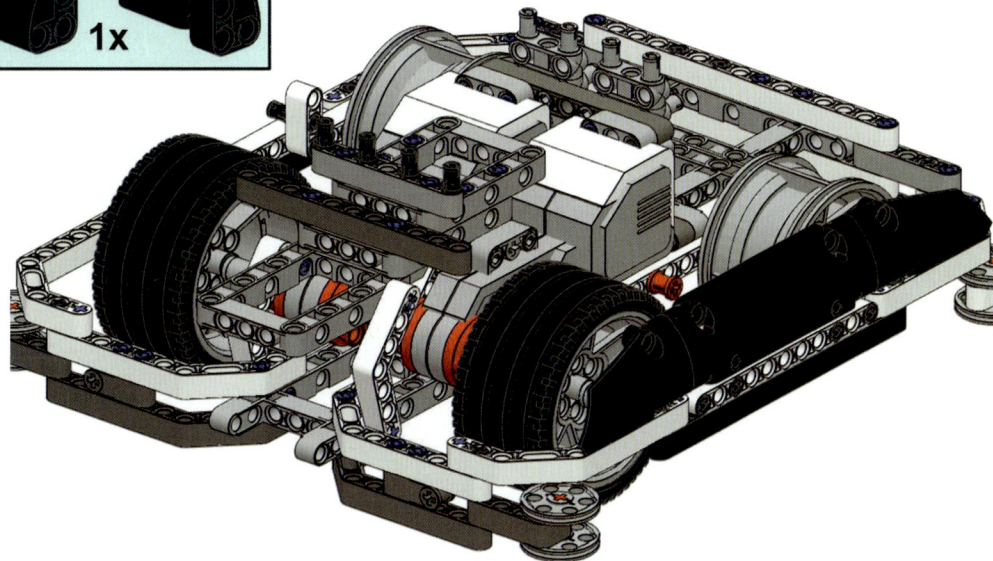

71

4x

72

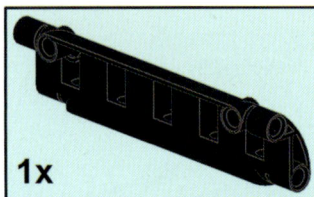

1x

73

4x

74

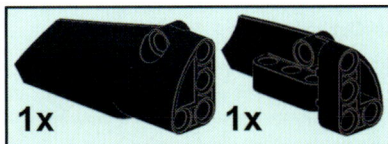

1x   1x

75

2x

2x

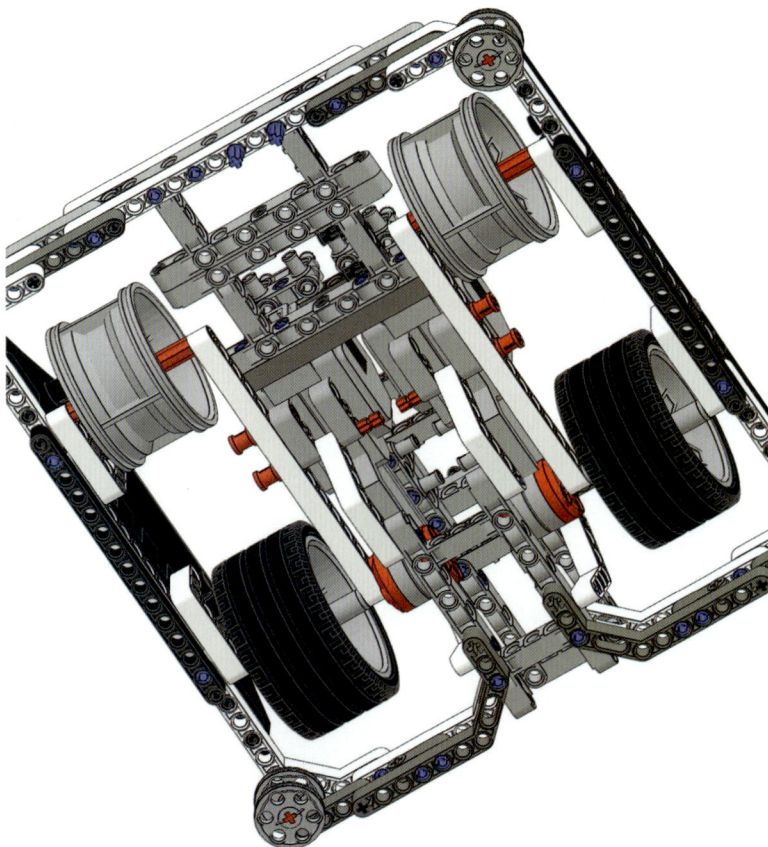

76
1x

77
1x

1x

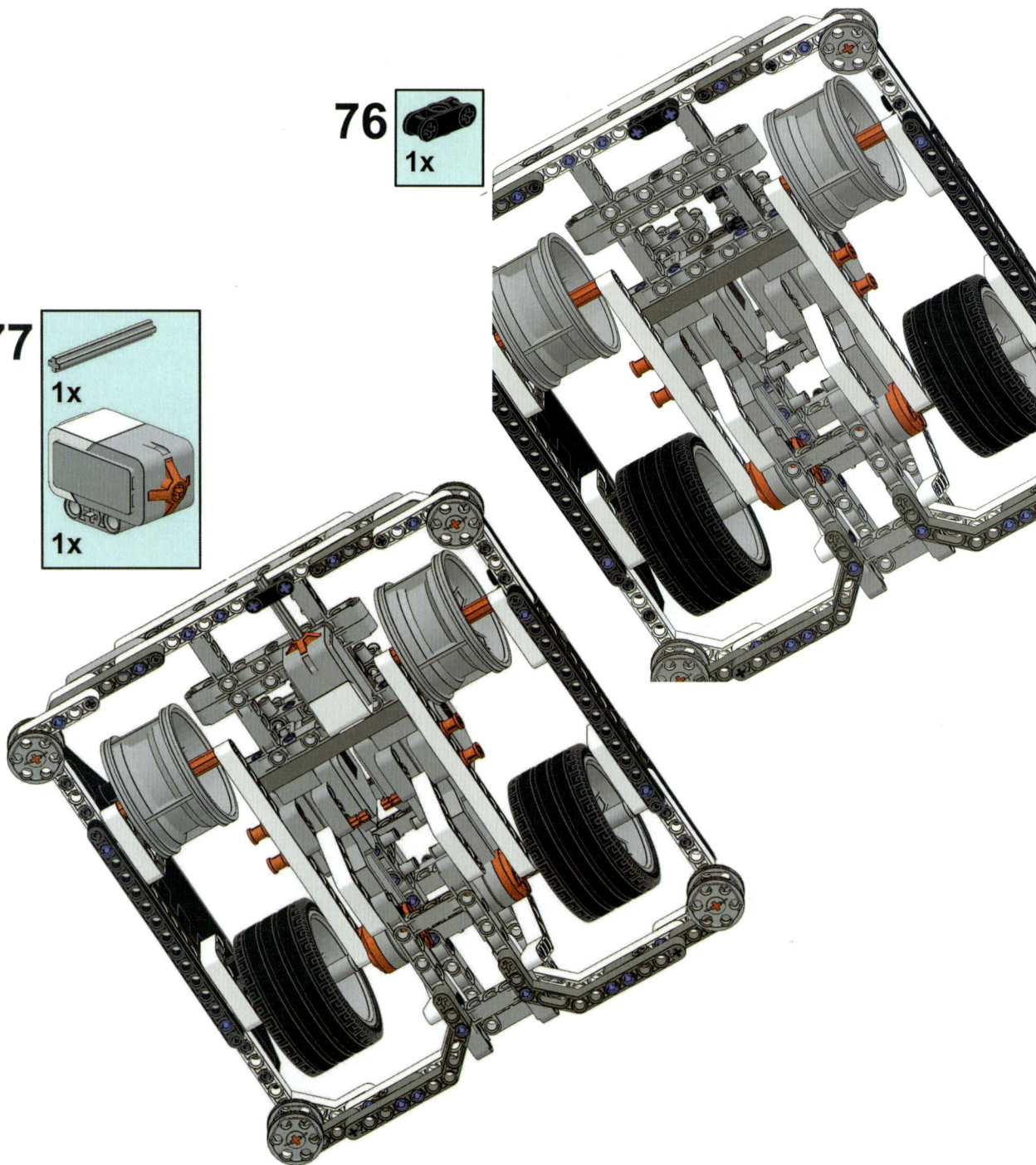

78

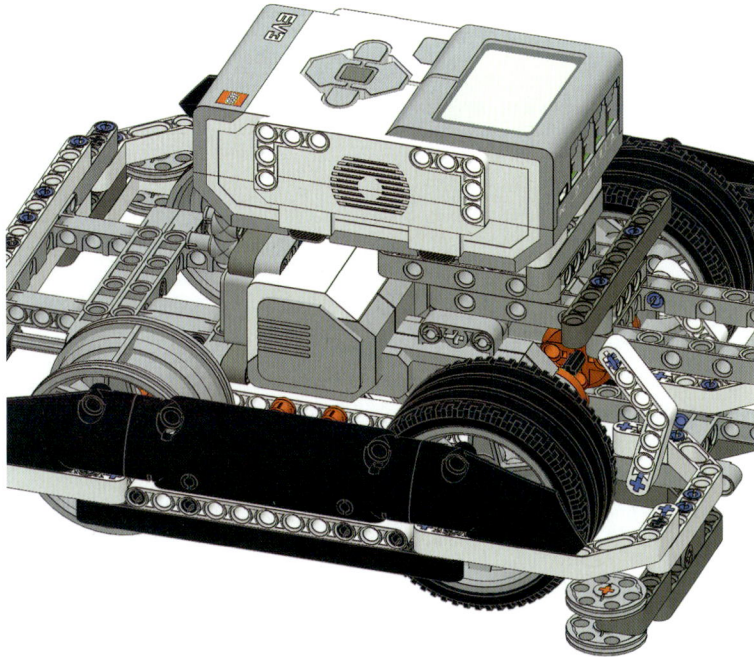

79 2x

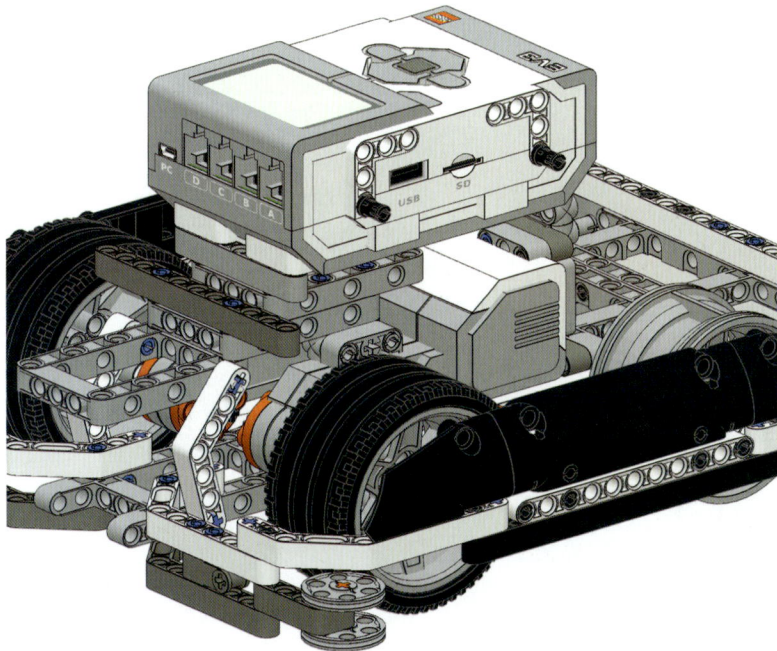

80

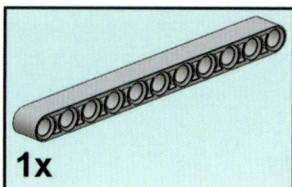

1x

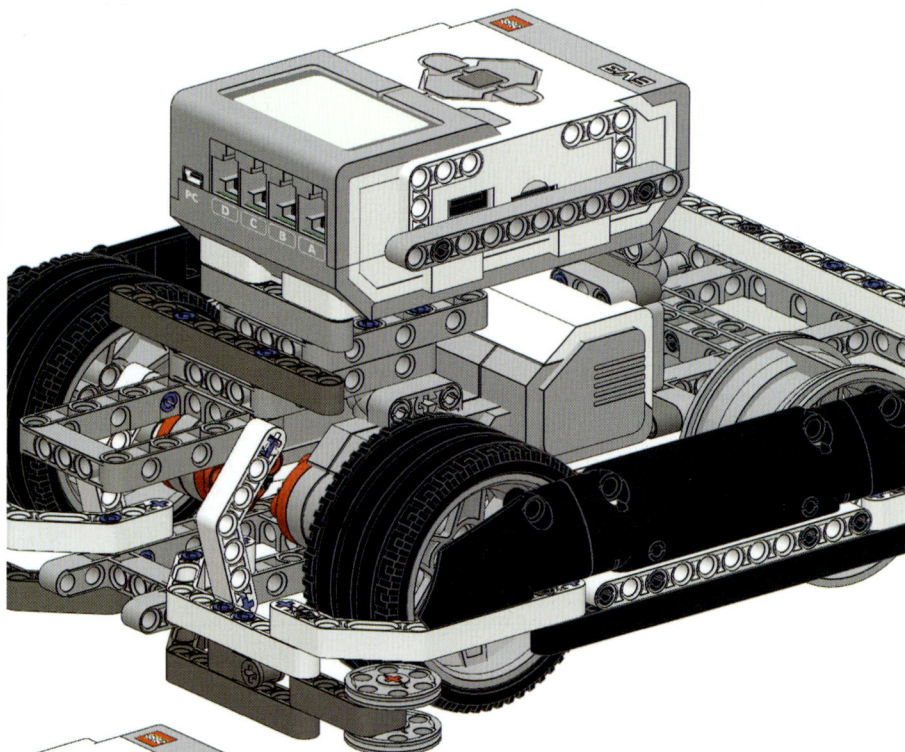

81

2x

82 2x

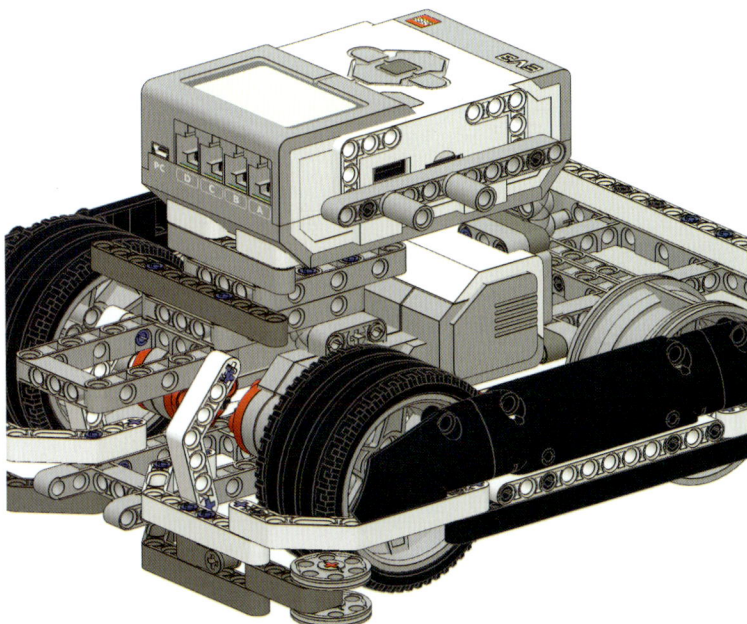

83 2x

84

2x

1x

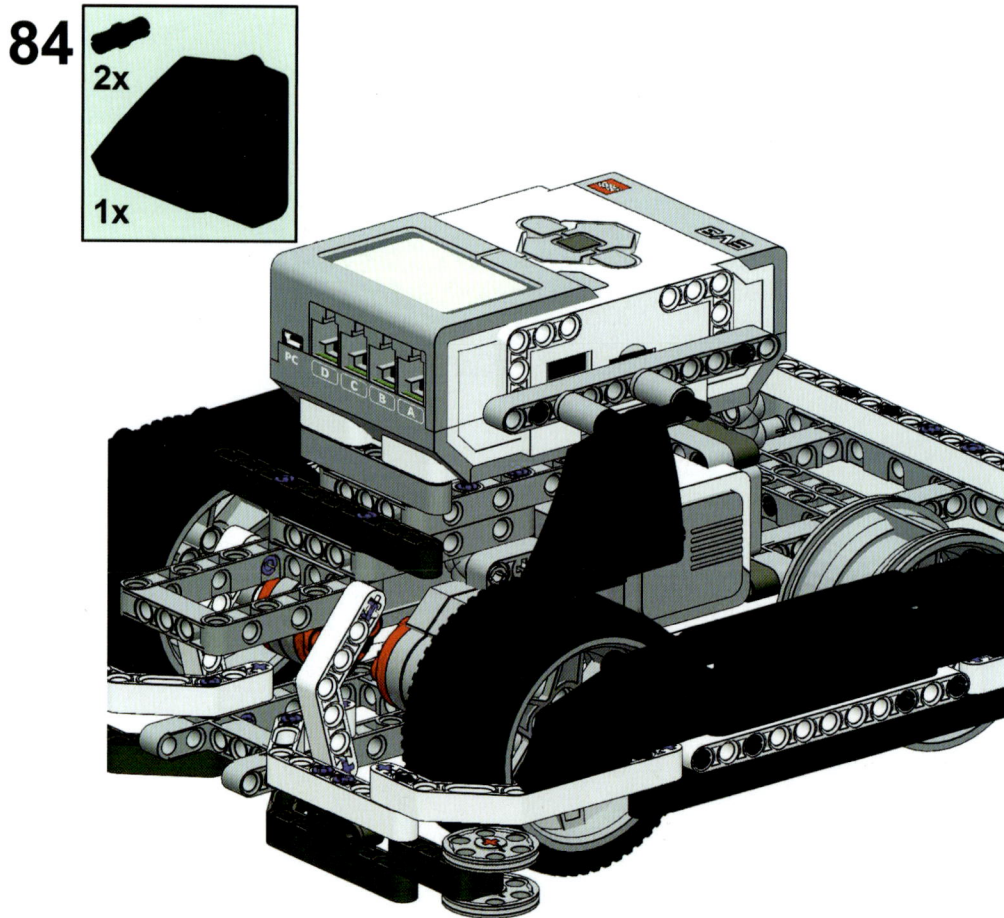

85

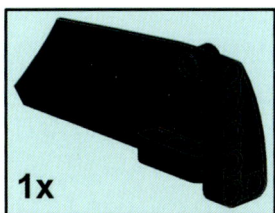

1x

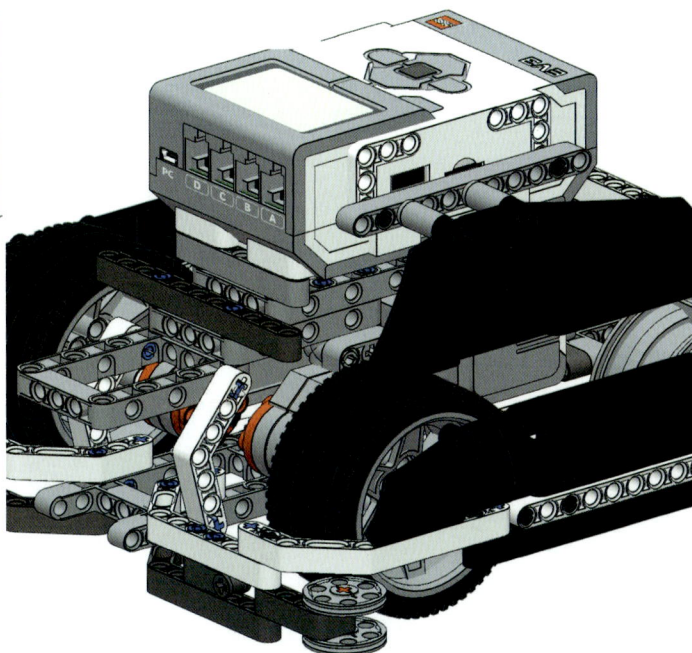

86

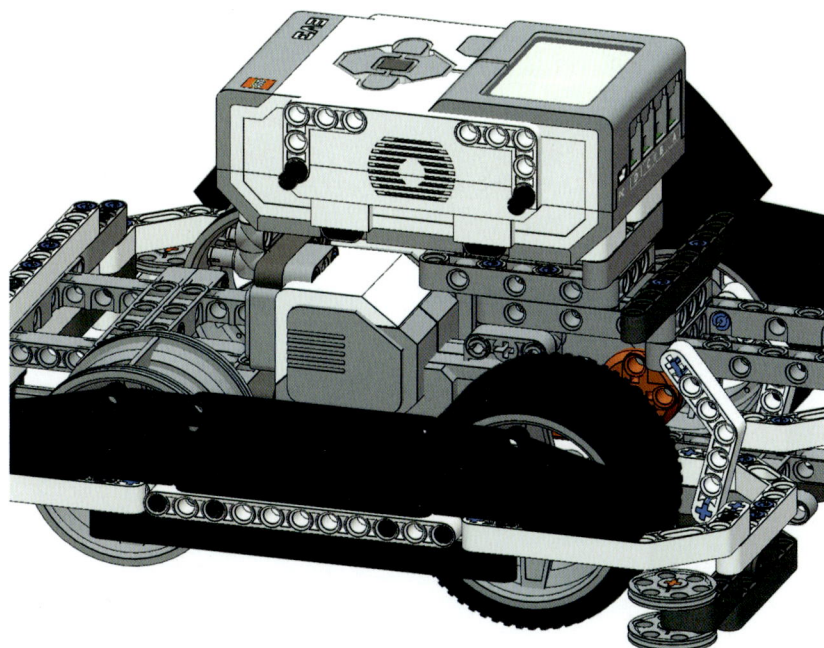

2x

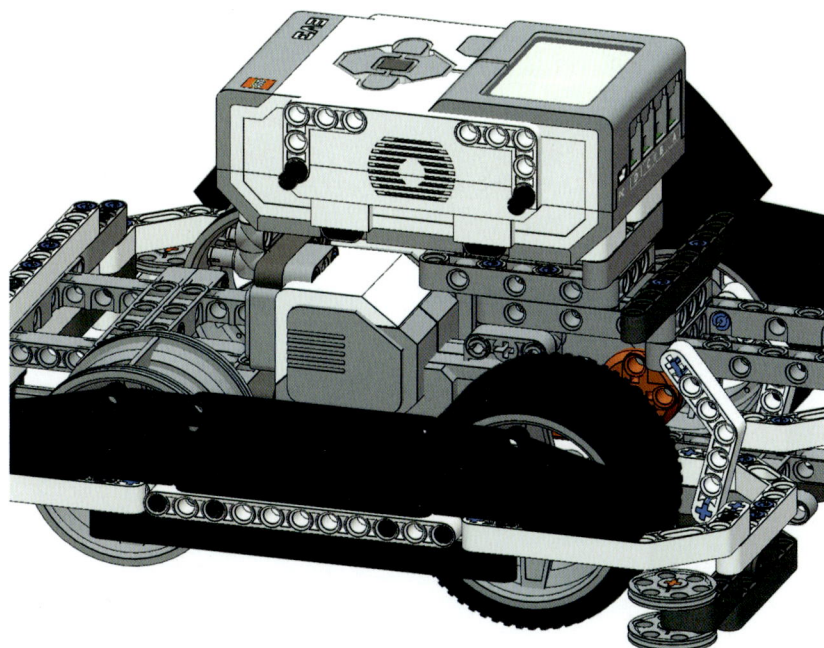

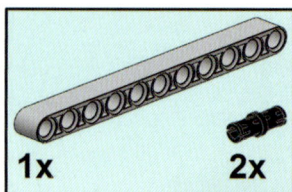

87

1x 2x

88 2x

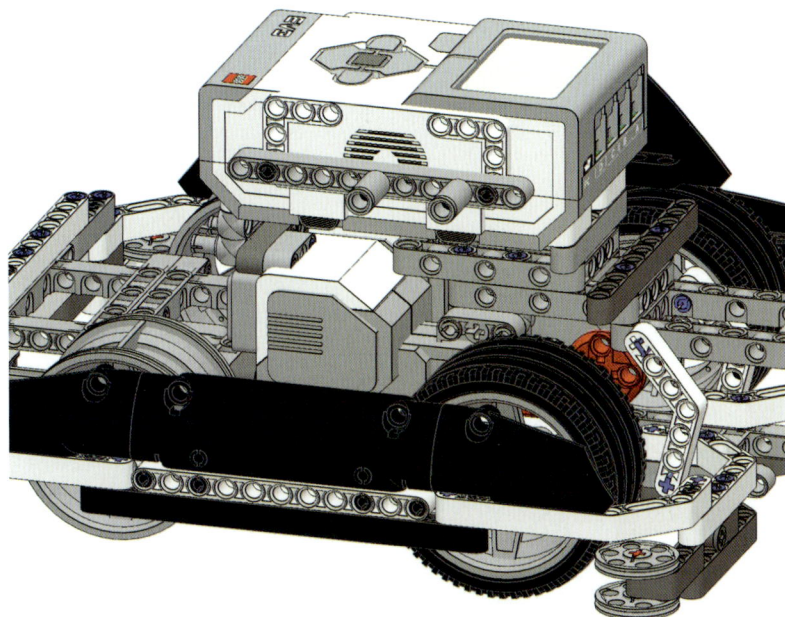

89 2x

90

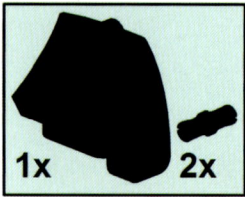

1x   2x

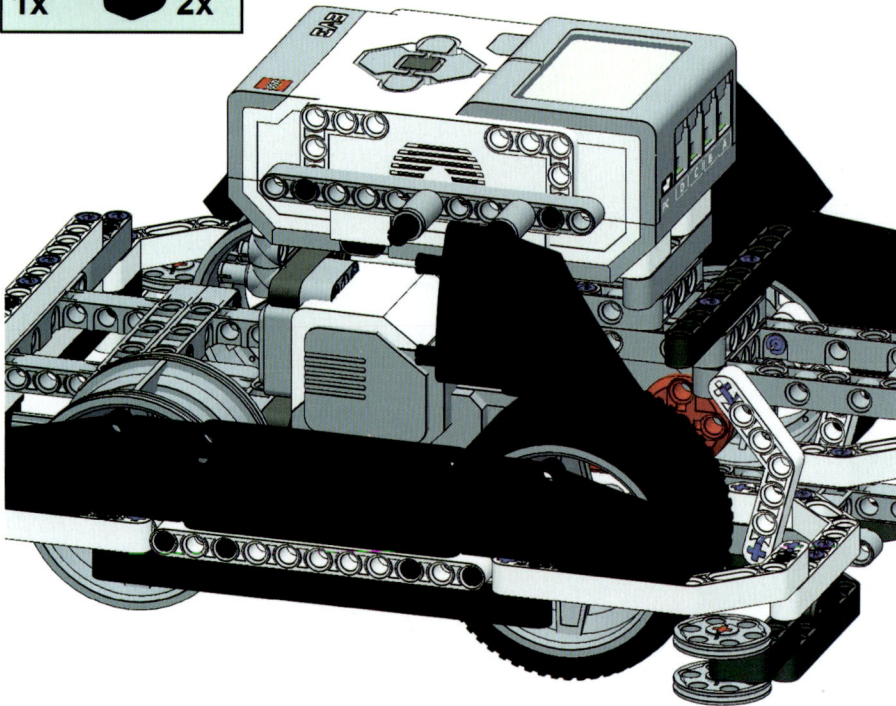

91

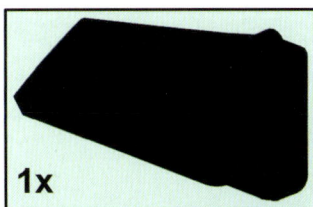

1x

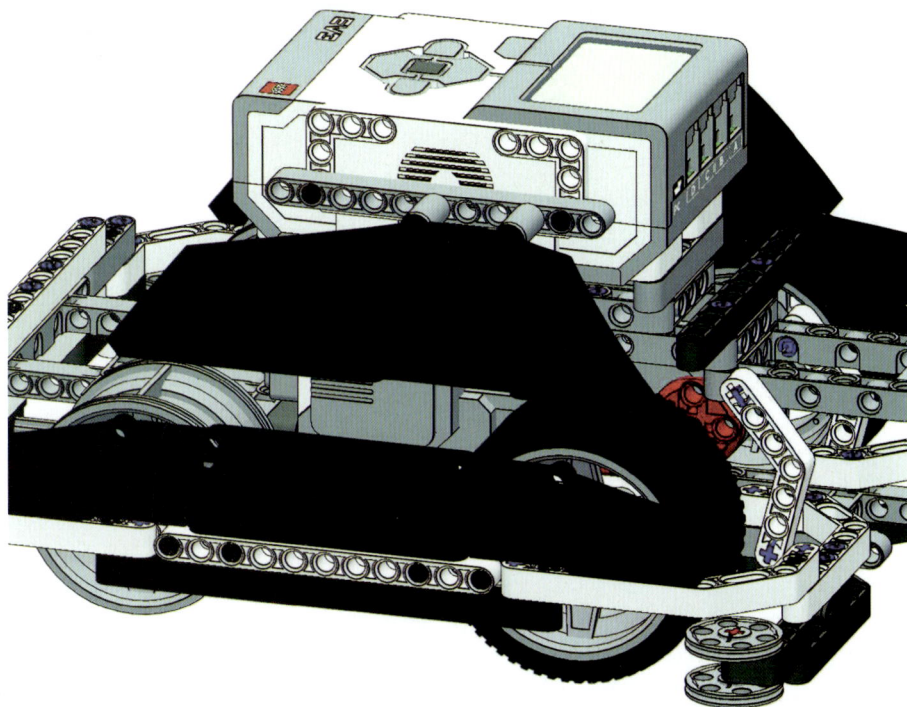

92 4x

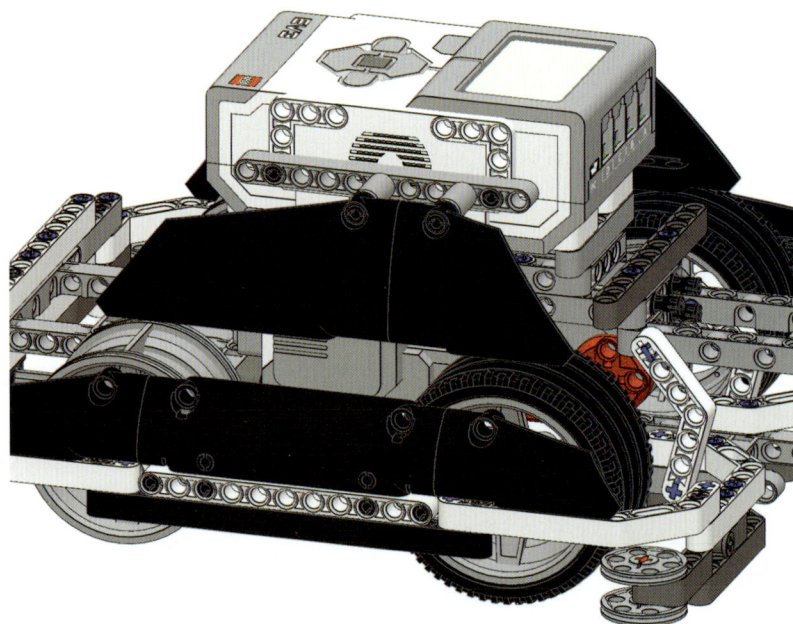

93 2x

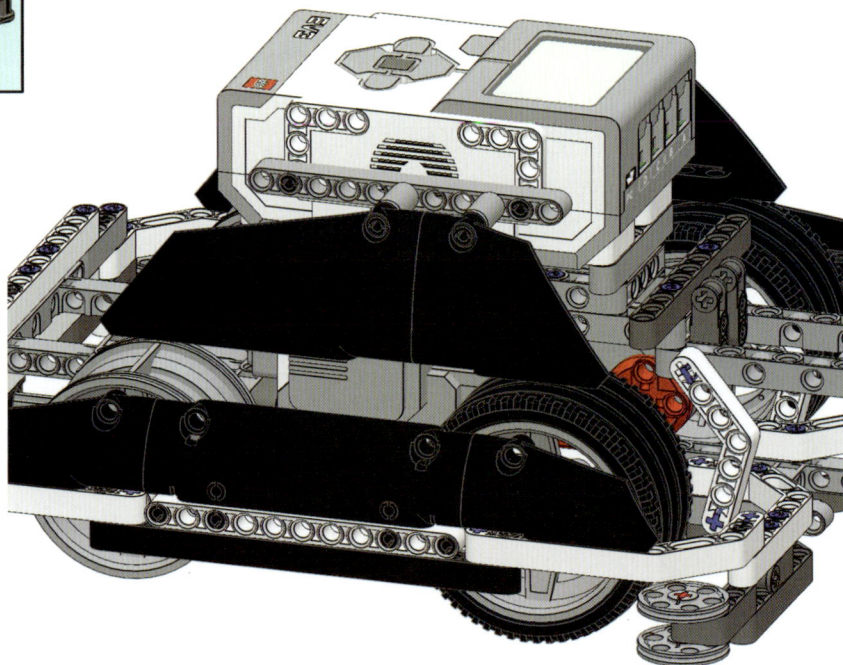